（高等学校"十一五"规划教材）

经济效益审计

JINGJIXIAOYISHENJI

杜建菊　王德礼·主编

合肥工业大学出版社

图书在版编目(CIP)数据

经济效益审计/杜建菊,王德礼主编 . —合肥:合肥工业大学出版社,2009.12
(2016.7 重印)

ISBN 978 - 7 - 5650 - 0150 - 5

Ⅰ.经⋯　Ⅱ.①杜⋯②王⋯　Ⅲ.效益审计　Ⅳ.F239.42

中国版本图书馆 CIP 数据核字(2009)第 238479 号

经 济 效 益 审 计

主编　杜建菊　王德礼　　　　　　　责任编辑　疏利民

出　版	合肥工业大学出版社	版　次	2009 年 12 月第 1 版
地　址	合肥市屯溪路 193 号	印　次	2016 年 7 月第 5 次印刷
邮　编	230009	开　本	710 毫米×1000 毫米　1/16
电　话	总　编　室:0551—62903038	印　张	16.25
	市场营销部:0551—62903198	字　数	327 千字
网　址	www.hfutpress.com.cn	印　刷	合肥共达印刷厂
E-mail	hfutpress@163.com	发　行	全国新华书店

ISBN 978 - 7 - 5650 - 0150 - 5　　　　　　　　定价:28.00 元

如果有影响阅读的印装质量问题,请与出版社市场营销部联系调换。

前言

我国目前面临又一轮法制改革的大潮。新公司法的颁布实施，税法的不断变化，尤其是会计准则、审计准则的全面出台，以及伴随着经济效益审计日益受到重视，而陆续颁布的一系列相关法规、办法，使得审计人员面临着新的一轮知识更新。

充分考虑到相关法律法规、各种审计规范的种种变化，我们编写了这本教材，以适应各种教学培训的迫切需要。

本书以一般企业的经济效益审计为基本内容，相应安排了管理审计、经营审计、企业项目投资、全面经济效益评价等章节。本书还兼顾了其他类型经济效益审计的内容，相应安排了侧重于政府绩效审计方面的规划审计、公共项目投资审计等章节，以及侧重于金融企业的金融工具风险管理审计等内容。

经济效益审计在高校教学计划中一般安排54～72课时，一学期开设。考虑教学改革后，专业课时偏紧的现实情况，本书充分注意了学生的自学需要，从而可在有限的时数内，尽量实现教学目的。

本书的编写者均有较为深厚的审计理论和实践功底，熟悉国内外效益审计规范的异同以及变化趋势，加之都具有相关课程多年的教学经验，使得本书有了基本的质量保证。

本书由杜建菊、王德礼共同主编。各章具体执笔人员为：第一章（王德礼）、第二章（王德礼，陈矜）、第三章（杜建菊）、第四章（方盈，杜建菊）、第五章（徐波）、第六章（王德礼）、第七章（李昊）、第八章（张志宸）、第九章（张敏）、第十章（孙国萍，官银）。

本书在编写过程中得到青岛审计局姜毅等同志的大力支持，不仅为本书提供了许多的参考资料，还费心帮助翻译国外案例，在此表示衷心的感谢。本门课程的许多任课老师提出了一些中肯的建议，在此也一并致谢。

经济效益审计的相关规范虽然在不断地增加，仍远远满足不了实际需要，我们在本书的编写过程中借鉴了较多的国外资料，且在效益审计理论和体系结构上做了一些必要的探索，其中不妥之处，恳请本书的使用者不吝赐教，以便我们及时更正。

编 者

2009 年 11 月 22 日

C
O
N
T
E
N
T
S

目
录

第一章　绪　论

第一节　经济效益审计的意义

一、经济效益的概念

经济效益是我国经济学者提出的一个特有概念。

20世纪60年代，以孙冶方为代表的我国少数学者曾探讨过经济效果问题，其后许多经济学者考虑到经济效果缺乏方向性，进而提出经济效益概念，并一直沿用至今。

一般而言，经济效益是指一定主体或一定项目经济活动中资源投入与特定的产出、资源消耗和有效成果的比较。如果资源投入相同，而产出较多或资源消耗相同，成果较大，或者产出相同，资源投入较少，成果相同，资源消耗较少，表明经济效益较好；相反，就表明经济效益较差。

在经济活动中，投入和产出、消耗和成果都可以通过不同的指标来表示。比如，投入和消耗包括资金、生产资料和劳动者的占用，以及资金、生产资料和劳动时间的消耗；产出和成果也包括产品、服务、收入、利润等多项指标。所以，评价经济效益好坏的标准是不同的。

我国的经济效益概念与西方经济学中沿用过来的经济效率有着明显不同，前者主要用于描述微观经济情况，后者主要用于经济学宏观问题或一般问题。两者最好不要混用。

二、经济效益审计的概念

经济效益审计，是以审查评价一定主体或项目经济效益的实现途径与有效成果为内容，通过比较分析明确受托责任履行情况为目的的专项审计。

经济效益审计的主要对象是生产经营活动和财政经济活动能取得的经济效果或效率。它通过对企业生产经营成果、基本建设效果和行政事业单位资金使用效果的审查，评价经济效益的高低，经营情况的好坏，明确相关责任人受托责任的履行情况，促进其进一步发掘提高经济效益的潜力和途径。

关于效益审计的概念，世界不同国家有不同定义，一般以三 E——经济性（economy）、效率性（efficiency）、效果性（effectiveness）作为经济效益审计的基本内容。但目前，国内外审计界对 3E 概念，3E 之间的关系，并未做出统一的解释。

本书对于 3E 概念的一般理解是：

经济性是指组织经营活动过程中获得一定数量和质量的产品和服务及其他成果时所耗费的资源最少。经济性主要关注的是资源投入和使用过程中成本节约的水平和程度及资源使用的合理性，侧重于投入的节约。强调经济性，就是强调更高程度地利用资源，充分发挥人力、财力、物力的潜能。在经济性的前提下实现效果性，是可持续发展的必然要求。

效果是指经济活动所产生的有用成果。效果性既要反映经济活动的有效性，即经济活动的结果是否为社会所承认；又反映这种有效成果的量之大小。

效果性是指组织从事经营活动时实际取得成果与预期取得成果之间的对比关系。效果性主要关注的是既定目标的实现程度及有效成果的最大化。

效率性在这里是指经济活动中所消耗的社会资源与所获得的有效成果的比率，通常用相对数表示。从效率这一角度来考虑，提高经济效益的有效方法，既要提高相关资源的利用程度，又要争取有效产出的最大化。

3E 在本质上是一体的，经济性和效果性都只是效率性不同侧重点的表达，因此可以认为，3E 审计与经济效益审计在本质上是相同的。

国外关于效益审计还有其他一些提法，如在美国的政府审计领域、内部审计领域、民间审计领域中，分别采用绩效审计、经营审计、管理审计三种不同的术语表达，加拿大把传统财务审计与绩效审计结合起来，称为"综合审计"，澳大利亚因审计长没有效果检查的职能，而称为效率性审计，瑞典因重点进行的是效果评估而称为效果审计等等。

本书的经济效益审计涵盖了各种不同提法，并给出特定的具体分类：

侧重于事前评估的为规划审计；侧重于资源利用的为管理审计；侧重于市场的为经营审计，侧重于效果评估的为经济效益综合评价，此外就金融工具、项目投资、公共投资等特殊领域设立了专章。

本书经济效益审计的概念并非局限于 3E 审计，而是根据一定主体或项目经济效益的实现途径、有效成果不同，以及受托责任的具体情况随时扩展，只是目前仍然以 3E 审计为主而已。

第二节　现代经济效益审计的产生与发展

一、经济效益审计的起源

从审计的起源至 20 世纪 40 年代，严格意义上并没有财务审计与效益审计之分，因此，审计的起源，也就必然包括了效益审计的起源。

《周礼·天官·宰夫》记载："凡失财用物辟名者，以官刑诏冢宰而诛之；其足用长财善物者，赏之。"明显属于"综合性审计"结果的处理。

《韩非子·外储说右》记载："田婴相齐，人有说王者曰：'终岁之计，王不一以数日之间自听之，则无以知吏之奸邪得失也。'王曰：'善'。"这里既明"奸邪"，又讲"得失"，应该也属于"综合性审计"的模式。

古罗马审查公共投资的会计账目，并因发现浪费而处理了一批官员；古希腊甚至已经有了专门的离任责任审计，这都不是单纯的合规性审计所能够概括的。

直到 19 世纪的英国，合规性审计的概念已经明确后，"是否在议会控制会计账目的早期就已经考虑过要使国家审计超出合规性审计的范围，至今还是一个谜团"。由此造成的审计与军方之间的争议，最终以在合规性审计的框架下，塞进一些效益审计的做法而结束。

既然我们已经承认审计源于受托责任，那么就应该承认效益审计与合规审计在相当长时期内必然是不加区分的，因为受托资产的单纯保管责任固然可以靠"合规"来稽查，而受托资产的运用责任就绝不是仅仅"合规"就能够说明问题的了。要对受托责任的履行情况进行综合考察，且为单一委托方时，审计性质的综合性有其必然性。加拿大的"综合性"审计，可看成是审计这种历史形成的"综合性"在现代的延续。

事实上，在相当长的历史时期内，作为审计标准的"规"并不完善，并不规范，有时并不存在，从而也使审计的"综合性"成了一种必然，比如作为现代民间审计起源的意大利会计师对合伙人的审计，说是"效益性"审计，倒比"合规性"审计更接近事实，当然，实际上还是一种"综合性"审计。

二、国外现代经济效益审计的产生与发展

20 世纪 30 年代的经济危机，催生了从 1939 年开始的一系列会计规范，并随之催生了现代意义上的"财务报表审计"。"财务报表审计"的正式诞生，意味着传统"综合性审计"的解体，"绩效审计"也就应运而生了。现代审计是财务审计与绩效审计同时并存共同发展的时期。

国外效益审计出现于20世纪40年代中期，发展于20世纪七八十年代，英美等西方发达国家于20世纪90年代完成了传统财务审计向效益审计为中心的转变。

"绩效审计"这一概念首见于1948年3月阿瑟·肯特在美国《内部审计师》杂志上发表的"经营审计"一文。据相关文献记载，最早有关绩效审计的论著，当属美国管理咨询师威廉·伦纳德于1962年撰写的《管理审计》（William P. Leonard，1962）。随后，也有一些述及该方面的文章和专著，但在上世纪70年代以前，各国绩效审计开展没有得到法律明确规定，实践中有零星开展，并没有得到社会广泛接受。代表性国家政府绩效审计法定起始时间如下表：

表1-1 代表性国家政府绩效审计法定起始时间表

国别	时间	法律依据	审计主体	定义内容	名称
美国	1972	《政府组织、程序、活动和职责的审计准则》	美国会计总署	3E	绩效审计
英国	1982	地方政府财务法案	审计委员会	经济性、效率性	货币价值审计
	1983	地方政府（苏格兰）法案	会计师委员会		
	1984	国家审计法（1983）	审计署		
加拿大	1977	《审计长法案》	审计长公署	3E、受托责任履行	综合性审计
澳大利亚	1979	《审计法》（修订版）	效率审计部	经济性、效率性	效率审计
新西兰	1977	《公共财务法》	审计部	效果性和效率性	货币价值审计

进入21世纪，美国国家审计总署两类审计比重为：效益审计占85%以上，财务审计占10%～14%；加拿大、英国、澳大利亚、瑞典、日本等国的效益审计也都占到了40%以上，而且它们和西欧一些国家审计机关还实行效益审计机构、资金、计划单列。这种发展趋势正日益增强。

三、国内经济效益审计的发展现状

我国1982年宪法规定，国务院设立审计机关，在总理领导下，依照法律规定独立行使审计监督权。与此同时，我国已经开始了经济效益审计的有关培训工作。1982年，联合国技术合作部发展管理司在大连财经学院举办的"审计业务讲习班"上所用的教材全都与效益审计直接有关，其中的审计案例、审计教学参考资料更全部属于政府绩效审计的内容，由此揭开了我国进入现代效益审计的序幕。

1983年9月，审计署正式成立，之后两年间全国县级以上地方各级人民政府普遍建立了审计机关。效益审计一直就是审计机关的法定职责。1983 年国务院转发的审计署《关于开展审计工作几个问题的请示》关于审计机关的任务第三和第四条规定："对国营企业、基本建设单位、金融保险机构，以及县以上人民政府管理的相当于国营的集体经济组织的财务收支，进行审计监督，并考核其经济效益。维护国家财经法纪，对严重的贪污盗窃、侵占国家资财、严重损失浪费、损害国家利益等行为，进行专案审计。"

我国从审计机关成立初期就开始了对企业效益审计的探索。社会主义市场经济体制的建立首先从国有企业的改革开始，国有企业改革围绕放权让利、承包制和建立现代企业制度使企业承担了相当大的经营管理责任，准确评价企业经营管理责任的履行情况成为决定企业改革成败的关键。

以年代划分，我国现代效益审计大致经历了三个阶段：

（一）20 世纪 80 年代——综合性审计阶段

审计署成立初期至 80 年代末，我国本身没有建立现代的会计准则体系，实施的审计主要是综合性的，其中自然安排了一定数量偏重于企业经济效益的审计。审计机关开展的针对承包制或任期制的企业审计，其根本目的就是评价企业经济责任的履行，因此，企业审计实际上已经具有效益审计的成分。

据 1984 年审计资料记载，当时，全国有 22 个省、市、自治区的 270 个县以上审计局，对 1263 个部门和被审计单位进行了综合性的试审，试审中充分注意到经济效益问题。当年，全国审计机关共审计出各类问题总金额 30692 万元，其中属于经济效益差的是 9195 万元，通过试审，对改善企业经营管理，提高经济效益，增收节支起了积极作用。

1985 年国务院颁布的《关于审计工作的暂行规定》第二条规定：审计机关"通过对国务院各部门和地方各级人民政府的财政收支，财政金融机构、企业事业组织以及其他同国家财政有关的单位财务收支及其经济效益，进行审计监督，以严肃财经纪律，提高经济效益"。

1988 年国务院颁布的《中华人民共和国审计条例》第二条规定："审计机关对本级人民政府各部门、下级人民政府、国家金融机构、全民所有制企业事业单位以及其他有国有资产单位的财政财务收支的真实、合法、效益，进行审计监督。"

这些规定实际上充分体现了综合性审计的精神。

（二）20 世纪 90 年代——专项经济效益审计试点阶段

1991 年初，全国审计工作会议要求："各级审计机关都要确定一批大中型企业进行经常审计，既要审计财务收支的真实性、合法性，又要逐步向检查有关内部控制制度和经济效益方面延伸，并作出适当的审计评价，推动经济效益的提高。"

自提出两个延伸后，全国地方一些审计机关继续实施了经济效益审计试点。试点工作较有成效的有：湖北、山东、天津、辽宁等省、市审计机关。

在这个时期，我国审计机关还结合宏观经济财务收入审计，开展了一些事后来看带有宏观经济效益审计性质的经济监督活动。比如：全国审计机关同时开展了建设项目开工前审计，共审计20000多个项目，总投资额105815亿元，审计后对716个不具备开工条件的建设项目，提出了意见，压缩建设规模的总资金达1285亿元。同期还在全国范围内组织对165个国家重点建设项目审计，共审计项目总投资2007亿元，查出有问题资金106.5亿元，经审计处理后，为国家节省投资38亿元。同时，国家审计机关开展的行业审计，对五省市公路养路费审计等都带有宏观经济效益审计性质，针对审计中发现的带有普遍问题，从宏观上提出加强管理，提高效益的建议，并会同有关部门及时研究制定了一些解决问题的办法和制度，在一定程度上发挥了审计在改善宏观经济管理中的积极作用，促进了被审单位经济效益和管理水平的提高。

1995年1月1日实施的《中华人民共和国审计法》第二条规定："国务院各部门和地方各级人民政府及其各部门财政收支、国有金融机构和企业事业组织的财务收支，以及其他依照法规规定应当接受审计的财政收支、财务收支，依照本法规定接受审计监督。审计机关对前款所列财政收支或财务收支的真实、合法和效益，依法进行审计监督。"

(三) 21世纪——经济效益审计全面开展阶段

为探索项目资金效益审计的路子，审计署进行了认真规划，并组织实施，在审计署制定的《1999至2003年审计工作发展纲要》中提出了"积极开展对农业专项资金使用效果的审计，逐步建立对资金使用效果的审计评价指标体系，促进提高资金使用效益"、"探索评审资源环保政策的执行效果"、"揭露和反映重复建设和盲目投资等问题，促进提高固定资产的投资质量和效益"等效益审计的目标。

在2002年全国审计工作会议上，审计署提出将财务收支审计和效益审计结合起来。而《2003至2007年审计工作发展规划》则将"积极开展效益审计，促进提高财政资金的管理水平和使用效益"作为今后五年审计工作的主要任务，提出"实行财政财务收支的真实合法审计与效益审计并重，逐年加大效益审计分量，争取到2007年，投入效益审计力量占整个审计力量的一半左右。效益审计以揭露管理不善、决策失误造成的损失浪费和国有资产流失为重点，促进提高财政资金管理水平和使用效益，维护国有资产安全"，提出了加快发展效益审计的目标。

深圳自 2002 年开始推行的财政效益审计在国内尚属创新举措。2001 年《深圳经济特区审计监督条例》公布实施，规定审计机关对政府各部门进行效益审计，每年第四季度向本级政府提出效益审计报告，并受政府委托，向人大常委会报告效益审计工作情况。效益审计的法律依据是《深圳经济特区审计监督条例》。效益审计旨在考察部门和单位申请的财政经费用了多少、用在什么地方、取得了哪些效果。2002 年，深圳市审计局组织实施了第一个单独立项的国家效益审计项目——深圳市卫生医疗设备及大型医疗设备使用管理绩效审计。

其他地方审计机关也结合各地的实际情况，制定了适合本地特点的效益审计规划。一些地方审计机关以法规的形式把效益审计作为单独的审计类型加以明确。如 2003 年颁布的《湖南省审计监督条例》和《珠海经济特区审计监督条例》，2005 年颁布的《汕头经济特区审计监督条例》和《青岛市审计监督条例》规定都明确提出了效益审计的要求。

2003 年以来，各级国家审计机关根据自身的业务能力，适应审计环境的变化要求，不同程度地组织实施了单独立项的效益审计项目。这些项目涵盖了财政审计、企业审计和经济责任审计的各个方面，如审计署系统组织的开发区财税政策专项审计调查、青藏铁路环境保护资金使用情况审计调查、失业保险基金效益审计、重点流域水污染防治情况审计、某公司经济责任审计中的效益审计试点等，北京市西城区审计局开展的什刹海景区保护与更新改造资金效益审计、青岛市开展的麦岛污水处理厂效益审计、上海市审计局开展的政府利用外资环境保护项目效益审计、天津市审计局开展的天津市危旧房屋拆迁资金专项审计调查、江苏省审计厅的某市长任期经济责任审计中效益审计试点等。

2004 年以来，审计署在审计工作报告中加大了披露问题的力度，这种做法被舆论界称为"审计风暴"，并获得了全国人大、中央政府和社会各界的普遍认同。人们在欢迎审计机关公开被审计单位问题的同时，也期望这些问题得到切实的纠正，实行问责制度，追究有关当事人的责任，避免类似问题的再次发生。与不到 10% 的违规资金相比，90% 以上合规使用的资金效益显得更加重要，因此开展效益审计就成为审计机关一项十分紧迫的任务。

2004 年《国务院关于投资体制改革的决定》为进一步落实企业投资的自主权，对企业投资的核准制进行了进一步规范，备案制进一步完善。2004 年《财政部关于开展中央政府投资项目预算绩效评价工作的指导意见》区分了项目前期、中期和项目竣工运营期的分阶段绩效评价，提出了从项目立项、可研、概算、建设过程、竣工决算、环境保护、后续运营等对项目进行全面评价，并提出了构建中央政府投资项目预算绩效评价体系思路。2005 年财政部发布了《中央部门预算支出绩效考评管理办法》（试行），对绩效考评进行了进一步的规范。这些法规的陆续颁布实施，为经济效益审计的全面铺开提供了必要的法制基础。

《审计署 2006 年至 2010 年审计工作发展规划》中对审计工作提出了"全面推进效益审计，到 2010 年初步建立起适合中国国情的效益审计方法体系"的目标要求，标志着经济效益审计的全面化，已经有了明确的"路线图"。

第三节　经济效益审计的概念框架

一、经济效益审计的理论基础

现代审计的理论基础，首先是委托代理理论。

委托代理理论是制度经济学契约理论的主要内容之一，主要研究的委托代理关系是指一个或多个行为主体根据一种明示或隐含的契约，指定、雇佣另一些行为主体为其服务，同时授予后者一定的决策权力，并根据后者提供的服务数量和质量对其支付相应的报酬。授权者就是委托人，被授权者就是代理人或称受托人。

委托代理关系起源于"专业化"的存在。当存在"专业化"时就可能出现一种关系，在这种关系中，代理人由于相对优势而代表委托人行动。现代意义的委托代理的概念最早是由罗斯提出的："如果当事人双方，其中代理人一方代表委托人一方的利益行使某些决策权，则代理关系就随之产生。"委托代理理论从不同于传统微观经济学的角度来分析组织内部、组织之间的委托代理关系，它在解释一些组织现象时，优于一般的微观经济学。

委托代理理论是过去 30 多年里契约理论最重要的发展之一。它是 20 世纪 60 年代末 70 年代初一些经济学家深入研究企业内部信息不对称和激励问题发展起来的。委托代理理论的中心任务是研究在利益相冲突和信息不对称的环境下，委托人如何评价代理人的工作成效，如何设计最优契约激励代理人。

不管是经济领域还是社会领域都普遍存在委托代理关系，古今中外，概莫能外，只是种种委托代理关系的内容形式不断因时因事而变罢了。

在委托代理关系中，由于委托人与代理人的效用函数不一样。委托人可能追求的是自己的财富更大，而代理人可能追求自己的工资津贴收入、奢侈消费和闲暇时间最大化，从而必然导致两者的利益冲突。在缺乏有效的制度安排时，代理人的行为很可能最终损害委托人的利益。这就产生了包括"道德风险"、"逆向选择"在内的所谓的"委托代理问题"。审计作为解决委托代理问题的必要手段之一，也就有了应运而生且不断发展的必然。

审计与受托责任的关系已形成共识。经济效益审计与受托责任之间必然也存在这种关系。

受托责任是指将所有权的部分委托他人代理形成的权利义务关系。所有权代理的内容不同，受托责任就不同，由此形成的审计业务类别也就有了差异。

所有权，是指所有人依法对自己的财产享有占有、使用、收益和处分的权利。

当委托代理的内容仅仅是占有权时，就形成了所谓"保管责任"，对其监督的审计类别一般属于合规性审计；当委托代理的内容包括了使用、受益、处分等其他权利时，仅靠合规性审计已不足以鉴定受托者的权利行使过程与结果，相应地需要综合性审计或在合规性审计基础上进行的效益性审计。

2001 年，美国学者约翰·凯从托管而非所有权的角度提出了一个全新的理论——"托管责任理论"。约翰·凯认为，所有权概念是不适用于公司的，没有谁能够拥有公司，公司应当是"有自己个性、特点和激情的机构"，是一种社会组织，拥有社会责任和公共利益。公司的董事会成员是公司资产的受托管理人，而不是股东的代理人，"受托管理人的职责是保持公司的资产，并公正地平衡各种利益关系，并为了促进公司利益的发展，有权在任何情况下以他认为合适的方式采取行动"。按照约翰，凯的托管责任理论的观点，公司受托管理人所关注的"是利益相关者群体——投资者、雇员、供应商、顾客和管理者等的广泛利益，而不是仅只关注其中某一类"。

"托管责任理论"实质上是"委托代理理论"的进一步深化，适应了从公司单一治理，向共同治理模式的转化。按照这一理论推论，各种相关利益人才是最终的委托人，股东只是中间人。"托管责任理论"同样也可以作为效益审计的理论基础。

二、经济效益审计的主体

审计的主体应进一步区分为权利主体和执行主体。审计的权利主体指委托代理关系中的委托人；审计的执行主体指受托的审计机构。审计的权利主体明确了"谁要审"，而执行主体明确了"谁来审"。"谁要审"与"谁来审"的区分，在一定程度上避免了因审计权利主体与审计客体利益冲突而可能造成的不公正，同时也凸现了审计的独立性特征。

（一）经济效益审计的权利主体

经济效益审计的权利主体较为复杂。

在单一治理模式下，且所有权人单一时，如个人独资企业，个人出资者即为经济效益审计的权利主体；在所有权人为多方时，如公司制企业，股东（大）会为经济效益审计的权利主体（董事会下属的审计委员会为其代理机构）。

在共同治理模式下，经济效益审计的权利主体，可以是各相关利益人建立的共同监督机构，如监事会，也可以是相关利益人中的一方，如股东、债权人、税务机关、工会等。

在实施分层、分项委托代理，且分部、项目或特殊目的主体的经济效益可采用一定方式明确区分时（如实施项目责任制、责任会计制度等），中间委托人（对上一层次而言是受托人）可以是经济效益审计的直接权利主体，而最上层的委托人为其最终权利主体。

（二）经济效益审计的执行主体

与其他专业审计一样，经济效益审计的执行主体由政府审计机关、社会审计组织和内部审计机构三大部分所构成。

政府审计机关重点审计以国家投资或融资为主的基础性项目和公益性项目的经济效益；社会审计组织以接受经济效益审计权利主体的委托或审计机关再委托的方式对被审单位或项目的经济效益实施审计；内部审计机构则重点审计在本单位或本集团内的经济活动、项目投资等的经济效益。

三、经济效益审计的客体与对象

经济效益审计的客体，是接受审计执行人审计的经济责任承担者和履行者，即被审计单位或被审计项目。审计对象是审计行为所指向和作用的承受体，是审计客体受托进行的各类经济活动。

（一）经济效益审计的客体

一般而言，审计客体必须是一定的会计主体，包括内部会计主体，甚至内部责任会计体系中的投资中心、利润中心、费用中心以及各种特殊目的主体。

在证券行业，特殊目的主体（Special Purpose Entities，简称 SPE；在欧洲通常称为：special purpose vehicle，SPV）指特殊目的实体、特殊目的载体或特殊目的机构，其职能是购买、包装证券化资产和以此为基础发行资产化证券，是指接受发起人的资产组合，并发行以此为支持的证券的特殊实体。

一般来说，SPE 没有注册资本的要求，一般也没有固定的员工或者办公场所，SPE 的所有职能都预先安排外派给其他专业机构。SPE 必须保证独立和破产隔离。SPE 设立时，通常由慈善机构或无关联的机构拥有，这样 SPE 会按照既定的法律条文来操作，不至于产生利益冲突而偏袒一方。SPE 的资产和负债基本完全相等，其剩余价值基本可以不计。

我国企业设立的企业年金实际上也属于特殊目的的主体。

（二）经济效益审计的对象

审计的客体明确的是"审谁"问题，而审计的对象解决的是"审什么"问题。

经济效益审计的对象并不全等于经济效益审计客体的经济活动，需要考虑审计权利主体与审计客体间委托代理契约的具体规定，如对于实行责任会计制度的利润中心，其不可控固定成本、不可控利润就不属于经济效益审计的对象。

经济效益审计的对象并不全等于经济效益审计客体的经济活动，还需要考虑审计权利主体与审计执行主体间委托代理契约的具体规定，双方约定的经济效益审计的对象可能是审计客体的全部经济活动，也可能是其某项经济活动，乃至是其某项经济活动的某一方面。

对企业而言，经济效益审计的对象可能企业的整体经济效益，也可能仅是其一般经营活动或新增投资方面的经济效益。

就一般经营活动而言，经济效益审计的对象又可分为侧重于人、财、物利用效率的管理活动与侧重于产、供、销的市场经营活动。

就新增投资效益而言，又可以进一步区分为新增内部投资（如新增生产线）和新增外部投资，新增外部投资还可以进一步区分为外部直接投资和外部间接投资等等。

此外，审计权利主体与审计执行主体间委托代理契约还可能仅约定审计某项经济活动的某一阶段，如规划阶段、实施阶段或其分段结果，当然也可能要求实施跟踪审计，贯穿某项经济活动的全过程。

四、经济效益审计的目标

审计目标是指审计项目所要完成的任务和预期的审计效果。只有确定了审计目标，审计人员才有了审计的方向，审计最终才会得出结论。

审计目标对审计全过程都会产生影响。审计目标不仅对审计结果产生影响，还对审计方案、审计实施过程和审计报告都产生重大的影响。审计目标的确定，直接影响了审计评价标准的选择和审计方式、方法的设计，因为后两者都是为实现审计目标服务的。

确定审计目标的过程，也是确定审计范围的过程，因此对于审计目标和审计范围必须同时考虑。审计人员一般应该根据确定的审计目标和范围，确定审计的关键领域，即审计的重点。

经济效益审计目标，就是根据特定的审计标准，明确被审单位履行受托责任的状况，分析判断被审单位履行受托责任的结果。

关于经济效益审计目标的三个关键词是"标准"、"状况"和"结果"。

"标准"是进行经济效益的逻辑起点，"状况"须通过具体审计步骤得到的相关审计证据而体现，"结果"是"标准"和"状况"分析对照后得到的关于被审单位履行受托责任的优劣高低层次的判断。因此，经济效益审计的目标可以简化为：确定标准、取得证据、判断优劣。

每个经济组织或经济项目的活动是由许多不同环节、不同层次的具体活动共同组成的，因此，为使审计目标更具有可操作性，应当对总体审计目标做进一步的分解。层层分解总体审计目标的过程，就是把一个个抽象的问题分解为众多的小问题的过程，直到分解出来的问题，审计人员可以直接收集信息和证据进行回答，即可在不同环节、不同层次上确定标准、取得证据、判断优劣。

如果只是根据具体环节、具体层次的审计目标进行审计工作，缺乏审计的总体目标，还要在达成具体审计目标后，确定各具体审计目标的权重，进行审计目标的"集成"，以判断被审计人受托责任的总体完成情况。

五、经济效益审计的标准

效益评价指标体系和审计评价标准是效益审计的核心。指标是需要评价的内容，指标体系指的是需要评价的内容及其逻辑关系。必须注意的是，审计标准不是各种指标计算公式，而是约定或公认的根据特定公式计出的标准值。指标公式既是确定审计标准的基础，又是明确被审单位履行受托责任状况的方法。

（一）效益审计评价标准的特点与基本分类

《最高审计机关国际组织效益审计指南》对效益审计评价标准的表述为："效益审计评价标准是审计人员衡量和评价被审计活动的经济性、效率性、效果性的合理的、可达到的业绩标准。"它们反映了针对被审计事项的规范化（或称理想化）控制模式，代表了良好实务（即，理性的知悉情况的人对"事情应该是什么样"的期望）。合适的效益评价标准具有以下几个方面的特点：①可靠性，②客观性，③有用性，④可理解性，⑤可比性，⑥完整性，⑦可接受性。

一般而言，效益审计标准可分为三类：一是政策标准。主要是国家法律、法规、相关政策和原则，它是审计人员开展效益审计的重要标准和首要依据。二是技术标准。主要是：国际标准、国家标准、行业标准、地方标准和企业标准。国际标准是指国际标准化组织制定并公布的标准。国家标准是指国务院行政主管部门统一审批、编号、发布的标准，又分为强制性标准和推荐性标准。行业标准是指行业制定的标准。地方标准是指地方制定的标准。企业标准是指企业自行制定的标准，包括工作标准、管理标准、可研报告等。三是经济标准。即经济目标实现程度。主要包括经济指标、工作任务、历史最高水平、地区最高水平等。

事实上，由于经济效益审计对象千差万别，不同的效益审计项目、不同的组织和单位其业务内容多种多样，涉及行业领域众多，相互间专业的差异极大，而且人们在不同时间、不同区域、不同环境下对社会公共资源配置的结果所寄予的期望值和满意度也大不相同。很难制定被社会公认的、统一的审计标准。

目前在效益审计已经相当成熟的美国，也只是从 20 世纪 90 年代中期，才开始推行财政预算绩效评价指标体系，从内容看，只是单项的原则性、框架性的指导文件，而并非具体的评价标准。所以，最高审计机关国际组织通过制定效益审计指南，而不是制定效益审计评价标准，来指导各成员国的效益审计实践。我国在 2007 年已开始了制定效益审计指南的前期准备工作。

（二）确定经济审计评价标准的一般方法

确定经济审计评价标准的一般方法主要有：

（1）将一个项目按管理程序分解成若干个阶段，如建设项目立项（可行性研究）、计划、建设、运营等，针对每个阶段回答"管理者应做什么、怎么做、怎么控制"，问题的答案一般可作为备选评价标准。

（2）国家法规、政策文件、标准手册中的相关规定，可作为备选评价标准。

（3）对审计对象过去一定时期的数据进行统计分析，从而得到审计对象一般情况下的数据标准，或类似审计对象的有关数据，可作为确定评价标准的参考。

（4）审计对象及相关单位的预期目标，可作为备选评价标准。

（5）与审计对象就评价标准问题进行讨论，双方一致认可的结论，可作为备选评价标准。

除此之外，专家意见、群众评议意见也可作为评价标准。审计人员无论通过什么方式确定的审计评价标准，均须在充分征求审计对象意见基础上，最终确定有关事项效益审计的评价标准指标值。

（三）内部审计机构经济效益审计评价标准的选择

我国《内部审计具体准则第 25 号——经济性审计》《内部审计具体准则第 26 号——效果性审计》《内部审计具体准则第 27 号——效率性审计》分别规定了经济性、效果性、效率性审计评价标准的选择程序，其他审计机构可适当参考。

1. **经济性审计评价标准**

内部审计人员首先应确定组织管理层已建立标准的适当性。如果此标准是适当的，内部审计人员在经营活动的经济性评价中就应使用这些标准。如果标准不适当，应该向适当管理层报告。

如果管理层没有制定标准，内部审计人员应会同管理层选择适当的评价标准。

内部审计机构和人员应当根据不同的审计对象及目标，选择定性或定量的经济性评价标准，或将二者适当结合。

（1）定量的评价标准主要包括计划、预算、定额、目标值、评价标准值等。

（2）定性的评价标准主要包括：国家法律、法规、方针和政策；主管部门的有关规定；组织的规章制度；职业组织推荐的最佳实务等。

经济性审计评价标准应具备适当性、先进性和动态性。评价标准可以是组织内部的，也可以是组织外部的；可以是本年度的，也可以是以前年度的。

2. 效果性审计评价标准

内部审计人员首先应确定组织管理层已建立标准的适当性。如果此标准是适当的，内部审计人员在经营活动的效果性评价中就应使用这些标准。如果标准不适当，应该向适当管理层报告；

如果管理层没有制定标准，内部审计人员应当会同管理层选择适当的评价标准。

内部审计机构和人员在对经营活动特定项目或业务的效果性进行评价时，应当充分考虑国家宏观政策、经济环境及组织内部条件等的变化对既定目标造成的不同影响，注意社会效果与经济效果、长远效果与短期效果的结合，选择恰当的评价标准。

内部审计机构和人员应当根据不同的审计对象及目标，选择定性或定量的效果性评价标准，或将二者适当结合。

内部审计机构和人员对组织经营活动特定项目或业务的效果性进行评价时可参照选择以下标准：

（1）项目或业务的设计要求或计划应达到的水平。

（2）项目或业务对完成时间的要求。

（3）其他组织的相同或类似项目及业务已达到的最佳状态。

（4）国家已制定的最高标准或已达到的最佳水平。

（5）国际上已达到的最高水平。

（6）社会有关各方对该项目或业务的社会经济效果的满意程度。

3. 效率性审计评价标准

首先应确定组织管理层已建立标准的适当性。如果此标准是适当的，内部审计人员在经营活动的效率性评价中就应使用这些标准。如果标准不适当，应该向适当管理层报告。

如果管理层没有制定标准，内部审计人员应当会同管理层选择适当的评价标准。

内部审计人员选择的效率性评价标准应当符合以下要求：

（1）可获得性。是指内部审计人员在现有的工作条件下能够以合理成本取得该效率性评价标准。

（2）先进性。是指该效率性评价标准在被评价领域中代表了较优秀的水平。

（3）适用性。是指该效率性评价标准符合审计对象的特征要求，能够恰当地对被审计单位的效率性进行评价。

（4）关联性。是指该效率性评价标准在各个历史时期具有可比的特征。

（5）可验证性。是指效率性评价标准应当能够为组织管理层获取，以使组织管理层能够对效率性审计进行评价。

内部审计机构和人员对组织经营活动效率性进行评价时可以参照选择以下标准：

（1）组织经营活动效率的设计水平或计划水平。

（2）组织经营活动效率的历史同期最高水平。

（3）职业组织推荐的最佳实务标准。

（4）组织经营活动效率的国家标准水平。

（5）组织经营活动效率的国际标准水平。

（6）某国家或地区各该项效率指标的先进水平。

（7）国内同行业同类组织各该项效率指标的先进水平。

（四）确定经济审计评价标准的注意事项

1. 评价指标体系要注意相关性、全面性、逻辑性

相关性指的是所设指标要与评价的内容相关联，避免无关指标参与评价。全面性指的是尽量将全部相关的指标都纳入评价指标体系，尽量减少遗漏项。逻辑性指的是，在相关性和全面性的基础上，合理划分层次，合理确定同层次指标之间的权重。

2. 效益审计评价的标准要注意客观性和主观性的结合

效益审计评价的标准要做到客观性：一是要尽量使用可以计量的标准，如投资完成额、利润率等；二是尽量使用普遍公认的、约定俗成的或者管理者自己制定的标准，如项目可行性研究、项目协议所规定的标准；三是尽量使用同类可比较的标准或者行业平均值，如造林成活率要使用同树种同地区的平均成活率作为标准。

社会活动的复杂性决定了效益评价中不可能排除审计人员的主观判断，从世界银行以及发达国家效益审计的实践来看，审计人员的主观判断在效益审计中仍占有非常高的比重。需要注意的是，审计人员要尽量将主观判断科学化、程序化和标准化。

3. 吸收国外经验，扩展效益审计标准

荷兰鹿特丹 Erasmus 大学公共管理学教授 Pollitt 等人，受英国经济和社会研究局的资助，曾调查欧洲四国（英国、荷兰、瑞典和芬兰）最高审计机关已公布的 20 世纪 80 年代中期和 90 年代中期共 611 份绩效审计报告。结果表明，各国最高审计机关虽然一再强调经济性、效率性、效果性是其评价绩效的标准，但实践中至少有效率性和效果性常常被忽略，相反良好管理实践（Good management practice）标准却被经常提到。[①]

Pollitt 等人在研究绩效审计标准时，结合各国实际情况，深入讨论分析，形成以下具体分类：

①经济性（Economy）；②效率性（Efficiency）；③效果性（Effectiveness）；④良好管理实践（Good management practice）；⑤良好治理（Good governance）；⑥服务质量（Quality of service）；⑦目标完成（Goal attainment）；⑧其他（Other）。

根据上述分类，Pollitt 等人对欧洲四国政府绩效审计报告逐一比较分析，结果显示，各国受本国政治、经济、文化因素影响，在绩效审计标准的应用上各有特色：

英国运用频率最高的是"良好管理"绩效标准，最低的是"良好治理"标准，其他标准较为平均；瑞典运用最高的标准是"良好管理"和"目标完成"，其他标准运用均较低；荷兰运用最高的标准是"良好管理"，远超过其他标准，运用尚可的有"经济性"和"完成目标"，其他标准运用很少；芬兰运用最高的标准是"良好治理"，以下依次为"目标完成"、"3E"和"良好管理"。

由以上情况可知，效益审计不能拘泥于"3E"或"5E"，应当根据不同情况不断创新，以适应效益审计实践的需要。

六、效益审计的证据

审计证据是一种科学的逻辑推理证明，通常不是简单地证明是与否的结论。在证据整理阶段，基本导向就是效益审计目标，基本参照物就是效益审计评价标准。通过比较方法的综合运用，审计人员应找出审计判断的多种例证，特别要清晰地表现出这些例证之间的相互印证关系，包括审计证据的多角度逻辑关系分析和与不同来源、不同性质数据的关联分析，形成完整的审计工作底稿。效益审计证据的风险主要反映在审计证据本身的潜在问题或薄弱环节上。科学的审计专业判断是效益审计证据质量的根本保证，然而，误判和错判也是审计风险的原发地。效益审计证据质量的分析过程，实际上就是对证据的可靠性、相关性和充分性的证明过程。

效益审计证据的质量，直接影响了审计结果、结论和建议的质量。审计人员对收集的审计证据进行鉴定是效益审计中一个十分重要的环节。

---

① 王彦平．政府绩效审计国际比较研究［D］．兰州商学院学报，2007．

对效益审计证据进行鉴定的目的是鉴定证据是否充分、相关、可靠。效益审计中对证据的鉴定与传统财务审计中审计证据鉴定的原理是相同的，也主要依靠审计人员的判断。

在确定证据的充分性时，审计人员应该保证存在足够的证据说服理性的人相信审计结果的有效性。适当时，可以利用统计方法确立证据的充分性。如果证据是有效的和可信的，并且符合事实，那么证据是可靠的。在评价证据的可靠性时，审计人员应该考虑证据是否确凿、有说服力，有时效、真实性等因素。必要时，审计人员也可以利用统计方法获得可靠的证据。如果证据与说明的问题（即审计目标和审计评价标准）逻辑相关，并且对于该事项具有重要意义，那么该证据是相关的。

其中对于审计证据的可靠性鉴定应该遵循下列原则：

（1）文件证据比询证证据可靠，经过被询证人员确认的询证证据比未经被询证人员确认的询证证据可靠。

（2）从独立的第三方取得的证据比从被审计单位取得的证据可靠。

（3）审计人员通过直接进行实物检查、观察、计算和盘点比被审计单位提供的或间接取得的审计证据可靠。

（4）不同来源或不同性质的证据能相互印证时，这些证据较为可靠。

（5）内部控制有效的情况下收集的证据比内部控制薄弱或者不存在的情况下收集的证据可靠。在内部控制薄弱或不存在的情况下，审计人员应该特别谨慎，并且要采取替代审计程序来证实这些证据。

（6）检查原始文件提供的证据比检查副本提供的证据可靠，检查官方文件提供的证据比检查非官方文件提供的证据可靠。

（7）在被询证人员不受任何制约的情况下取得的询证证据比受制约的情况下取得的询证证据可靠（例如，被询证人员受到威胁的情况）。

（8）从了解被审计事项的人员那里获得的证据，比从不了解被审计事项的人员那里获得的证据可靠。

在鉴定审计证据的充分性、相关性和可靠性时，应该注意证据本身可能存在的下列问题：只有单一来源，不能实现多个证据的相互佐证的证据（可靠性、充分性）；未经证实的询证证据（可靠性）；无时效性，如过于陈旧，或未体现各种变动情况（相关性）；相对效益而言，获取成本过高（相关性和充分性）；提供证据一方在效益审计结果方面存在既得利益（可靠性）；抽样调查中选取的样本无代表性（相关性，可靠性，充分性）；证据可能源于偶然事件（可靠性，充分性）；证据不完备（可靠性，充分性）；以及证据相互矛盾（可靠性）等等。

七、效益审计的结论

审计人员对审计证据进行整理归纳的直接目的是形成审计结果，使审计结果的表达明确、完整、客观、逻辑清晰，有说服力。审计结果通常包括标准、事实和影响，在发现问题的情况下还包括原因要素。审计人员对审计证据进行整理归纳应该针对审计结果的下面3个要素进行回答。

（一）审计标准

效益审计的评价标准是据以比较和评价效益的准绳、目标、应有的期望、最佳实务和标杆。审计方案中应该说明使用的标准。在选择审计评价标准过程中，审计人员有责任采用合理的、切合实际的、与效益审计目标相关的标准。标准作为审计结果的一个要素，可以为理解审计结果提供背景。因此在针对具体审计目标得出结论的时候，应该对采用的标准进行说明。

（二）评价结果

它是指审计人员通过检查确定的实际的状况。例如，审计人员可能会发现实际的状况与标准不符，比如项目没有遵循合同的规定；完工被推迟或者成本大大高于预算。

（三）原因与影响

因审计目标不同，原因也有两个不同含义。当审计的目标是解释为什么会发生如此的"事实"，引起"事实"的理由就是"原因"。确认问题的原因有助于审计人员提出建设性的纠正建议。由于问题可能是因一些似乎合理的事实导致的，也有可能是由多种原因导致的，如果审计人员能够用证据和推理清楚地说明和解释问题与被认为是原因的一个事实或多个事实之间的关系，审计建议将更加有说服力。当审计目标是评价项目对自然、社会和经济状况的变化产生的影响时，审计人员意在寻求证据证明在某种程度上项目本身就是变化的原因。审计人员可能会把内部控制上的重要缺陷确认为绩效不好的原因。在这种类型的结果报告中，内部控制缺陷会被当作原因来论述。

影响是对上述"事实"的重要性的确定。如果该事实不重要，不会对整体的绩效或责任产生实质性的影响，那么，该事项就不会写进审计报告。这里的影响包括两个不同含义。当审计的目标是确认有关事项的后果或可能的后果与评价标准之间的偏差（正向或反向）时，"影响"是对事项后果的一种衡量。审计人员经常运用这种意义的"影响"来说明针对确认的问题采取相应纠正措施的需要。当审计的目标是评价一个项目引起自然、社会或经济状况的改变程度时，"影响"是一个项目实现效果的衡量。这里的"影响"就是能够确认的由于项目经营而带来的自然、社会和经济状况的实际变化程度。这个变化程度可能是正向的，也有可能是反向的。

审计人员整理归纳审计证据的结果，就是针对上述 3 个要素进行回答。当然，不是每一个审计事项都要针对这 3 个要素确定审计结果，因为审计结果中包括哪些要素完全取决于审计目标。审计结果的确定是审计人员提出可行性建议的前提。

第四节　经济效益审计的内容与方法

经济效益审计的内容与方法均非常复杂，没有明显的边界，且在不断的探索之中，因此不可能完整地一一列举。

我国《内部审计具体准则第 25 号——经济性审计》《内部审计具体准则第 26 号——效果性审计》《内部审计具体准则第 27 号——效率性审计》分别规定了经济性、效果性、效率性审计内容与方法，其他审计机构可适当参考。以下列举中没有涉及的内容，本书相关章节仍将作必要的介绍。

一、经济性审计的内容与方法

（一）经济性审计审查评价的主要内容

（1）资金的取得和使用是否节约。

（2）人力资源的取得及配置是否恰当。

（3）物资财产的取得及消耗是否节约。

（4）资源取得和配置在时间消耗上的适当性。

（5）资源取得的机会成本。

（6）资源的取得、使用和管理是否合理，是否遵循有关法律、法规。

（7）组织是否建立了健全的管理控制系统，以评价、报告和监督特定业务或项目的经济性。

（8）管理层提供的有关经济性方面的信息是否真实、可靠。

（9）其他有关事项。

（二）经济性审计的主要方法

内部审计机构和人员在选择经济性审计方法时应当与审计对象、审计目标及经济性审计评价标准相适应。除了运用常规的审计方法以外，还可以运用数量分析法、比较分析法、标杆法等。

（1）数量分析法。数量分析法是对经营活动相关数据进行计算分析，并运用抽样技术，对抽样结果进行评价以获得充分、相关、可靠的审计证据的方法。数量分析法包括线性规划法、网络分析法、回归分析法、经济批量分析法等。

（2）比较分析法。比较分析法是通过分析、比较数据间的关系、趋势或比率来取得审计证据、完成审计目标的方法。

（3）标杆法。标杆法是内部审计人员对经营活动状况进行实际观察和检查，通过与组织内外部相同或相似经营活动的最佳实务进行比较而取得审计证据的方法。

二、效果性审计的内容与方法

（一）效果性审计审查评价的主要内容

（1）组织经营活动的目标是否适当、相关及可行。

（2）组织经营活动达到既定目标或实现预期经济和社会效果等情况。

（3）组织为实现既定目标所采取的程序和方法的合法、合理性，以及对有关政策、计划、预算、程序、合同等的遵循情况。

（4）分析组织经营活动未能及时达到既定目标的原因。

（5）分析组织无法按原定计划开展相应项目、业务或者中途停止项目、业务的原因。

（6）组织是否建立了健全的管理控制系统，以评价、报告和监督特定项目或业务的效果性。

（7）管理层提供的有关效果性方面的信息是否真实、可靠。

（8）其他有关事项。

（二）效果性审计的主要方法

内部审计机构及人员在选择效果性审计方法时应当与审计对象、审计目标及效果性审计评价标准相适应。除了运用常规的审计方法外，还可以运用调查法、问题解析法、专题讨论会等方法。

（1）调查法。调查法是凭借一定的手段和方式（如访谈、问卷等），对某种或某几种现象或事实进行考察，通过对搜集到的各种事实资料的分析处理，进而得出结论的一种研究方法。

（2）问题解析法。问题解析法是通过确定总括性问题、相关子问题以及用来解答这些问题的具体步骤来开展效果性审计工作的方法。

（3）专题讨论会。专题讨论会是指通过召集组织相关管理人员就经营活动特定项目或业务的具体问题进行讨论及评估的一种方法。

内部审计机构和人员应当采取以结果为导向的审计方式，关注经营活动特定项目及业务的结果，确认项目或业务目标的实现程度及其产生的影响。

三、效率性审计的内容与方法

（一）效率性审计审查评价的主要内容

（1）组织采购、销售等商业活动的效率。

（2）组织研发、生产等技术活动的效率。

（3）组织筹资、投资等财务活动的效率。

（4）组织为确保财产、信息及人员的安全以及对风险的管理所采取措施的效率。

（5）组织计划、控制等管理活动的效率。

（6）为提高上述经营活动效率所采取的措施是否遵循有关法律、法规。

（7）管理层提供的有关效率性方面的信息是否真实、可靠。

（8）其他有关事项。

（二）效率性审计的方法

内部审计机构和人员在进行效率性审计时，可以从以下几个方面考虑：

（1）确认与评价经营活动的投入。

（2）确认与评价经营活动的产出。

（3）综合评价投入产出的效率。

效率性审计要考虑经营活动中资源投入与成果产出之比。投入的资源主要包括人力、财力、物力、信息、技术、时间等方面的资源；产出则是投入资源后取得的实际效果。

效率性审计的基本方法是在计算经营活动效率的基础上，与先进的、可比的效率评价标准进行对比，分析影响组织经营活动效率的主要因素，提出有针对性的、切实可行的改进建议。

内部审计机构和人员在进行效率性审计时，除了运用常规的审计方法外，还可以运用比较分析法、因素分析法、量本利分析法等方法，在对影响组织经营效率的各种因素进行综合分析后，提出进一步提高经营活动效率的建议。

（1）比较分析法。比较分析法是通过分析、比较数据间的关系、趋势或比率来取得审计证据、完成审计目标的方法。

（2）因素分析法。因素分析法是查找产生影响的因素，并分析各个因素的影响方向和影响程度的方法。

（3）量本利分析法。量本利分析法是分析一定期间内的业务量、成本和利润三者之间变量关系的方法。

效率性审计应当将事中审计和事后审计适当结合。内部审计机构和人员可以在经营活动进行过程中对业务流程的效率进行评价，及时将组织经营活动过程中无效率或低效率的情况报告组织适当管理层，以便采取纠正措施，提高效率。

案例

背景： A集团对B公司投资比例40％，为单一最大股东。根据集团董事会要求，A集团对B公司进行2006年度经营情况和委派董事尽职审计。由于A集团审计总监因其他项目无暇分身，因此委派刚从公司外部审计师事务所跳槽而来的审计师沈某任组长带领其他两名审计师执行该项审计。审计过程略去，审计报告初稿出来后，审计总监仅翻阅了审计发现汇总便同意向被审计单位和委派董事提交审计报告征求稿。

难点： B公司总经理电告审计总监：我们认为贵集团对本次审计不够重视，我们对审计报告不愿发表意见。下次审计，请一定亲自来，并派水平高点儿的。委派董事给审计总监发来Email：审计报告准备发挥什么样的作用？一个月前公布的经外部审计过的年度财务报告显示，公司盈利1.5亿元，你们审计结果为1.48亿元，是否需要调整账簿？公司有关内控情况、风险管理的责任应由管理层负责，委派董事是否尽职，不能以此评估。

问题1： 如此对审计报告征求意见的回复，你怎么面对？审计总监斟酌再三，决定再次审查全部审计底稿，并研究审计报告。发现：

（1）审计组使用沈某从事务所带来的全套工作底稿进行了全面审计，同时选取了采购和销售两个循环进行了内部控制测试但过于简单。

（2）对B公司年度经营情况考核，A集团并未在年初下达明确的办法，董事会年初下达的预算在当年3月份就因该公司重大经营范围变动和产品结构调整而毫无意义，但未及时调整；此点由某审计师编制的审计底稿有详细记录和原因分析，但审计报告未见任何表述。

（3）B公司总经理和其他高管团队对董事会提出了激烈的批评，包括缺乏战略眼光、干扰经营层日常管理等，并提供了一些董事在经理会议上的发言录像，一些董事发给管理层的电子邮件。审计报告对此只字未提，对这些录像和电子邮件，审计组未进行任何核实和评论。

（4）关于外派董事尽职问题的审计，以往与经营审计一并进行，但单独另行出具报告，由于沈某刚到，没有研究以往类似审计的操作惯例，征求意见稿中合二为一了，有关董事尽职问题方面的发现和报告B公司总经理也看到了。

问题2： 对这些复核发现你将采取什么补救措施？对审计组如何要求？

审计总监知道问题的严重性了，他正在考虑上述问题，偏偏不巧的是A集团董事会向其询问该项目的完成情况，得知正在征求意见时，说了声好，并要求立即直接将征求意见稿交董事会。原来外派 B 公司董事之一提出辞呈，集团立即准备讨论重新选派新董事问题。

问题 3：假如你是审计总监，你准备怎样提交这份审计报告？对于重新审查的发现问题你会修正报告吗？

审计总监认为董事会要得很急，就先将该征求意见稿未做任何处理报告给董事会，然后在报告旁边加注：部分内容须视回复情况调整。

问题 4：董事会看到他们的审计报告会作何反应？

问题 5：这次审计，A 集团审计部应该怎样考虑改进工作？

思考题

1. 什么是经济效益审计？我国经济效益审计的产生与发展经历哪几个阶段？
2. 如何理解经济效益审计的理论基础？
3. 如何理解经济效益审计的主体、客体和对象？
4. 经济效益审计评价标准有哪些？
5. 如何理解经济效益审计的总体目标与具体目标？
6. 经济性审计的内容与方法有哪些？
7. 效果性审计的内容与方法有哪些？
8. 效率性审计的内容与方法有哪些？

第二章 经济效益审计特性

第一节 经济效益审计的基本特征

审计目标是区分不同类别审计的最基本标志。经济效益审计的基本特征也主要表现在审计目标的特殊性上。对经济效益审计目标做进一步解析，可知其特殊性分别体现为经济效益审计标准、审计证据和审计结论的特殊性。

一、经济效益审计标准的特殊性

各种审计标准均具有规范性，方能够指导评价工作，但效益审计标准与财务审计标准明显存在不同，大致说来，体现在以下几个方面：

（一）效益审计标准侧重于"量"或"度"的评价

适当的审计标准是达成审计目标的必要前提。在效益审计中，经常需要回答以下两个基本问题：①是否在以正确的方式行事？②是否做了正确的事情？

对于合规性审计而言，"正确"的含义是法定或者公认的，被审计的账目往来通常被审计师判断为"正确"或"不正确"，"合法"或"不合法"。这些审计标准主要是用来定性，审计结果往往可以简化为"是"或"否"的形式。

对于效益审计而言，什么是正确，却可能缺乏直接的答案。效益审计标准帮助审计师回答如下问题：在什么基础上有可能评价实际行为？要求或期望被审计单位做些什么？要取得什么样的结果？如何取得这些结果？为什么要取得这些结果？

审计标准是与审计对象对照后可得出审计结论的依据。同样一个计算公式，对于会计、财务或合规性审计而言，都可以称为"标准"，因为只要严格按照规定公式计算，就是"正确"，就是"合规"；对于效益审计而言，则并不尽然，仅仅依照规定公式计算，并不能判断适当与否。

对于效益审计而言，这些公式、指标乃至相关规定等等，只是审计依据（有时会被泛称为审计标准），而非严格意义上的效益审计标准，因为作为效益审计标准的，可能并非公式本身，而是依据这个公式计出的某个特定的"值"。比如国资委 2006 年 4 月颁布的《中央企业综合绩效评价管理暂行办法》，就是中央企业效益审计的依据，而国家每年分别公布的《企业绩效评价标准值 20××》，才真正是企业效益审计的标准。

当然，在与效益审计结合的合规性审计过程中，发现违规现象时，审计依据可以转化为审计标准的一部分，从而据之将经济效益有关数据中的违规部分剔除出去。

（二）效益性审计标准多属于期望型标准，而非强制标准

从另一个角度说，合规性审计的标准是一种最低标准，受托责任人有必须将其达成的约定责任，实际不能达到的应当只占很小比重；效益审计标准往往是较高标准乃至于最高标准，如行业最高值或历史最佳值。它体现的往往是一种期望值。当然，有时超过期望值也是可能的，但期望大多数被审计单位的活动、制度和绩效水平在经济、效率和效果方面完全符合标准是不现实的，实际能够完全达到的可能只占很小比重。

（三）效益审计标准须经一定程序选择确定

在绝大多数情况下，合规性审计和效益审计的审计依据是相同的。这也是实施合规性审计与效益审计结合的法规基础。必须强调的是，合规性审计重在定性，故可以将审计依据直接作为审计标准，效益审计重在定量，而审计依据中不可能全部找到可作为基准的量。这就需要采用一定的程序方法确定作为基准的量，以作为效益审计的标准。

在效益审计中，审计标准的选择经常相对公开而且由审计当事人做出。因此在效益审计中，需要联系委托代理各方及被审计事项理解经济性、效率性和效果性的实际含义，而因此得来的标准则会因审计项目的不同而不同。

效益审计标准的本质特征是委托人与受托人之间的约定被审计对象应该履行的受托责任的各种质量、数量的指标化表达。委托代理双方有明确标准约定的，按约定标准进行审计；委托代理双方没有明确标准约定的，可按法定或公认的标准进行审计；没有法定或公认标准的，由委托代理双方进行临时约定；委托代理双方不作临时约定，共同授权给审计执行者的由审计执行者执行制定标准。确实无法制定明确的审计标准的，应当允许审计人员根据"良好管理"惯例进行推论。

以上顺序是固定的，不容随意变更，比如双方事先约定的标准与公认标准并不一致，在进行审计时，应当根据约定标准而不是公认标准进行，除非委托代理关系的一方提出该约定存在重大误解或显失公平，并经法定程序认定而致事先约

定无效或委托代理双方均同意按照公认标准进行审计。

但是也应当注意，涉及国有资产、公共投资等以全民为相关利益人的情况，约定标准一般不能优先于法定或公认标准，除非约定标准更高。

二、经济效益审计证据的特殊性

经济效益审计证据是有关受托责任完成度的逻辑推理证明材料，而不是简单用来证明是与否的结论的依据。效益审计证据的基本导向就是效益审计目标，基本参照物就是审计评价标准。

效益审计证据与合规性审计证据之间存在一定的差别，主要表现在：

（一）取证目的差异

在传统的财务审计中，鉴证的主要是受托责任人的会计责任，审计人员收集的审计证据主要是为了证明会计信息的真实性、公允性；在效益审计中，评价的主要是受托责任人的经营管理责任，审计人员收集的审计证据主要是为了评价受托资产运用的经济性、效率性和效果性。

（二）取证范围差异

因为经营管理责任中包含着会计责任，所以取证目的的差异必然意味着取证范围的差异，即效益审计的取证范围要远远大于财务审计。

效益审计取证范围的特点，首先体现于证据种类的广泛性。

效益审计不仅要取得财务审计所需的各种认定所需证据，还要进一步取得各种经营管理活动过程及结果相关影响因素的证据。效益审计的一项重要原则是应同时从有关人员和文件材料两方面来搜集证据，因为有用的信息并非总能记录下来，而书面材料可能会很快过时。

传统财务审计的证据主要是指审计人员在现场审计阶段取得的证明材料。效益审计中，在初步调查和了解被审计事项的阶段，为确定审计目标和评价标准，审计人员收集的证明材料也属于审计证据，因为在效益审计项目中，确定审计目标和审计的评价标准都取决于审计人员的判断，都与审计结论的质量直接相关。

效益审计取证范围的特点，还体现于证据收集对象的广泛性。

传统的财务审计的证据是围绕会计报表进行收集的，审计证据多来源于被审计单位或者与被审计单位有业务关系的外部单位，这些证据多与会计报表及其信息有关；效益审计需要收集的很多证据，需要审计人员从被审计单位、与被审计单位类似的其他单位、外部相关利益主体、公共文献资料等更广泛的渠道进行收集，当被审单位的相关利益人扩展到全民时，效益审计证据的收集对象也可能扩展到社会公众。

三、效益审计结论的特殊性

（一）经济效益审计的结论要能够体现必要的建设性

经济效益审计的结论中，要提出客观、合理、可行性强的审计建议。效益审计的价值在于其建设性。审计报告中提出的建议，是效益审计项目的核心内容之一。在判明原因的基础上进行深入分析，从帮助被审计单位提高管理效益、改进工作的角度提出建议。

"不破不立"，强调效益审计的建设性，就必须进一步揭示被审单位存在问题的原因和影响，否则建设性就无从谈起；要注意的另一面是"不立不破"，如果不能提出相应的建设性建议，则批判性应当适可而止，因为可能意味着对于受托责任人有了过高的期望，当然也隐含了审计人员可能面临的风险。

（二）经济效益审计的结论要能够体现受托人履约完成情况的差异

如前所述，效益审计标准的本质特征是委托人与受托人之间的约定被审计对象应该履行的受托责任的各种质量、数量的指标化表达。根据各种效益审计标准得出的效益审计结论，最好能够从不同侧面明确受托责任的完成度。

受托责任完成度可以用各种不同的形式体现，大致说来，可有以下几种形式：

1. 用文字表达

如"审计师玛丽·福布斯发现，《州公路法》第十二条款规定允许各县自行选择某一路段清除积雪，但彼此养护的路段互不衔接，这种跳跃式修补使得大雪后道路完全不能通畅。"

这种文字式表达往往用于某一方面受托责任目标完全没有达到的情况，如结合效益审计进行的合规性审计的结论，或者用于说明影响中长期经济效益的制度欠缺，如管理审计中对于内控设计与执行，风险防范与应对等方面存在问题时，因为无法估计此类问题给当期和未来经济效益的具体影响，只能用文字表述相关结论。

2. 用具体金额表达

如"我们对某公司三个部门的运输程序的审查结果表明，这些部门都没有适当地考虑给长途开私车办公事的司机提供合用营运车辆的变通方案，三个部门将因此每年多付2万美元的长途公出费用，由此推理全公司每年将因此超支近10万美元"。

用具体金额表达是经济性审计的常用方式。效果性审计有时也可采用。

3. 用百分制表达

如我国中央企业综合绩效评价表的设计。这种方式下还可以进一步划分档次，如我国《中央企业综合绩效评价实施细则》中规定：

企业综合绩效评价结果以85、70、50、40分作为类型判定的分数线。

（1）评价得分达到85分以上（含85分）的评价类型为优（A），在此基础上划分为三个级别，分别为：A＋＋≥95分；95分＞A＋≥90分；90分＞A≥85分。

（2）评价得分达到70分以上（含70分）不足85分的评价类型为良（B），在此基础上划分为三个级别，分别为：85分＞B＋≥80分；80分＞B≥75分；75分＞B－≥85分。

（3）评价得分达到50分以上（含50分）不足70分的评价类型为中（C），在此基础上划分为两个级别，分别为：70分＞C≥60分；60分＞C－≥50分。

（4）评价得分在40分以上（含40分）不足50分的评价类型为低（D）。

（5）评价得分在40分以下的评价类型为差（E）。

在有可能获得或确定标准值的情况下，百分制可以用于经济效益审计的各种情况。如用于经济性审计表示节约或超支额；用于效果性审计用于表示计划完成度；用于效率性审计表示不同企业间比较等等。可参见表2-1。

表2-1 企业经济效益综合评价表

二、综合评价结论				
评价机构				
评价指标（注明定性/定量）	指标计算结果	评分依据	目标实现程度	得　分
···	···			
	···			
	···			
···	···			
	···			
	···			
···	···			
	···			
评价总得分				
绩效级别评定				
综合评价意见：				
其他需要说明的问题（列明单位自评结论及与上栏结论差异的原因、单位相关项目历史绩效记录、项目失败及发生问题的原因等）				

三、评价人员及机构				
评价人员				
姓名	专业	职称	单位	签字

考评组负责人（签字）：	考评机构责人（签字）：
（公章） 年　月　日	（公章） 年　月　日
主管部门审核意见：	财政部处理意见：
（公章） 年　月　日	（公章） 年　月　日

（三）经济效益审计结论的形成过程不同

不同于财务审计可能直接形成审计结论的情况，经济效益审计结论的形成，有着更多的不确定性，往往需要分层次多次商讨验证，以减少审计风险。一般而言，效益审计最终结论的形成需要经过以下几个阶段：

1. 形成单个项目绩效评价结论

审计人员对现场评价和非现场评价情况进行分析整理，形成单个项目经济效益审计结果。

2. 沟通单个项目经济效益审计结果

审计人员应及时将单个项目经济效益审计初步结果和依据书面通知有关被审单位。如被审单位对评价结果有异议，应在收到书面通知后一定期间以书面形式反馈。

3. 形成整体经济效益审计结论

根据审计对象和审计目的的不同，往往还需汇总单个项目效益审计报告，撰写企业、行业效益审计报告，对整体经济效益做出评价，并进一步产业发展的经济效益、和谐发展的社会效益和生态改善的环境效益，揭示被审对象中存在的大量的普遍性问题，以引起委托方的高度关注。

4. 后续追踪

效益审计的后续跟踪，主要指审计组对效益审计情况的调查回访。其目的有三个：一是及时向委托人提供效益审计效果的反馈信息；二是检查审计发现的问题是否得到整改和纠正；三是了解审计建议的可行性和实际效果。后续跟踪的形式可以有多种，可以就地审计，也可以送达审计。就地审计可以由审计组专门进行调查回访，也可以由审计机构统一组织。除了直接到被审计单位调查回访外，审计机构也可以间接地了解被审计单位、相关单位和媒体的反应。

第二节　经济效益审计程序的特殊性

一、效益审计审前准备的特殊性

就单个效益审计项目来说，审前准备需要做的主要工作有：审前调查；确定审计目标和范围、重点；确定审计评价标准；设计审计方法；编制审计方案等，其中许多环节与合规性审计是基本一致的。与合规性审计相比，经济效益审计审前准备的特殊性，除前述确定审计评价标准外，主要体现在以下几个方面：

（一）审前调查的目的不同

效益审计审前调查的最大特点，是要通过调查确定审计项目。

审前调查非常重要，是制定审计方案、指标体系的依据。审前调查的具体形式包括桌面研究（资料文献查询）、向审计权利主体与被审单位咨询等等。在效益审计开展比较好的国家，审前调查时间可能占到全部时间的一半甚至更多。

效益审计审前调查的直接目的是确定审计立项的必要性和可能性，即效益审计本身要有意义，审计结果能够引起相关利益人的重视，且具有可操作性，审计人员能够完成。确认必要性的关键，是通过审计可以发现问题，从而增进被审单位的经济效益；确认可能性的关键，是能确立被相关各方承认的审计标准，否则一切无从谈起。

实际工作中，应该在综合考虑各种因素的基础上选择效益审计项目。这些因素包括：

1. 预计的审计效果要有增值性

这个因素主要考虑的是审计机构开展该效益审计项目的增值预期。这些预计的可能的审计效果包括：是否促进该被审计事项提高经济性、效率性或效果性；是否改进了被审计单位或项目的服务质量；是否促进了被审计单位或项目更有效地计划、控制和管理；是否进一步明确了经济责任，提高了绩效信息的透明性、准确性等等。

预计的审计效果越大，被选择作为审计项目的机会越大。经济效益很好且改进余地很小的单位极小可能被选上。这一点与一般不需要审计人员选项的财务审计形成明显对照。

预计审计效果的大小，主要取决于以下几个方面的因素：

（1）财务规模。这里的财务规模主要是指被审计单位或项目资金、收支、利润、投资额等等的大小。一般来说，财务规模越大，财务的重要性越大，可能通过改进得到的增值额也越大，被选择作为效益审计项目的机会越大。

（2）管理风险。主要是指被审计单位或项目在管理方面缺乏经济性、效率性和效果性的风险。管理风险越大，审计机关开展效益审计后能够给被审计单位或项目带来的改进越大，因此，被选中作为效益审计项目的机会越大。

下列现象表明被审计单位或项目存在的管理风险可能较大：① 管理部门没有针对以往审计后提出的控制薄弱环节进行改进；② 公众或者媒体的批评意见；③ 预计目标没有实现，包括未实现预计的收益，没有满足需求等等；④ 频繁的人事变动；⑤ 大量的资金不足或亏空；⑥ 项目的变更，比如更改投资规模，变更经营的目标等等；⑦ 单位或项目经管人员责任重叠或职责分工不清楚，导致管理上的混乱；⑧ 单位或项目本身的高度复杂性或不稳定性，比如管理工作分散，多元化的利害关系方，所用的技术尖端、变化快，经营环境竞争激烈；社会各界对单位或项目的某些方面看法不一；⑨ 一段时间没有接受过监督检查。这里的"监督检查"不仅包括审计机关进行的审计，还包括其他独立的对被审计单位活动进行的监督检查，例如，内部审计，政府的其他监管部门，外部咨询机构等进行的监督、检查和评估。

（3）影响力。主要体现在它所具有的重大的组织影响，对于社会、经济和环境的影响，公众关注的程度。如果被审计事项对所在的行业或组织具有典型意义，波及面广，或者对组织或单位的整个经营具有重要影响，那么，该审计项目影响力很大，否则即缺乏影响力。如果有关该项目的错弊或违规行为会在公众中产生恶劣影响，公众对审计结果比较关注，说明该事项具有较强的影响力，否则，就说明影响力较弱。审计机构对于影响力强的审计项目进行审计，审计结果容易受到有关方面的关注。因此，影响力强的审计项目容易被选中作为效益审计项目。

2. 要衡量审计成本和可操作性

审计的成本和可操作性主要是指对该项目或领域进行审计的复杂程度和可能存在的风险。确定效益审计项目的成本和可操作性，主要是通过对备选效益审计项目进行成本效益分析进行的。审计机关如果选择过于复杂或存在较高风险的领域或项目进行审计，如有关被审计事项的信息和数据不易获得、责任可能被推诿或混淆、政治上过于敏感、存在安全保密问题、没有统一明确的评价指标或评价标准的项目、审计人员的知识结构不能满足要求等，会导致审计成本增大，使计项目缺乏成本有效性。审计成本较低和可操作性强的效益审计项目，容易被选中作为效益审计项目。

国外的一些选项经验可供借鉴，如澳大利亚的选项要求包括：

审计长认为需要优先考虑的项目、议会的要求、影响、项目金额的大小、项目性质的重要程度、绩效低下的风险、可见性、以前审计的覆盖情况以及可审性等。

（二）确定审计目标与审计模式不同

效益审计目标优先考虑的是审计人员的角色和责任，以及审计的预期影响。

不同于财务审计目标的强制性规定，效益审计目标的选择与确立，首先要根据审计权利主体要求确定。当这些特定的要求不便或不能直接作为审计目标时，需要进行审计转换，将其转化为一次性审计目标或阶段性审计目标。当审计机构与审计权利主体属于固定受托关系时，也可能由审计机构自行确定和设计审计目标。

不同于财务审计模式的统一性，效益审计模式分为三种，即制度导向模式、问题导向模式和结果导向模式。

制度导向模式通过分析、检查、测试内部控制的主要方面，确定为保证取得预期结果，有关被审计事项的内部控制是否得到了合理的设计和贯彻。如果内部控制有效，则表明该项目很可能会取得满意的结果；如果确认了内控的一些主要缺陷，审计人员应该采取进一步的措施来确认问题的原因和对预期结果产生的影响。制度导向模式将内控是否有效与效益优劣直接挂钩乃至于等同起来，缺点是明显的。

问题导向模式一般不事先确定审计标准。在这种方法下，缺点和问题（或者，至少是问题的迹象）是审计的起始点而不是审计的结束。审计的主要任务是核对所述问题的存在性，并从不同角度分析其原因。以问题为重点的方法一般关心以下问题：所述问题是否真的存在？如果存在，如何理解这些问题？问题的原因是什么？审计师对可能的原因进行假设并对这些假设进行测试。显然，问题导向模式是一种"救火"式的审计模式，并不适用于全面经济效益审计。

结果导向模式重点对已经取得的结果与代表预期结果的审计标准进行比较，得出审计结论，主要关注的问题是"被审对象的效益如何或有关目标是否达到"，其一般过程是：确立标准、取得证据、判断优劣。结果导向模式当然也要考虑制度基础，但制度基础审计主要是为了确保用以判断结果的效益指标实现基础的合规性；结果导向审计也要发现问题，寻求答案，但这只是为了说明结果优劣的原因。从这个意义上看，结果导向审计模式涵盖了制度导向审计和问题导向审计的主要内容，更适用于全面经济效益审计。

目前西方绩效审计发达国家开展比较多的是结果导向审计模式，俗称达标性效益审计。我国目前正处于由制度导向模式和问题导向模式为主逐步向结果导向模式为主转化的阶段。

（三）审计方案不同

效益审计的审计目标、审计标准与其他审计明显不同，必然要求其审计方案也有所不同。

编制效益审计方案应当特别强调针对性和可操作性，对效益审计实施真正能够起到规范和指导作用。效益审计方案的内容应当具有严密的逻辑联系，特别应突出效益审计目标的导向作用。效益审计方案一方面要根据审计对象的特点以及审计人员对其掌握的程度和审计目标的要求，统筹编制；另一方面，还要充分考虑审计人员对类似项目的经验水平和被审计单位可能的理解和配合程度。

效益审计工作方案要突出效益审计的特点，明确指导思想，将项目目标实现情况评价作为中心，详细说明效益评价的内容、指标体系、标准和方法，明确需要查处的问题并合理分类，对审计报告格式和组织方式等内容都做出具体要求。

效益审计方案的基本要素可以概括为这样一些内容：

一是明确阐释效益审计的动机与理由，确定效益审计目标以及可执行的分解性审计目标；二是确定准确具体地确定效益审计的具体内容或假设，界定效益审计的领域范围、数量范围等限制，明确被审计对象和关键性的相关者；三是确定效益审计评价标准和效益审计方式方法；四是时间安排、资源配置、审计成果形式和审计要求。

一般来说，效益审计方案有两个层次：综合审计方案和具体审计方案。

综合审计方案是对一个效益审计项目实施的全过程所作的综合安排，是对一个审计项目从审计准备到审计完成全过程基本工作的综合规划。具体审计方案需要针对综合审计方案中明确的每一个具体审计目标，说明要采取的具体审计程序和步骤，并对执行程序的人员和执行时间作出规定。具体审计方案也可以采用描述的方式进行编制，多数时候采用列表的方式进行说明。

在实际工作中，审计组可以根据被审计事项的性质、规模、审计业务的复杂程度等因素决定审计方案层次的繁简。当组织规模较小，面临的风险比较单一、审计业务比较简单时，可能不需要完整的两个层次的方案。综合审计方案和具体审计方案都没有固定格式，审计人员在实际工作中，可以根据需要灵活确定。

二、经济效益审计实施过程的特殊性

经济效益审计实施阶段的核心在于取得审计证据。经济效益审计实施阶段的特殊性，主要体现在以下两个方面：

（一）充分考虑利用外部专家的工作

利用外部专家工作的目的是为了获取充分、可靠的审计证据。因为效益审计范围广泛，任何一个审计机构都无法保证审计人员在所有的相关领域均具有充分的知识和技能，即使在一个审计项目中，都有可能需要利用外部专家的工作。所以，利用外部专家的工作是一种常用的收集恰当审计证据的方法。这里的外部专家包括所有的从审计机关以外聘请或雇佣的专家。

在利用外部专家工作时，审计人员应该对利用外部专家工作结果所形成的审计结论负责。为保证外部专家工作的质量，审计人员必须向外部专家阐明工作的目标，并对外部专家的工作质量进行评价。

尽管财务审计也可能需要外部专家，但与效益审计相比仍有很大不同。

美国审计总署（GAO）的工作人员约5200位，其中约有2500位注册会计师，1500位经济师、律师、工程师、数学家、电子计算机乃至核物理专家等。这为其在不同领域开展审计提供了人员保证。即使在这种情况下，他们仍然要考虑利用外部专家问题。如果说财务审计因为主要注重受托人会计责任的履行而偶然用到外部专家，我国经济效益审计因为审计范围的全面性、审计证据的复杂性以及人员结构的单一性，利用外部专家几乎可以看成一种必然。

（二）获取证据的方法应用不同

效益审计中收集审计证据的方法有很多，而且在审计过程中运用非常灵活，传统的财务审计中用来收集审计证据的方法在效益审计中都可以运用，比如计算、查询及函证等。

以下只是针对效益审计最常用的方法，包括审阅、访谈、抽样调查、观察、分析等5种方法进行讨论。

1. 审阅法

效益审计人员的审阅面远远大于其他类型审计，因为就企业内部而言，不仅要审阅会计资料，还要审阅全面的管理资料，不仅要审阅经济资料，还要审阅技术资料；对于企业外部而言，还要审阅与被审计事项相关的研究报告、书籍和文章，或以往的审计及评估资料等，以获取相关的重要信息；也可以利用其他单位或部门提供的或拥有的数据资料，如统计部门、财政部门以及其他拥有数据库或资料库的单位，通常会拥有相关行业、单位、部门的重要数据。

2. 访谈法

访谈法就是通过访谈者与被访谈者之间的交流来获得信息的方法。在获取有关被审计事项的背景知识，或者分析造成问题的原因，寻求解决问题的建议时，访谈方法是一种非常有效的方法。经济效益审计的访谈可以有多种方式，如电话访谈、对面访谈、信函访谈以及召开座谈会等等。访谈的对象可以是被审计单位的管理人员、内部的工作人员，股东或者董事会的人员，也可以是被审计单位以外的相关人员，比如人大代表、对被审计事项或单位感兴趣、一直非常关注或者进行研究的人员，一些研究机构、监管机构的人员、社会专家等等。

3. 抽样调查法

因为效益审计证据获取来源的广泛性，除按照规范的抽样调查方式进行外，效益审计在抽样调查法的应用上也有一定的特色，比如可以采用调查问卷、电话调查、电子邮件、互联网等形式获取有关被审计事项的信息。

4. 观察法

观察法是审计机关对被审计单位的工作现场或被审计事项直接进行现场观察，以获取第一手资料的方法。如观察操作程序和过程、了解设备运转情况、参观工作现场、实物建筑、实地验证资产等。

与一般财务审计通过观察认定"存在"或"合规"的目的不同，效益审计的观察还要通过观察进一步认定"合理"。以下的一个小案例可能有助于认识效益审计中观察的特点。

上海审计局某市政高架建设项目绩效审计

审计机关决定对某市政高架建设项目进行竣工决算审计，同时还进行建设项目绩效审计分析。在审前调查阶段，根据被审计单位的情况介绍，该项目规划科学、造型美观、环保，尤其在方案设计和施工工艺上采用了大胆创新的设计理念和先进的施工工艺。但在审计人员勘查现场过程中发现：该条高架的结构类型多样化，有"预制节段箱梁"，有"现浇混凝土梁"，还有数量较大的"钢箱梁"结构。审计人员凭借敏感的职业思维和丰富的审计经验，意识到在一条高架同时采用三种结构类型必将导致项目的成本控制、建设管理以及建设效益之间存在不可兼顾的矛盾。通过审计层层挖掘分析，最终得出了"因采购大型进口架桥机设备滞后，为保证按时完成建设任务，导致不得不采用多种结构形式同时施工的重大设计变更，由此额外增加建设成本达5000余万元损失浪费"的绩效审计结论。

5. 分析法

分析方法的多样性是效益审计方法类别上的最大特点。

效益审计不仅要采用一些常用的定量分析方法如比率分析法、比较分析法等等。还要较多地采用时间序列分析法（包括趋势平均法、指数平滑法、直线趋势法、非直线趋势法）、量本利分析法、成本效益分析法、回归分析法、成本效果法、价值分析法、净现值与净现值率法、现值指数与盈利指数法、投资回收期法、目标评价法、目标成果法、标杆法等。

效益审计可能采用的评分法有加减评分法、连乘评分法、加乘评分法、加权评分法等。

效益审计可能采用的定性分析法有内容分析法、程序分析法、案例分析法等。

由以上分析可知，根据被审单位、被审项目以及相关利益人的不同，经济效益审计的分析方法实际上不胜枚举。

三、效益审计报告的特殊性

（一）经济效益审计一般采用非标准详式报告

在经济效益审计报告中反映问题较多，且一般分为多个层次，内容较为庞杂，故要求采用详式报告形式。又因为经济效益审计对象、目标各异，须揭示的问题往往各不相同，故难以形成标准格式。

效益审计报告主要介绍结论的形成过程、审计发现的概括和审计意见，以及效益审计报告的基本要素和逻辑结构。写入效益审计报告中的审计发现，已经不再是简单地证明审计判断，而是导出审计结论和形成审计意见的逻辑前提，也是证明审计结论和支持审计意见的专门证据。审计报告中的审计建议，应当充分体现效益审计的目标。

效益审计报告的基本要素可以分为三大类：

一是反映审计主体情况的基本要素，需简要说明被审计单位的实际情况，并进一步说明相应的审计总体目标和范围。

二是反映审计背景、审计对象的基本要素，要说明分事项、分领域的具体审计目标，最终要能够导出产生差异的原因，所产生的影响。

三是反映效益审计内容的基本要素，要包括对数据来源和审计方法的说明，对评价标准的说明，重要的审计发现、对每一个具体目标的审计结论以及审计建议。

（二）效益审计报告须有必要的管理建议，要有助于分清经济责任

经济效益审计报告不仅要揭示缺陷弊端，还要提出改进建议；不仅要得出结果，还要说明形成特定结果的内外部因素，以便进一步区分经济责任。

效益审计人员在提出审计建议时应该注意，审计建议应根据审计结论和审计发现的主要问题，针对其产生问题的原因提出，在审计建议的内容上与报告中的其他内容相呼应；建议不应该太多，应该有针对性、可操作，便于被审计单位落实，也便于审计机关今后的后续跟踪检查；为保证审计的独立性和规避审计风险，审计建议一般采用"应当"式的语句，建议被审计单位"应当做什么"，而

不是"如何去做"。

效益审计人员提出的审计建议要注重被审计单位的看法。被审单位提出不同意见，且被审计组采纳的，要说明审计报告的修改情况；审计机关不同意被审计单位意见的，要说明理由，并将被审计单位的反馈意见纳入到审计报告中。

（三）效益审计报告须经多层次复核验证

因为效益审计的标准一般不具有法规特征，权威性不足，加之审计证据中有一些属于趋势性证据（如管理不善可能带来的隐患），故存在一定的审计风险。这就要求效益审计报告的形成，须经多个环节、多种形式的复核验证，以尽量提高效益审计报告的公信力。

一般而言，效益审计报告的最终形成，可能经过以下几种验证过程：

1. 审计机构内部讨论修改

审计组在整理归纳审计证据的基础上，起草审计报告初稿。起草审计报告初稿的过程又包括如下几个步骤：

第一步，由审计组成员在整理归纳审计证据的基础上，分别起草各自承担部分的报告草稿；

第二步，审计组召开讨论会，讨论确定审计报告的框架和内容及具体的结构安排，必要时，审计组也可以就审计报告的框架、内容和结构安排咨询审计机关业务负责人；

第三步，根据已经确定的审计报告的框架和提纲，起草审计报告初稿；

第四步，审计组针对报告草稿进行讨论，修改完成审计报告的草稿；

第五步，如有必要，审计组可以针对审计报告草稿，征求审计机关内部相关部门意见。审计组根据征求的意见，修改完善审计报告，形成审计报告征求意见稿。

2. 与被审计单位进行沟通，征求被审计单位意见

针对审计报告的征求意见稿，审计组与被审计单位进行沟通，征求被审计单位的意见，其主要目的就是为使报告中对事实情况的表达更加客观，减少争议，增强审计建议的可操作性，进而增加审计报告的公正性和全面性。审计组与被审计单位可以通过书面和召开征求意见会议等形式对审计结果进行沟通。

不论采用什么方式进行沟通，审计人员都应作充分的准备，以便对被审计单位提出的问题进行回答，同时对沟通的过程进行记录。为保证对被审计单位意见的完整、准确的理解和反映，审计人员还应特别注意，沟通结束时，要取得被审计单位对于审计报告中所描述事实的确认或者书面意见。

3. 审计组修改审计报告，向审计机关复核机构提交审计报告

对于被审计单位提出的意见和建议，审计组应该进一步研究、核实。如果有

必要，审计组应该修改审计报告，并将修改后的审计报告、被审计单位对审计报告的书面意见、审计组的书面说明以及代拟的其他文书一并提交给审计机关的复核机构。

4. 审计机关复核机构复核审计报告，审计组根据复核意见修改审计报告

审计机关的专门复核机构或者复核人员对审计报告进行认真复核，提出复核意见，并作出复核工作记录。审计组根据复核机构或复核人员的意见，认真研究，如有必要，应当修改审计报告，并将修改后的审计报告、复核意见和审计组的说明一并交审计机关审定。

5. 审计机关审定与被审单位听证

审计报告经过复核以后，应交审计机关审定。一般审计事项的审计报告，可以由审计机关主管领导审定；重大事项的审计报告，应当由审计机关审计业务会议审定。经过审定的审计报告，由审计机关负责人签发。

审计机关对审计报告中的下列事项进行审定：与被审计事项有关的事实是否清楚，证据是否确凿；被审计单位对审计报告的意见和复核机构或者复核人员提出的复核意见是否正确；审计评价意见是否恰当；定性、处理、处罚意见是否准确、合法、适当。

按照规定，审计机关对被审计单位和有关责任人员违反国家规定的财政收支、财务收支行为，作出较大数额罚款的审计决定之前，应当告知被审计单位和有关责任人员有权在三日内要求举行听证；被审计单位和有关责任人员要求听证的，审计机关应当组织听证。

6. 对审计质量进行后续跟踪检查

对效益审计项目的质量进行后续的检查和评价，是一个效益审计项目终了前一项非常重要的工作，也是审计机关审计质量控制体系的重要组成部分，因此意义重大。对效益审计项目的质量进行后续的检查和评价包括下列4个方面：

（1）新闻媒体对审计项目质量的评估

在审计结果向社会公告一段时间以后，审计机关应该收集新闻媒体、社会公众有关该审计项目质量方面的反应、评论和报道，作为评价审计项目质量的一个重要方面。新闻媒体的反应、评论和报道包括对审计项目本身的反应或评论、审计报告的客观性的评估，也可能包括审计项目带来的影响方面的分析。这些都是评价审计项目质量的有用信息。

（2）外部专家对审计项目质量进行评估

外部专家的评估主要包括以下五个方面的内容：审计报告是否可靠、简明、篇幅合适；所使用的数据图表是否恰当、合理；审计的内容、范围、方法和评价标准是否明确，所得审计结论是否有充分、可靠的证据支持；所得审计结论是否确为被审计单位业务经营中的缺陷，其原因分析是否合理，所提审计建议是否明

确可行且有效；所开展的这一效益审计项目是否达成功地到了预期的目的等等。

（3）被审计单位对审计项目质量的评估

审计机关还可以通过发出调查问卷或者进行座谈等方式，征求被审计单位对审计项目质量的看法。被审计单位对审计项目质量的评估内容包括五个方面：项目是否对被审计单位有益（增加了价值）、审计的程序和方法是否科学合理、双方的工作关系如何、审计报告是否客观公正以及总体评价。

（4）审计组内部的分析和检查

审计组对审计项目质量进行的内部分析检查、复核的内容包括：审计组成员对审计报告的内容、格式的评价，对项目所使用技术方法和质量的评价，对审计所产生影响的分析和评估，以及对项目总体的评价。审计组应当就其对审计项目质量分析和检查的结果向审计机构提出审计项目质量报告。

第三节　经济效益审计与其他类型审计的比较

一、经济效益审计和财务收支审计

经济效益审计是现代审计的重要标志和组成部分，它在审计目的、内容、职能和方法等方面都突破了传统的财政财务收支审计，在审计的基本理论方面形成了自己的体系。经济效益审计与财务审计之间的关系主要表现在以下几个方面：

（一）审计目的不同

财务收支审计主要是对财务活动的真实性、合法性做出判断，维护财经制度和纪律；经济效益审计主要是审查是否全部开发利用了提高经济效益的途径，是否充分实现了各种途径的效益，从而提出切实可行的建议措施，改善经营管理，促进提高各经济组织管理者的经济效益。二者的区别并不意味着提高经济效益与健全财务制度、维护财经纪律是矛盾的，二者仍有着内在的联系。即财务收支审计是约束各经济组织管理者在法规允许范围内，进行旨在提高经济效益的经济活动。维护财经法纪是其直接目的，提高经济效益是其最终目的。

（二）审计的内容不同

财务收支审计是审查其账目、凭证、报表及相关会计资料，内容包括资产、负债、损益及所有者权益的真实合法性；经济效益审计主经济效益审计与财务收支审计的关系要是审查各经济组织管理者经济活动的有效性，其内容包括各生产要素的直接开发和利用情况，亦即人、财、物诸要素在经营中的利用程度和进一步开发的潜力。二者的联系是经济效益审计涵括了各经济组织管理者经济活动的要素。

（三）审计的原则不同

财务收支的审计原则是依法审计，客观公正。其特点是具有一定的封闭性、强制性和局限性，对法规的固定性及经营活动的复杂性，审计要实事求是地作出客观公正的评价，这就是对会计信息真实性的反映。经济效益审计的原则是宏观经济效益指导微观经济效益。宏观与微观的关系是整体与局部的关系，旨在增强各经济组织管理者处理好当前效益与长远效益的统一，克服只顾当前利益而不顾长远利益的"短期行为"，是经济效益与非经济效益同步增长，提高解决人民生活、就业和环境等社会、生态问题，实现社会经济效益、生态效益的相互促进。显然，经济效益审计的层次力度要求更高，其复杂性和难度与财务收支审计有着根本的区别。二者的联系是在真实合法性的基础上，有效地追求更高经济效益的健康协调发展。

（四）审计的标准不同

财务收支审计的标准是现行有效的财经法律、法规、法令、国家政策、规章制度、会计制度和会计原则等；而经济效益审计的原则是在有效遵守法律法规及规章制度的基础上，实现具有根本性和带有指导性的统一。二者的联系在于遵循方针政策及定性定量标准的一致性是相同的。

（五）审计特征不同

财务收支审计的特征主要是注重会计资料、会计程序和控制制度的测试检查，并依照财经法律、法规、财务规章制度实施，具有一定的专业封闭性，主要起着防护性作用；经济效益审计的特征主要是注重对现实情况的检查和对未来情况的分析预测，注重经营效果和效益的分析评价，具有综合性、广泛性和开放性，它主要是起着建设性作用。二者的联系在于对各经济组织管理者全面综合的监督是一致的。

（六）审计方法不同

经济效益审计除运用财务审计方法外，还利用经济数学方法和现代管理方法，既进行事后审计，也进行事前审计；财务审计则通过检查、调查和分析等方法，审查会计账簿和财务报表，分析财务指标，以事后审计为主。

由此可见，经济效益审计是财务审计的深入和发展。开展经济效益审计往往从财务审计入手，即从审查资金、成本、利润的情况入手，然后深入全部经济活动和经营管理中去。

二、经济责任审计和经济效益审计

（一）审计的目的不同

任期经济责任审计的目的是为了加强国有经济或党政部门的一把手的管理和监督，促进国有经济加强和改善管理，保障国有资产保值和增值；促进廉政勤政，全面履行责任，使离任者走的明白，继任者接的清楚，通过审计可使继任者对发现的问题和不足，吸引教训，避免更大的损失。经济效益审计的目的就是促进被审单位改善经营管理，提高被审单位的经济效益为直接目的。

（二）审计立项依据不同

开展任期经济责任审计一般有明确法规和部门的规章制度、文件作依据，如中共中央办公厅、国务院办公厅于 1999 年颁发的通知（中办发［1999］20 号文）；一些地方通过省人大立法建立地方性的法规，如 1998 年山东省人大颁布了《山东省事业机关及国有企业法定代表人历任审计条例》；在一些部门如中国气象局于 1998 年下发了《全国气象部门企事业单位负责人经济责任审计工作暂行规定》。这些都为地方、行业和部门开展任期经济责任审计立项提供了法律、法规依据。而经济效益审计立项依据一般是提出审计的委托人自行决定、下达。目前我国经济效益审计只在一些比较大的企业、公司开展，但基本上没有具体可参照立项法律、法规和规章制度，是否进行经济效益审计，立项比较随意，不像任期经济责任审计那样具有较强的强制性和法规性。

（三）审计结果的使用不同

任期经济责任审计的结果是作为对国有企业领导人员或党政领导干部的调任、免职、辞职、解聘、退休等提出审查处理意见时的参考依据。应当给予党纪政纪处分的，由纪检监察等有关单位给予处理，应当依法追究刑事责任的，移送司法机关处理。经济效益审计的结果一般只作为被审单位的管理决策层，提供决策参考，管理决策层对经济效益审计中提出的存在问题可采取措施进行改善，提高经济效益，也可以不理睬经济效益审计的结果。

（四）审计评价的标准不同

任期经济责任审计的评价的标准，目前主要依据国家的财经法律、法规、政策、财会制度等；而经济效益审计的对象众多，经济业务千差万别，不同的被审单位需要有不同的评价标准且其标准形式亦各有差异，很难有一个包罗万象的评价标准。但其一般是以被审单位计划利润、计划成本、业务标准、和被审单位自己制定的有关指标、数字等作为参考的评价标准。如果在进行任期经济责任审计时一律采用经济效益审计的评价标准，很可能会对离任者的评价定位不准，审计评价产生偏差，产生不必要的审计风险。

案例

青岛市审计局淘汰燃煤锅炉财政资金投资效益审计方案

编制依据：审计法、××市审计局年度计划

编制日期：2003 年 9 月 10 日

预定审计起讫日期：2003 年 9 月 18 日—11 月 18 日

审计组长：×××审计组成员：×××

一、项目基本情况（略）

二、审计目标

通过对淘汰锅炉财政资金的审计，反映财政资金的使用效益情况，对该项资金的立项、使用过程、项目建成后管理的经济性、效率性、效果性、适当与公正性、环保性进行评价，并就使用财政资金过程中的薄弱环节和出现的问题，以及在审计过程中遇到的其他问题向有关部门提出可行性的建议，以便更好的发挥财政资金的使用效益，并能通过该项审计探索出下一步进行效益审计的路子。

具体的目标包括：该项目及其子项目的立项是否正确；该项资金的分配使用是否科学、规范、合理、及时、节约；该项目的进展是否顺利、有效，工程质量是否得到保证，拉动城市投资规模与经济增长的作用；该项目建成后是否得到充分利用，是否达到预期经济目标（集中供热的规模效益）；该项目建成后是否达到预期社会生态环境目标；该项目建成后对改进城市环境与城市形象的贡献。

三、审计内容

在审计过程中，以财政资金的拨付及使用、管理为基础，把握从项目立项、资金使用、项目施工、竣工决算和验收、施工项目的后续管理等环节着手进行检查，重点反映该项目的社会效果、财政资金在淘汰燃煤锅炉工作中所起的作用，并在审计过程中，立足于今后如何加强对财政资金的管理、如何完善有关政策法规和如何进一步推动治理大气环境等方面，分析产生一些问题的原因，并提出一些可行建议。

第一，从宏观上审计调查淘汰燃煤锅炉的整体效果，除了项目完工后有关指标是否达到或超过预计计划指标外，还要从实施淘汰燃煤锅炉带来的其他影响，如：推动城市集中供热、拉动我市投资规模等方面进行调查。

第二，资金立项依据是否充分、合理。除了审查淘汰锅炉全部财政资金的立项依据外，主要审查各使用单位淘汰锅炉申请财政拨款和财政环保贷款的依据是否充分、合理。具体包括：

（1）根据所了解的情况，充分评估项目立项、拨款和贷款依据是否充分，拨款手续是否齐全、程序是否合规、合法，财政拨款所依据的环保局摸查情况及所依据的其他资料是否充分、相关和可靠。

（2）该项目是否必须由财政资金拨款、财政下拨资金是否按照轻重缓急核拨资金。

（3）财政拨款是否超计划，超计划的原因是什么？

（4）所需资金是否全部到位、不到位的原因及造成的后果是什么、有无挤占、截留和挪用。

第三，资金使用过程中重点审计：环保部门对财政资金如何进行监督和管理；使用资金单位在实施该项目建设的过程中，工程设计、施工及物资的采购是否按规定进行了招标，所签订的合同是否合理、合规和合法，是否真实，是否得到了履行；单位在淘汰或改造锅炉过程中，采取什么措施，单位淘汰燃煤锅炉后的环境指标是否达到要求、淘汰或改造锅炉的前后资金成本如何；查找、分析影响该项目效果的有关因素，并预计影响其效果的程度。

第四，对项目竣工后的效益进行评估。包括：项目是否进行了验收、工程质量是否达到了设计的要求，项目竣工后的效果经过实践检验是否达到了当初建设该项目所预期的目的。项目建成后对周边环境有无影响，锅炉拆除后其他配套设施（如烟筒）是否已拆除；该项目是否按期完成，工作效率如何，如果项目未按期完成，影响工程进度和效率的原因是什么。并评估造成的损失；项目完成后，运行如何，是否存在建成后未使用或利用率不高的问题是否存在疏于管理而造成设施的破坏。

四、审计评价标准（略）

五、审计方法的提示

对财政资金的支出和使用情况进行常规的财务审计，主要通过审查市财政局、环保局与使用资金单位的会计账簿进行。

对淘汰锅炉整体效果的评价问题，采取审阅有关资料、调查与座谈相结合的方式，来反映淘汰锅炉的整体效果。

对使用资金的单位的情况，采取分层抽样的方法，按照淘汰燃煤锅炉的形式（是改为燃油，还是集中供热，还是采取其他形式）进行分层，并考虑资金额的大小、财政资金支付形式（拨款、贷款）等因素，有重点的对有关单位进行审计调查与专项审计，运用分析、比较等方法对具体项目的资金监督管理、社会效益与经济效益进行评价。

六、审计组织和实施（9月18日至11月18日）

第一步，审前调查，前已述。

第二步，审计实施。包括：

（1）对财政直接拨付的资金，采取查看有关文件，到财政局搜集有关拨款证据。对财政的环保贷款，首先从市环保局统计出自1999年至2002年财政拨付的环保贷款总额，并与财政拨出金额进行核对，然后查看有关贷款合同、拨款证明、还款情况与有关使用单位进行核对。

（2）查看环保局摸查淘汰燃煤锅炉的情况，重点查清财政资金拨付单位的名单，按照各单位使用财政资金是淘汰锅炉还是进行改造，还是采取其他形式，进行分层抽样排查，从各类单位中有重点的选择单位进行审计调查。

（3）在对使用资金单位的审计调查中，从收到财政拨款、使用资金过程、完成项目的效果、后续管理情况进行审计调查。在对市财力直接拨付的单位的审计过程中，需要利用基建专业审计人员，对工程的施工安装进行决算审计，以便确定实际成本。

（4）通过对前一阶段的审计与审计调查所掌握的情况，根据实际需要，设计、发放调查问卷或座谈等形式，从整体或其他方面反映财政资金的效益情况。

第三步，进行审计报告。

审计报告的内容从以下方面着手：审计项目的基本情况，包括审计延伸单位的情况；反映淘汰锅炉的整体效果，包括社会效益和其他效果；资金拨付、使用过程情况，包括具体项目情况；审计人员对有些问题的认识和观点；其他人员的意见，包括在调查和审计过程中有关人员的观点；审计人员关进资金管理使用的建议；审计报告在征求市环保局及其他有关部门的意见后，送局法制处进行复核。在向市政府等有关部门上报情况时，后面附有关部门的意见。

七、审计人员组成及分工（略）。

思考题

1. 经济效益审计标准有哪些特殊性？

2. 经济效益审计证据有哪些特殊性？

3. 经济效益审计结论有哪些特殊性？

4. 经济效益审计审前准备有哪些特殊性？

5. 经济经济效益审计实施过程有哪些特殊性？

6. 效益审计报告有哪些特殊性？

7. 经济效益审计和财务收支审计的主要区别有哪些？

8. 经济责任审计和经济效益审计的主要区别有哪些？

第三章 规划审计

第一节 规划审计概述

一、规划的含义与特点

（一）规划的含义

《现代汉语词典》对规划的定义是：①比较全面的长远的发展计划；②做规划。可见规划在本质上是计划的一种，是比较长远的计划。哈罗德·孔茨的《管理学》无疑是管理学的经典教材之一，他把计划分为目的或使命、目标、战略、政策、程序、规则、规划、预算八个层次，其中规划是一个综合性的计划，它包括目标、政策、程序、规则、任务分配，要采取的步骤、要使用的资源，以及为完成既定行动方针所需的其他因素，规划一般都有预算支持，预算是一份用数字表示预期结果的报表，可以称为"数字化的"规划。综上所述，规划是一种综合性的，但也是粗线条的、纲要性的、战略性的长期计划。它包括了为实施既定方针所必需的目标、政策、程序、规则、任务委派、资源分配以及各种要素的统筹安排。

（二）规划的特点

规划广泛存在于人类活动和各种社会经济生活之中，如社会发展规划、经济发展规划、学校发展规划、社区发展规划、农田基本建设规划、水利规划、医疗卫生发展规划、绿化规划、城市规划、居住区规划等等。对于不同的部门和不同的行业来说，规划的形式和内容可能千差万别。但是，所有的规划都是指比较长远的、全面的发展目标的发展纲要，是对某种目标的追求或某种状态的设想，以及实现某种目标或达到某种状态的途径的构想。因此，规划一般具有如下几个共同的特点：

1. 目的性

规划是为了明确方向，制定目标，并为实现某种目标或状态才进行规划。任何组织和个人做规划都是为了有效地达到某种目标。目标是规划的核心，实现目标是规划的出发点和归宿，没有目标就不成其为规划。在企业单位中，规划是与企业的最终结果即目标或预期结果相关的，最终结果应当构成确定某单位采取生产产品和提供劳务方法的方向基础，而不是让方法来决定最终结果。在某具体单位提供许多产品或劳务时，最终结果是直接与每种产品或劳务相关的。因此，如某企业要有效益地完成其规划目标，则在开始规定产品生产或劳务提供过程以前就必须先了解预期的结果。在政府投资所办的事业中也是如此，事业规划也与完成预期结果息息相关。

2. 普遍性

规划的普遍性表现在两个方面。一是组织中任何活动都需要规划。生产企业中，规划是与产品的生产和销售有关，规划是产品内部生产和商品外部销售的联合活动，一种产品就是一个规划。当然企业也有社会性质规划，如平等就业机会规划，环境规划，公用事业规划，以及能源电力利用规划等。政府或事业单位中，规划是与该单位所从事的劳务有关的，规划是内部生产劳务，将劳务提供给外部受益者的联合活动。如政府举办卫生、教育方面的劳务，每种服务就是一个规划。二是组织中各层次都需要规划。就是说不仅在最高层组织才有这种规划，在中层、基层也有这种规划。例如，一家汽车分厂只生产发动机，那么发动机的生产就是一个规划。同样，在事业单位中，卫生部门有一项妇婴保健节育规划，一个城市或许有一项独生子女的保健规划。

3. 时效性

时效性是指任何规划都有规划期的限制。主要表现在两个方面：一是必须在规划期开始之前做好规划；二是任何规划必须慎重选择规划期的开始和截止时间。例如，我国制定的"十一五"规划，从 2006 年开始至 2010 年结束。

4. 前瞻性

规划与未来有关，它不是过去的总结，也不是现状的描述，而是要面向未来，考虑未来的机遇和可能遇到的问题，指导组织未来的活动、为实现未来的目标创造条件。即规划是以构想和安排未来为己任。

5. 动态性

由于人们对未来的预测有一定的局限性，再理想的规划方案往往也难于百分之百地实现。因此随着时间的推移，原来被认为理想的方案和设想要不断地根据实施过程中反馈的信息进行调整。规划不应该是静态的，而应该是不断发展变化的动态过程。规划决策过程本身就是不断对未来进行选择的过程。

二、规划审计的含义和种类

（一）规划审计的含义

相对于经营管理审计而言，规划审计是个最近的新名称，对于大多数国家的审计人员来说是一种新的审计工作。在政府审计中，自从把政府的各种社会经济规划作为审计的对象以来，就出现了规划审计的各种名称。如美国的审计总署利用规划结果审计这个名称，也有称为定向任务结果审计或定向任务审计。由于最近在政府或企业的有关文献中经常使用规划这个名称，要求审计规划的经济效益，所以，本书把它称为规划审计。

《美国政府审计准则》（1994 年修订版）中指出："审计"一词包括财务审计和效益审计。财务审计包括财务报表审计和相关财务事项审计。绩效审计就是客观地、系统地检查证据，以实现对政府组织、项目、活动和功能进行独立地评价的目标，以便改善公共责任性，为实施监督和采取纠正措施的有关各方进行决策提供信息。绩效审计包括经济性和效率性审计及项目审计，也就是包括了经营管理审计和规划审计。从这个意义讲，规划审计即是效果审计，也叫项目审计。

1994 年的《美国政府审计准则》中对项目审计的描述是：项目审计包括确定达到立法部门和其他权威机构所确定的预期成果或收益的程度；组织、项目、活动和功能的有效性；机构是否遵循了与项目有关的法律和规章。其应用的审计范围包括：①评价新的或正在进行的项目的目标是否充分、适当和相关；②确定项目达到要求的预期结果的程度；③评价项目或项目的独立组成部分的成果；④识别那些造成成绩不够理想的因素；⑤判断管理部门是否考虑了项目的替代执行方案，从而产生更为有效的结果或降低成本；⑥判断项目是否与其他项目相互补充、重复、交叠或抵触；⑦确定使项目运行的更好的办法；⑧评价遵循和项目有关的法律和规章；⑨评价衡量、报告和监督项目效果的管理控制制度的有效性；⑩确定管理部门是否报告有效的、可靠的项目效果措施。

1981 年的《美国政府审计准则》对效果审计的描述是：效果审计决定期望的结果或利润是否能实现，法规或其他权力机构确定的目标是否能达到，被审单位考虑了其他以更低成本实现期望结果的选择。

综上所述，《美国政府审计准则》所界定的规划审计是指政府投资项目效果审计。我们认为：

（1）规划审计是一种综合性的经济效益审计，既对规划是否达到预期目标进行审计，也要对规划编制及实施过程中涉及法律法规的遵循性进行审计，是效果性审计与合规性审计的结合；

（2）规划审计产生于公共部门，并在公共部门得到广泛的应用，也在盈利组织中运用，尤其适用于战略经营规划的审计。

（3）规划审计侧重于效果性审计，但并不等于效果性审计，而是更侧重于"预期"。

（4）规划审计既包括项目规划审计也包括经营规划审计。

（5）规划审计是一种过程审计，其目标是确认规划制定的合理性、执行的有效性。规划审计往往更注重事前事中审计，即在规划制定过程中或者在实施过程中实施的审计，从而保证规划本身的合理性、可行性，避免规划决策失误，实施后能达到预期目的，取得良好的经济与社会效益。

（二）规划审计的种类

按审计对象的性质即规划的性质划分，可分为项目规划审计和经营规划审计。

一个组织乃至整个人类社会的活动可划分为两大类：一类是在相对封闭和确定的环境下所开展的重复性的、周而复始的、持续性的活动，如企业定型产品的生产与销售、铁路与公路客运系统的经营、政府日常办公等，人们将这种活动称之为经营；一类是在相对开放和不确定的环境下开展的独特性、一次性活动，如建筑物的建设、奥运会的组织、新药研发等，人们称这类活动为项目。

1. 项目规划审计

项目规划审计，是指对某一特定项目的规划，即一次性的经济活动规划的效益性所实施的监督活动。如固定资产投资项目的规划审计、新产品开发项目的规划审计、贷款项目的规划审计等。项目规划审计的目的侧重于项目可行性和运营风险的评价，如理财项目的可行性、决策合理性和项目运营风险等。

国家审计机关、内部审计机构和民间审计组织都可以在各自的分工或授权委托范围内，从事项目规划审计。

2. 经营规划审计

经营规划，一般理解为战略规划，应对的是宏观环境，包括市场非市场环境的变化，它是以促进企业自身健康持久发展为目的，以创新经营方式、适应环境变化为中心，以创造效益为手段的长远战略构想。

经营规划审计，是指对连续性的经济活动规划的效益性所实施的监督活动，一般称之为战略审计。

由于管理者受托责任的空前扩大，战略审计在20世纪70年代应运而生，如今已受到战略管理专家、审计学者的普遍重视，更成为咨询公司的主要业务之一，其职能也侧重于对战略制定和实施的监督与评价。

目前对战略审计的使用和表述主要有：战略审计是规划过程的重要工具，是公司制定战略前必须实施的准备工作，包括对企业内外环境的分析、过去战略实施效果的评估等；是公司战略控制与评估的重要工具，可以用于评估公司的管理绩效；是一种具有公司整体观的管理审计，可以提供对于公司战略态势的综合评价；是公司治理过程中的一种机制，是正式的战略考察过程，它同时对董事会和管理层施加约束，主要由公司的独立董事来负责执行，是独立董事参与战略管理过程的主要方式；此外，战略审计是一种咨询服务，是公司战略绩效的一种诊断工具。

战略审计的主体应主要是内部审计部门、管理咨询人员等。国外的一些研究认为，为了实施战略审计，内部审计部门应有足够高的组织地位和权威，理想位置是位于审计委员会和 CEO 的双重领导之下，而比其他的职能部门（财务、人力资源、营销、生产等）地位稍高。

第二节　项目规划审计

一、项目的概念与特性

（一）项目的概念

"项目"一词最早于上个世纪 50 年代在汉语中出现（对共产主义国家的援外项目）。项目是指一系列独特的、复杂的并相互关联的活动，这些活动有着一个明确的目标或目的，必须在特定的时间、预算、资源限定内，依据规范完成。项目参数包括项目范围、质量、成本、时间、资源。

项目的定义有许多，其中最有代表性的是美国项目管理协会（PMI）给出的定义，认为："项目是为提供某种独特产品、服务或成果所做的临时性努力"。这里的"临时性"是指每个项目都有明确的起点和终点；"独特性"是指一个项目所形成的产品、服务或成果在关键性上的不同。国际标准化组织（ISO）也有一个关于项目的定义，认为："项目是由一系列具有开始和结束日期、相互协调和控制的活动组成的，通过实施活动而达到满足时间、费用和资源等约束条件和实现项目目标的独特过程。"

从上述项目定义可以看出，项目包括各种组织所开展的各种各样的一次性、独特性和有创新性的任务或活动，典型的项目类型包括：各种创新活动所构成的项目，新产品或新服务开发项目，技术改造与技术革新项目，组织变革与组织管理模式变革项目，科技研发项目，设备系统集成项目，软件或信息系统开发项目，建设项目，政府或社会团体的公共项目，体育比赛项目，文艺演出项目，以及各种服务活动所构成的项目等。

（二）项目的特性

尽管项目的形式多种多样，项目的内容五花八门，但项目是有共同之处可循的。对于一般项目，共同特性可概括如下：

1. 一次性

一次性是项目与其他重复性运行或操作工作最大的区别。项目有明确的起点和终点，没有可以完全照搬的先例，也不会有完全相同的复制。项目的其他属性也是从这一主要的特征衍生出来的。项目的一次性与项目持续时间的长短无关，不管项目持续多长时间都必须是有始有终的。例如，装修一间房子的项目持续时间较短而建造一栋房子所用的时间较长，但这两个项目都有自己的起点和终点。项目的一次性特点，决定项目只有一次成败的机会，体现项目规划的重要性及对项目规划进行审计的必要性。

2. 独特性

每个项目都是独特的。或者其提供的产品或服务有自身的特点；或者其提供的产品或服务与其他项目类似，然而其时间和地点，内部和外部的环境，自然和社会条件有别于其他项目，因此项目的过程总是独一无二的。例如，采用型号相同的标准图纸，建造两个生活住宅区，由于建设时间、地点、周围环境等条件不可能完全相同。项目的独特性是产生项目以及项目间相互区别的根本特性。也增加了项目规划审计的难度，对项目规划审计人员提出更高的要求。

3. 目标的确定性

项目必须有确定的目标：①时间性目标，如在规定的时段内或规定的时点之前完成；②成果性目标，如提供某种规定的产品或服务；③约束性目标，如不超过规定的资源限制；④其他需满足的要求，包括必须满足的要求和尽量满足的要求。目标的确定性允许有一个变动的幅度，也就是可以修改。不过一旦项目目标发生实质性变化，它就不再是原来的项目了，而将产生一个新的项目。确定的项目目标，为项目规划审计提供了评价依据。

4. 活动的整体性

项目是由一系列项目阶段、项目工作包和项目活动所构成的完整过程，在项目过程中人们通过不断地计划、组织、实施、控制和决策而最终生成项目的产出物并实现项目目标。项目过程中的一切活动都是相关联的，构成一个整体。多余的活动是不必要的，缺少某些活动必将损害项目目标的实现。这一特性表明，完成一个项目的工作性质和工作量是相对固定的，它把项目和一个公司全部业务的总和明确地区别开来。

5. 组织的临时性和开放性

在项目执行的全过程中，其人数、成员、职责是在不断变化的。某些项目班子的成员是借调来的，项目终结时班子要解散，人员要转移。参与项目的组织往往有多个，多数为矩阵组织．甚至几十个或更多。他们通过协议或合同以及其他的社会关系组织到一起，在项目的不同时段不同程度的介入项目活动。可以说，项目组织没有严格的边界，是临时性的开放性的。这一点与一般企、事业单位和政府机构组织很不一样。

6. 成果的不可挽回性

项目的一次性属性决定了项目不同于其他事情可以试做，做坏了可以重来；也不同于生产批量产品，合格率达 99.99% 是很好的了。项目在一定条件下启动，一旦失败就永远失去了重新进行原项目的机会。项目相对于日常运作有较大的不确定性和风险。

7. 其他特性

项目除了上述特性以外还有一些其他特性，这包括项目的创新性、项目的风险性、项目的制约性等。

项目特性是相互关联、相互影响和共同作用的。例如，正是由于项目的创新性而引发了项目的风险性，而项目的风险性又同项目独特性、制约性和一次性直接相关。实际上一个项目的独特性要求必须开展不同程度的创新，而只要创新就会包含不确定性，从而就会最终造成项目的风险性。同样，项目组织的临时性和开放性也是由于项目的一次性造成的，因为项目的一次性活动一旦结束以后，项目团队的相关成员就需要离去或遣散，最终在项目完成后整个项目团队也需要解散和终止。

二、项目规划的概念与原则

（一）项目规划的概念

规划是为达到一定目标而进行筹划、决策的活动，即人们针对某一特定问题，从若干种可供选择的有关未来事件的设想方案中作出一种选择或决定以及为这一决定而进行构思、设计、论证、比较选择等一系列行为过程。项目规划是指为把握机会、构思项目、确定目标、设计方案、实现回报而有计划、有步骤地根据有关理论和原则，采取科学的方法和手段，进行项目构思、项目设计、论证比较、决策实施等一系列筹划和决策活动。项目规划是项目发展周期中极为重要的前期工作，项目规划的好与坏，直接关系到项目实施的效果。

（二）项目规划的原则

1. 利益主导原则

规划活动的实质是在谋求利益，如果没有利益的刺激，就不可能有规划的动机。规划有优劣之分，优劣只是相对而言的，其评价一般是根据利益取得的大小而定。此外，由于利益形式的多样性决定了利益竞争的复杂性，也就决定了规划的复杂性。

2. 整体性原则

整体规划原则主要体现在：①注重研究全局的指导规律，要局部服从全局，以全局带动局部，为了全局甚至不惜牺牲和舍弃局部。②既要考虑眼前利益也要考虑长远利益。③任何规划都是一个系统，而系统是有层次。不同层次的系统，就有不同层次的规划，就要体现不同层次的整体性。

3. 切实可行原则

项目规划可行性原则贯穿于规划的全过程，即在进行每一项规划时都应充分考虑所形成的规划方案的可行性，重点分析、考虑规划方案可能产生的利益、效果、危害情况的风险程度，综合考虑、全面衡量利害得失。

4. 灵活机动原则

规划是处于高度机动状态的活动，所以要求规划人员在规划过程中及时准确地掌握规划对象及其环境变化的信息，以其发展的调研预测为依据，调整规划目标并修正规划方案。当然规划的调整是有限度的，首先，要根据变化信息的可靠程度来决定是否对规划进行调整修正；其次，要根据信息变化的范围和程度来决定调整和修正的幅度；最后，要考虑调整和修正后效益。

5. 讲求时效原则

在项目规划中，规划方案的价值将随着时间的推移与条件的改变而变化，所以在规划过程中应把握好时机，重视整体效果，应处理好时机与效果之间的关系。在项目规划过程中，尽可能缩短规划到项目实施的周期，力图使规划发挥效用的寿命长一些，长远效果更好一些。

6. 群体意识原则

随着社会化大生产的发展，项目的规模越来越大，相关因素也越来越多，项目规划活动所处理的数据资料也更多、更复杂，而项目规划活动的影响也越来越大。许多规划活动已非个人或仅仅少数人所能胜任，因此，在项目规划中采取集体规划方式，把有关方面的专家组织起来，针对目标和问题，集中众人智慧进行系统的规划工作，这是实现科学规划的重要条件的保证。

三、项目规划审计的内容

项目规划的不同阶段其审计内容不同。

（一）规划编制程序的审计

（1）规划前期研究基础是否扎实。

（2）规划制定过程中部门合作是否深入和具体，包括是否成立了能有效整合和调动各类资源的编制领导小组，各部门意见在规划中是否得到了充分反映，部门意见征询是流于形式还是求真务实。

（3）审批程序是否符合法定要求，包括是否按照法定程序完成了各层次审批，是否开展了公开展示以保证高程度的公众参与等等。

（二）规划主要内容的审计

审计规划内容也就是审计规划的科学性。

（1）规划内容是否支撑行动规划的要求，包括：是否提出了明确的发展目标，是否提出了具体的行动，并对行动目标、内容和时序进行了安排，是否针对各类地区发展、重大设施建设以及土地供应，提出了时序、规划指引和实施操作主体要求，确保相关政府部门、利益团体及公众对近期项目建设重点具有明确预期等。

（2）规划在内容上是否对发展的不确定性有足够的应对。

（3）规划提出的行动指引是否清晰明确。

（4）规划所提保障措施是否全面并具可操作性，对影响规划实施的相关行业政策是否有明确指引等等。

（三）规划实施过程的审计

（1）规划权威性与社会认同度如何，包括：规划在社会上的影响力与权威是否建立、规划是否成为各级政府、各职能部门在制定相关政策及项目审批时的依据等等。

（2）规划设定的实施环境是否如期形成，如土地供应方面。

（3）规划实施必需的部门协同机制是否得以建立，规划内容的实施往往超出规划部门事权范围，而规划目标和行动的落实，如果缺乏有效的多部门行动协调机制，就可能因为各部门出发点不同而导致行动无法实施或实施效果不理想。

（4）规划实施需配套的相关政策是否及时出台，规划实施需要相关配套政策来支撑，在目前以"条条"为主的政府调控模式下，要保证空间政策的有效性，推进空间政策目标的实现，仅仅依靠传统的规划政策是远远不够的，还需其他一系列政策的跟进与协调落实。这些政策有的在传统意义上并不属于规划建设范畴内，但却对空间管理和空间发展有着十分重要的直接或间接影响。

（四）对规划实施绩效的审计

对规划实施绩效的审计是将实施结果与规划确定的目标蓝图进行对照，评价其符合的程度（假定蓝图是合理和精确的），并关注由规划引起的、人们不希望出现的后果，对未预见的后果进行评价。此外，除了关注实施结果与目标蓝图的契合度，规划实施绩效审计也应从规划价值理性的角度，评价规划实施的公正与理性。

四、美国项目评估分类工具简介

我国关于规划审计目前仍处于探索阶段，没有配套的准则规章可供遵循，各地实际开展的规划审计，主要借鉴美国联邦政府项目等级评估工具进行，故以下对此作简要介绍。

美国管理和预算局（OMB）于2002年开发并实施了项目评估分级工具，即PART（Program Assessment Rating Tool）。主要目的是应用这种工具强化公共项目的评估，使得评估过程能够更加健康、透明和系统化。作为通过设计一系列诊断性问题来持续性评估联邦政府项目绩效的系统性工具，PART能够帮助联邦政府的相关机构改善项目绩效，在绩效和财政预算决策之间建立一个实质性的体制联系，并为有关项目绩效的改进提供相关建议。PART基本流程可以分为确定被评项目及其类型、设计评估问题和明确相关评价标准、实施评估、划定项目等级并予以公布，以及回馈绩效改进建议书等五个环节。

（一）确定被评项目及其类型

"项目"是PART分析的基本单元。根据OMB的解释，PART评估的"项目"是根据财政预算框架来界定的，通常被称为项目活动（Program activities）或者项目活动集（aggregation of Program activities），指由联邦财政支持的并列在每年总统财政预算案中的项目和活动（或者为项目和活动集）。需要指出的是，这里"项目和活动集"是由具有共同目标并且彼此之间相互联系的项目合并而成。为了进一步反映联邦政府项目利用不同机制来提供公共物品和服务的实际情况以及针对特定项目类型提出附加问题，PART进一步将所评估的项目分为七种类型：①联邦直接支出项目（direct federal programs），②分类补助项目（block/formula grant programs），③竞争性资助项目（competitive，grant programs），④资产和服务采购项目（capital assets and service acquisition programs），⑤研发项目（R&D programs），⑥制定规章项目（regulatory－based programs），⑦信贷项目（credit programs）。具体项目类型及描述见表3－1。

项目类型的划分是由OMB与联邦机构及其所属部门共同协商所决定。虽然大部分的联邦项目都可以划分到相应的类型，并可以应用PART进行独立评估，但是有些项目（例如R&D）需要通过两种或者以上的机制才能实现其目标。在这种情况下，通常会根据项目的核心功能划分到相应类型中，然后从其他类型中选取一定的问题作为附加问题，实行"混合式"和"全面式"评估。这种方式尤其适用于跨部门的公共项目评估。

表 3-1　PART 项目类型及描述

项目类型	描述	举例
联邦直接支出项目	主要由联邦政府雇员提供的服务项目	国家天气预报、签证服务等
分类补助项目	强制性或者规定性地向州政府、地方政府以及部门提供资金的项目	越冬御寒救助、艾滋病项目等
竞争性资助项目	通过竞标程序向州政府、地方政府、部门、组织、个人以及其他实体提供资金的项目	卫生和福利部的健康中心等
资产和服务采购项目	通过研发和获取资本资产（例如土地、建筑物、设备、知识产权等）或者购买相关服务（例如维修、信息技术等）来实现目标的项目	国防、造船等
研发项目	创造知识以及利用知识进行系统、方法、物质和技术等方面研究的项目	能源部的太阳能研究项目、国家航空和宇宙航行局的火星探索项目等
制定规章项目	通过执行、解释、遵守法律、政策和程序来实现其使命的项目	美国环保署的动力能源空气污染标准和证明项目
信贷项目	有关贷款、借款抵押和直接借款等方面的项目	进出口银行的长期抵押项目等

（二）设计评估问题、赋予权重和确定评价标准

PART 根据受评项目所属类别的不同分别采用不同的问卷。每一类问卷内容都分为四大部分，即"项目目标与设计"（program purpose and design）、"战略规划"（strategic planning）、"项目管理"（program management）、"项目结果与责任性"（program results and accountability）。每一部分既包括所有类型项目都适用的"共同性题目"，也包括为特定项目类型量身定做的"特定性题目"，每份问卷约有 30 题（问题数根据项目类型的不同而不同）。

其中"项目目标与设计"部分检查项目是否能提供清晰的目的与稳固的设计基础，另外，政府部门无法直接控制但仍具影响力的方面也将纳入评估。"战略规划"部分着重考察项目的规划、优先顺序的设定以及资源分配问题；关键在于评估项目是否设定有限数量且远大而实际的绩效目标，以及是否开发了具战略性及聚焦的预算；这部分还评价项目执行是否具有灵活性、根据绩效情况进行调整，项目监控也是该部分评估的重要内容之一；资料来源包括战略规划文件、机构的绩效计划和报告、项目参与者所提出的相关报告、评估计划、预算文件等。"项目管理"部分着重于项目是否有效管理以达成绩效目标，关键措施包括财务

监控、项目进展评价、绩效信息的收集及主管的问责等。"项目结果与责任性"部分评估项目是否能够达成长期及年度绩效目标，关键措施包括与其他类似项目作比较，并进行独立的评估。资料来源有年度绩效报告、各种评估报告、政府问责总署（GAO）及审计长（IG）报告等。

PART 的前三部分主要是用来评价项目的设计和执行过程，所有的题目均以"是或否"的形式来回答，"是"表示整体绩效的潜在高水平，"否"表示没有足够的证据，或是项目没有取得应有的绩效，同时有一个简短的叙述性解释和相关的证据来支持答案。"项目结果与责任性"部分，在征询许多机构的意见后，OMB 将原来以二分的"是或否"答案，修正为四点式的量表（是、多数达成、少数达成、否）。同时，OMB 在每年的《项目评估分级工具指南》中都会根据每一诊断问题的目的为每个选项设计相关约束条件，即评价标准，为评估者作出判断提供依据。

PART 四个部分中每个问题有各自的权重，并可以根据与特定项目的相关程度调整其权重值，以更准确地突出该项目的关键因素。为了防止对总分的操纵以及在评价结果上弄虚作假，权重必须在回答这些问题前确定。（见表 3-2）

表 3-2　PART 问题的四个维度

维度（权重）	定义	问题
项目目标和设计（20%）	主要评估项目的目标和设计是否明晰和良好	a1 项目的目标是否清楚？ a2 项目集中于一个特定的、现实存在的问题、利益和需求吗？ a3 该项目是否与其他联邦、州、地方或者私人部门的项目重复？ a4 项目设计中是否存在一些影响其效率和效益的缺陷？ a5 项目是否具有清晰的目标，以使资源能够直接服务于项目目标或者到达项目的预期受益人？
战略规划（10%）	主要评估项目是否具有正确的长期和年度的标准和目标	b1 项目是否具有一定数目的、具体的、集中于结果和反映项目目标的长期绩效标准？ b2 项目是否有针对长期标准的挑战性目标和时间进度表？ b3 项目是否有一系列特定的年度绩效标准，以便清楚地表明长期目标的实现程度？ b4 对于年度措施，项目是否具有基线和宏伟的目标？ b5 所有的合作者（包括受让人、次受让人、承包人、成本分担者和其他的政府合作者）都承诺项目的长期年度目标并为其实现而努力工作吗？

维度（权重）	定义	问题
战略规划 （10%）	主要评估项目是否具有正确的长期和年度的标准和目标	b6 足够数量和质量的独立评估能否建立在一种常规的基础上？这些独立评估是否能够支持项目的改进、评估项目效果，以及与问题，利益和需求相关？ b7 预算请求与年度和长期绩效目标之间有着清晰的联系吗？所需资源是以完全和清晰的形式呈现在项目预算中吗？ b8 项目是否采用了一些有意义的措施来补救战略规划的缺陷？ 不同项目类型下的特殊战略规划问题（specific strategic planning questions by program type.） bRG1：项目或者机构所有的相关规章是否满足了项目的既定目标？所有规章能够清楚表明它是怎样有助于项目目标的实现吗？（制定规则项目） bCA1：机构或者项目是否已经对替代品进行了最新的、有意义的、可靠的分析．包括成本、时间进度、风险和绩效目标之间的平衡，以及利用结果来引导结果导向的行动？（资产和服务采购项目） bRD1：如果可能．项目是否评估和比较了其潜在的利益，以及是否与其他具有相关目标的项目进行过比较？（研发项目） bRD2：项目是否使用一个优先程序来介绍预算请求和财政决策？（研发项目）
项目管理 （20%）	主要评定项目管理的等级，包括财务检察和项目改进成果	c1 项目定期收集及时的和可信的绩效信息（包括主要合作人的信息），并用来管理项目和提高绩效吗？ c2 联邦管理者和项目的合作者（包括受让人、次受让人、承包人、成本分担者和其他的政府合作者）对成本、进度和项目结果负有责任吗？ c3 资金是否被用到既定的目的上，是否准确报告了？ c4 在项目执行过程中，项目是否有一些程序（例如竞争性外包或成本比较、IT技术提高、适当的激励等）来测量并实现项目效率和成本有效性？ c5 该项目是否与相关项目进行了有效的合作和协作？ c6 项目是否推行了强有力的财务管理实践？

维度（权重）	定义	问题
项目管理（20%）	主要评定项目管理的等级，包括财务检察和项目改进成果	c7 项目是否采取一定的方式来处理管理中的缺点？ 不同项目类型下的特殊战略规划问题（specific strategic planning questions by program type.） cCO1：资助是基于竞争程序（包括一个高质量的价值评估）来获得的？（竞争性补助项目） cCO2：项目是否有监督程序以提供给受资助人行为的足够信息？ cCO3：项目是否收集到受资助人年度的绩效数据并使之能够以透明和有意义的方式公布？（竞争性补助项目） cBF1：项目是否具有监督程序以提供被资助者行为的足够信息？（分类补助项目） cBF2：项目是否收集到受资助人年度的绩效数据并使之能够以透明和有意义的方式公布？（分类补助项目） cRG1：当制定重要规章时，项目是否寻找和重视各方利益相关者（顾客；大、小规模的企业；州、地方和镇政府；受益人和一般公众）的观点？（制定规章项目） cRG2：该项目是否按照《12866号行政命令》的要求来准备充足规则影响分析？是否会按照《规则灵活性法则》和SBREFA来进行规则灵活性分析？是否会在《非资助项目规则改革法案》来进行成本收益分析？以及这些分析是否符合OMB的指南？（制定规章项目） cRG3：在完成项目目标时，项目是否会系统地回顾当前的规章来保证与所有规章制度保持一致性？（制定规章项目） cRG4：通过使该制定规章行为净利益最大化，制定规章在多大程度上能有助于实现项目的目标？（制定规章项目） cCA1：是通过保持明确定义的交付标准、能力或绩效特征和适当的、可靠的成本以及进度目标来管理项目的吗？（资源和服务采购项目） cCR1：项目是否在一个正在执行的标准下管理，以此来保证高质量的信用贷款、按时支出与回收以及履行报告请求？（信贷项目） cCR2：项目信贷模式是否向政府提供了可靠的、一致的、精确的和透明的成本和风险评估？（信贷项目） cRD1：对于非竞争性拨款的研发项目而言，该项目是否分配资金和使用管理程序来保证项目质量（研发项目）

维度（权重）	定义	问题
项目结果和责任性（50%）	根据战略规划部分对目标和标准的评价和通过其他评估，来划分项目绩效的等级	d1 在完成长期目标方面，项目是否表现出足够的进步？ d2 项目（包括项目合作人）是否完成了年度目标？ d3 项目在完成每年的目标时，是否都提高了效率和成本的有效性？ d4 是否将该项目的绩效与其他政府、私人等部门的具有相似目的和目标的项目的绩效进行过比较？ d5 对充足的范围和质量的独立评估是否表明该项目是有效的和具有结果导向的？ 不同项目类型下的特殊战略规划问题（specific strategic planning questions by program type） dRG1：项目目标是否在最低程度上增加社会成本的基础上实现的？项目是否使净收益最大化？（制定规章的项目） dCA1：项目目标的实现是否在预算成本和已建立的进度中实现的？（资源和服务采购项目）

（三）选择绩效测评方式

PART 设计了若干问题用于评价公共项目的长期和实际绩效测评的质量，此外，还有若干问题是关于一个项目完成绩效目标的程度。由于项目的绩效目标表示对项目成功的界定，绩效目标的质量与实际绩效和这些目标的对比就构成了以 PART 分级排序的首要决定因素。通常在 PART 评估中使用的绩效测评方式主要有三种：结果测评（outcome measures）、产出测评（out measures）以及效率测评（efficiency measures）。结果测评主要用于描述项目活动的真实结果，该测评方式主要反映的是处于项目活动外部，并对受益人和公众有直接重要影响的事件和状况。产出测评主要用于描述在一定时期内，项目活动表现出的水平和层次。该测评方式通常与一个项目的内部活动相关。产出测评的方式经常用于使用结果测评方式无法真实反映项目结果，或者存在项目效果无法用具体结果描述的情况。最后一种绩效测评方式是效率测评，该种方式通常反映的是在获取项目效果和制造项目产出过程中，用一种经济和有效的方式获取、利用和管理资源的比较结果。效率测评方式可进一步细分为：结果效率测评和产出效率测评两种方式。在效率测评中，一种有用的方法是计算某种投入的生产率（the productivity of an input），即定义某种结果和产出与其投入之比来反映效率。

（四）实施评价

对于 PART 而言，实施评估实质上是依据相关证据，对照评价标准，给出问题答案并作出相应解释的过程。主要包括以下环节：

（1）评估主体的选择。PART 的实施是以合作为基础的。其评估主体包括两部分：一是 OBM 预算检察官，其主要职责是负责总统预算文件中项目预算的表述工作；二是各部门和机构的项目、计划和预算办公室。毫无疑问，各部门和机构出于自身利益的考虑，在评价过程中会给出更多的"yes"，但是项目的最终得分和所属等级则是由 OMB 决定的。

（2）评估的信息来源。PART 是一种基于证据的评估，即做出每一个判断都需要依据相关证据，因此，这对评估信息来源提出了很高的要求。目前，PART 的信息范围比较广泛，包括相关法律、财务报告、检察官的综合报告、GAO 的报告、部门报告以及独立的项目评估结果等。

（3）评估答案的选择与解释。对于"yes"的选择，当选择标准一时，只要收集到的信息满足这一标准时，便可以选择；当选择标准有多个的时候，如果标准之间是用"和（and）"连接的，必须要满足所有的标准方可以选择"yes"；如果标准之间是用"或（or）"连接的，只要满足其中的一个标准便可以选择"yes"。证据不充分、项目需要进一步改进以及项目满足部分标准的，最合适的答案是"No"。需要指出的是，不管选择哪个答案，都必须对所作的选择给出证据和说明，即选择"Yes"要给出能够证明满足标准的最主要和最重要的信息；选择"No"则要说明项目满足哪些标准，没有达到哪些标准。

需要指出的是，各诊断问题并不是孤立存在的，它们之间具有一定的关联性，这也就决定了问题答案之间也具有一定的相关性。对战略规划和绩效测评的强烈关注，致使战略规划和项目管理维度的问题与项目结果和责任性维度的问题之间具有相互联系。如果战略规划维度或者项目管理维度的相关问题显示出项目的长期、年度或者效率的措施和目标不当，那么项目结果和责任性维度中有关目标完成情况的问题必然不会得到很好的评估结果。

（五）划分项目等级

项目等级划分主要依据所有问题得到"yes"的数量，然后转换成数值，最高为 100 分。计分基本原理为：每一维度中所有问题合计总分 100 分，根据每道题的权重可以计算出每一维度的分数，然后再对每一维度的分数进行加权，最后得出的结果便是该项目的评估分数。PART 将项目分为四个等级，其中 85～100 分为"有效"（effective），70～84 分是"中等有效"（moderately effective），50～69 分为"合格"（adequate），0～49 分为"无效"（ineffective）。另外，如果

OMB 认为该项目的绩效信息或者绩效措施不足或者不充分，那么无论最终得分是多少，该项目均被评定为"结果无法证明"（result，not demonstrated，RND）。

（六）公布结果和回馈绩效改进建议

（1）对于项目的评定结果，OMB 将在 Expect－More.gov 网站上公布。该网站目的是向美国公众告知政府各种项目的绩效，让公民了解其纳税所资助的公共项目的绩效究竟如何？以及政府部门为了提高项目绩效所正在进行的工作。

（2）回馈绩效改进建议。为了回应每项 PART 评估，相关机构和 OMB 共同制定绩效改进建议（即下一步行动）。这些行动包括机构所要采取的管理措施、资助建议（包括在总统预算案中）以及立法议案。政府机构努力完成这些行动，改善项目绩效，上述活动都将被总统管理日程（PMA）中的预算与绩效整合计分卡（BPI scorecard）以及每年更新的 PART 所追踪。通常情况下，OMB 和相关机构共同商定一年内需要执行的下一步行动。如果该行动超过一年，比如某项将一个项目与其他项目合并的立法建议。则产生的影响将以评论的方式添加到在 PART Web 中公布的下一步行动计划上。每项以 PART 的下一步行动都是分开表述的。OMB 和机构要预先商定如何评判这些行动是否完成。每当该项目的下一步行动完成，PART Web 就定期改变其评级状态，以反映项目改进的成效。当项目完成了下一步行动后，就会采取附加措施来持续改进项目绩效。改进计划的更新情况会在 Expect More.gov 网站每年公布两次。

第三节　公司战略审计

一、战略的定义与要素

（一）战略的定义

"战略"一词具有悠久的历史，它来源于希腊的军事用语，是指战争全局的筹划和指导原则。后用于其他领域，泛指重大的、带全局性或决定全局的谋划。

企业战略是对企业各种战略的统称，其中既包括竞争战略，也包括营销战略、发展战略、品牌战略、融资战略、技术开发战略、人才开发战略、资源开发战略等等。企业战略虽然有多种，但基本属性是相同的，都是对企业整体性、长期性、基本性问题的规划。

关于战略的定义最具有代表性的是 20 世纪 80 年代以后，美国管理学大师亨利·明茨伯格（Henry Mintzberg）以其独特的认识归纳总结了"战略"的五个定义：计划（Plan）、计谋（Ploy）、模式（Pattern）、定位（Position）和观念（Perspective）。

（二）战略的关键要素

1. 有愿景

愿景是一个组织各相关利益人共同向往的长远目标，从而可以推动企业有效利用各种资源，超越目前环境。

2. 具有可持续性

要保证企业具有旺盛的生命力，关键是要有一个长期且可持续的战略，而可持续的战略的实施无不与"人"密切相关：不断扩展"契约联结"的共赢局面，不断延续的科技创新；不断学习成长的组织成员等等。

3. 有效传递战略的流程

战略目标设定后，不仅要传递到企业的各个方面，以求得到落实执行，更重要的是必须传递到各方面的相关利益人，以得到最有效的支持，如政府机构、顾客、债权人、现实以及潜在的投资者等等。

4. 与获取竞争优势有关

企业须具备超越竞争对手的可持续竞争优势时，才能够生存发展，而差异化或称特色是企业竞争图存的最基本条件。因此任何成功的战略都是为了凸现企业的竞争优势。

5. 能利用企业与环境之间的联系

公司作为法人，也是各种关系的集合，关系的良性发展，就是企业的良性发展。因此，战略必须能进一步发展企业与相关各方之间的联系。

二、企业战略的结构层次

企业战略可以划分为三个层次：①公司战略；②业务单位战略；③职能战略。

（一）公司战略

公司战略处于最广泛的层面，又称为企业整体战略，一般由公司最高管理层制定。公司战略是针对企业整体，用于明确企业目标以及实现目标的计划和行动。公司战略规定了企业使命和目标、企业宗旨以及发展计划、整体的产品或市场决策。

（二）业务单位战略

战略业务单位是公司整体中的一个业务单位，由于其服务于特定的外部市场而与其他业务单位相区别。

战略业务单位的优势是能够在不同的类似业务中找到适合自己的战略,使其更加理性、易于实现。

业务单位领导负责制定本业务单位的经营战略,支持公司战略的实现。

（三）职能战略

职能战略在更细节的层面上运行,它侧重于企业内部特定职能部门的运营效率。

职能战略在促进公司战略成功方面具有关键性作用。这种作用表现在如下两个方面:一方面是职能管理要开发或者调整企业的资源和能力,以适应不断变化的公司战略和业务单位战略,这是战略成功的基础;另一方面,各项职能在其各自的领域中开发独特的资源或核心能力,为企业制定战略提供条件。

图3-1总结了企业内各层次的战略,以及这些战略在支持公司战略方面的有效性。

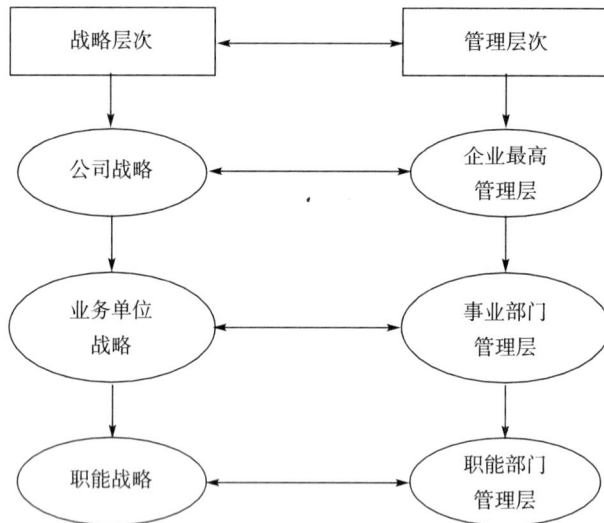

图 3-1 企业战略的结构层次

三、战略检验

战略目标不合理会为企业带来致命的危险,因此,在战略实施之前和实施过程中要进行持续的检验,以便及时调整完善。

就管理咨询而言,战略检验往往为称为管理测试。由相关权利主体委托专业审计机构进行的管理测试,就是战略审计。

一般须在应用相关性和学术严谨性两个层面上检验战略是否良好。

（一）应用相关性检验

应用相关性检验，即考虑战略是否与企业及其作业的现状相关。

（1）价值增值检验。良好的战略能够在市场中为企业带来价值增值。价值增值可以表现为盈利能力的提高，也可以表现为可预期的长期收益，其可用市场占有率、创新能力和员工满意度等长期指标来衡量。

（2）竞争优势检验。良好的战略能够为企业带来可持续的竞争优势。某些组织（例如，慈善机构或政府组织）在竞争的范畴上被误解，它们表面上似乎并没有在市场中参与竞争，但事实上，这些组织也在竞争资源。慈善机构之间会为获得新的基金和政府支持而相互竞争，政府部门之间也会为获得更多的政府资金而相互竞争。

（3）一致性检验。良好的战略应该与企业每时每刻所处的环境相一致。这说明战略应该能够以一个适当的速度与不断变化的环境相适应，这个速度不能太快，也不能太慢，并且有能力在适应环境变化的过程中有效地使用企业资源。

（二）学术严谨性检验

学术严谨性检验，即从学术的角度严谨地思考战略的原创性、思维的逻辑性和方法的科学性。

（1）原创性检验。优秀的战略在于其原创性。但是，在实践中要特别注意把握创新的程度，因为过度的创新可能会偏离主题，甚至会形成荒唐的、不合逻辑的想法。

（2）目标性检验。即考察所提战略是否试图达到企业所设定的目标。尽管很难对目标进行定义，但是，目标性检验还是合理的、可行的。对目标的定义可能包括企业领导人及其利益相关人的雄心或欲望。

（3）灵活性检验。良好的战略应该具有一定的灵活性，以使企业能够根据竞争状况、经济状况、管理人员与员工以及其他重要因素的发展变化情况进行调整，以适应不断变化的环境。战略不应该不顾环境和资源的可能变化而将企业锁定在未来。

（4）逻辑一致性检验。战略建议应以可信和可靠的事实为基础，以清晰且合乎逻辑的方式表达。

（5）风险和资源检验。战略所含风险和所需资源应该与企业总体目标相一致，并且可以验证。对于企业整体来说，风险水平和所需资源是合理的、可以接受的。这里所说的资源不仅仅包括货币，还包括所需要的人员和技能。

四、企业一般战略的审计

战略审计应能覆盖战略管理的各个层次和全过程，因此战略审计的内容应包括所有与战略管理有关的资料，既包括财务会计资料，也包括其他非财务资料，且非财务资料与财务资料相比可能重要性更高。审计的范围则应包括公司的所有管理层次和所有重要经营事项，重点是评价战略制定所依据资料的可靠性和相关性以及评价既定战略执行的有效性，主要指向战略业务单元和各个职能部门，即公司战略的执行部门。

公司战略审计的主要内容是公司战略规划。通过公司战略的审计，既可使公司的资源得到合理配置，在实现目标的同时，不断获得更多的资源；又可使公司不断适应外部环境的变化，抓住发展的机遇，避免或减少威胁。公司战略审计包括事前、事中和事后审计。事前审计是对制定公司战略的基础、程序进行审查，事中审计是在不断变化的环境中，对公司战略实施情况进行实时监控，考虑原定公司战略的适当性；事后审计则是对公司战略实施情况进行总体评价，为以后的公司战略制定和实施提供参考。

（一）公司战略规划制定基础和制定过程的审计

（1）审查公司战略是否基于对公司目标、市场、环境、竞争者和内部资源等内外部环境的全面认识的基础上制定。

其中：外部环境包括：宏观环境（政治、经济、社会、技术、自然环境）、微观环境（供应商、客户、现有竞争者、潜在进入者、替代品）、中观环境（需求状况、供给状况、行业表现、行业趋势）；内部环境包括：资源要素（人力、财力、物力、市场、技术）、管理要素（企业文化、计划、组织、领导、控制）、能力要素（供应能力、生产能力、营销能力、研发能力、公共关系）。

（2）审查战略目标是否符合国家宏观经济状况，是否反映市场的需求，与环境变化趋势是否保持协调，与公司内部资源的应变能力是否保持平衡。

环境的快速变化、组织系统和策略不再有机协调、公司战略实施过程中的埋怨争执等，都会导致企业最终调整战略规划行为。因此，公司需持续、客观、专业并着眼于变化，公司战略环境的变化直接影响公司的优势、劣势、市场机会及环境威胁，从而导致战略规划假设变化，进而影响公司文化包括公司三个层次战略的选择。

（3）审查公司战略制定的程序是否适当，公司战略一般由公司最高决策层做出，但公司战略目标一旦确定后，应让内部各层次都了解自己在公司战略目标中的地位。

（4）审查公司战略目标的前瞻性和实现的现实可能性。

（二）战略类型的选择背景和选择过程的审计

审查公司采取何种类型战略，其依据何在，客观条件是否具备。战略类型大致可分为增加份额战略、增长战略、利润战略、集中战略、转移战略和退出战略。

1. 增加份额战略的审查

公司采用此种战略的目的，是为了改变公司的市场位置，有效而持久地增加公司的市场份额。采取这种营销战略，通常是发生在产品或市场发展的开发阶段。公司采用这种战略必须具备如下条件：

（1）需要大量投资。产品和市场都在发展，公司要增加市场份额，必须投入大量资金。

（2）公司必须预测到竞争位置不断变化的结果。行业内各个公司为了增加自己的市场份额，不断地增加投资，导致原有的竞争位置发生变化。有的可能从弱的地位上升到强的地位，有的则可能下降。

（3）公司应针对市场的不同需要随机应变，确定竞争的重点，从而建立本公司的优势。

（4）公司要具有高度的开拓精神，这是开发阶段最关键的一着。

上述四条所起的指导作用有多大，最后取决于公司本身独特的创造性。

审查增加份额战略是否发生在公司产品或市场发展的开发阶段，公司是否有效而持久地增加公司的市场份额。

2. 增长战略的审查

增长战略的目的，是在市场迅速发展的条件下，保持公司现有的竞争优势。采取这种战略一般是在产品或市场发展的成长阶段。这个阶段的特点是：市场增长由慢到快，然后逐步趋于缓和，同时竞争比较激烈。因此，为了实现增长战略，一般应注意：

（1）公司必须取得与市场发展相适应的资源，以及融通资金、扩大销售渠道，从而保持当前的竞争位置。

（2）在市场增长变得缓慢而竞争更加激烈的时候，公司为了有效地竞争，需采取强有力的竞争手段，力图促进市场增长。

审查增长战略是否发生在公司产品或市场发展的成长阶段，公司是否设法获取市场资源、努力融通资金、为应付更加激烈的竞争采取更有效的竞争手段。

3. 利润战略的审查

利润战略的目的，是为了最大限度地增加公司现有的资源经济效益的提高。采取此种战略多半在产品或市场发展的成熟阶段。这个阶段的特点是：市场增长变得比较缓慢，竞争也相对稳定。因此，便追求最大的获利能力，以便取得最大的利润。具体审查时要注意到：当产品或市场发展到成熟阶段，公司战略重点就应从市场开发和获取资金转向市场细分和资产利用。公司执行这种战略应做好两件事：第一件事是为了更好地适应市场需求，公司应当重新调整、合理分配现有资源；第二件事是要密切监视公司外部环境的变化，从而及时提出公司进一步发展的行动方案。

审查利润战略是否发生在公司产品或市场发展的成熟阶段，公司是否将经营重心从市场开发和筹集资金转向市场细分与资产利用。

4. 集中战略的审查

这个战略的目的是要重新安排生产经营规模和资金，增进公司的短期盈利和长期效益。采取这种战略一般在产品或市场发展成熟阶段或开始衰退阶段。公司采取这种战略是为了恰如其分地缩小公司经营规模，削减投资总额，并将战略重点集中在具有最大优势的细分市场上。这种战略的具体实施应考虑到公司销售额与行业领先公司销售额的比例关系。如果这个比率在15％或15％以上，则可以采用信中市场战略，相应地调整投资水平；如果销售比率在5％以下，公司则应大幅度削减资金，将市场集中在一定范围内，但又不会被侵占的细分市场上，以防御同业竞争者袭击，同时积聚力量，及时出击。如果公司这样去做有困难，那么，就要考虑是否打算清理业务，准备退出市场。

审查集中战略是否发生在公司产品或市场发展成熟阶段及开始衰退阶段，公司是否开始稳妥地缩小经营规模、减少投资，把战略重点集中于具有最大优势的细分市场上。

5. 转移战略的审查

这种战略的目的，是尽快地阻止和扭转衰退的局面。公司在决定采取这种战略时，应考虑两个问题：

（1）公司还能在长期内获利吗？如果能，那么在长期内继续经营的价值是否大于清理的价值。

（2）引起公司产品或市场发生衰退原因找到没有？是战略本身无效，还是执行战略过程中方法和策略不当？如属于方法、策略不当，则应改进执行，以免公司资源和技术继续受损；如属于战略本身缺陷，则应重新制定新的战略方案，尽力保护执行新战略必备的资源和技术。

在审计过程值得注意的是，不管公司采取什么类型的转变战略，在接近破产的情况下，公司要充分利用现有的资源，大力支持那些会在短期内产生收益的经营活动。

审查转移战略是否发生在公司产品和市场的衰退时期，公司是否考虑改善原战略的执行方法，或考虑重新制定战略方案。

6. 退出战略审查

这种战略的目的，是公司在谨慎地退出市场时，应尽可能多地收回资金。一般可以采取两种方式：一是在退出的过程中尽可能收回一部分资金；二是通过清理或停止经营及早退出市场。公司如果采取这种战略方式可以有三种做法：①削减费用，降低成本；②削减资金；③削减产品。但是，这种做法仅对含较高的可控固定成本的产品比较适宜，而对固定成本较低的产品则难度较大。

审查退出战略是否发生在公司万不得已时，公司是否削减费用、降低成本、减少资金投放、削减产品生产、尽可能收回资金；是否通过清理或停止经营及早退出市场。

中小企业可选择的战略类型有："小而专"或"中而专"的战略；规模扩大化的经营战略；联合经营的成长战略；特色经营战略；补缺经营战略；租赁经营战略；承包经营战略；赶超型或防御型的竞争战略。

战略类型选择审计时通常使用两个标准：一是考虑选择的战略是否发挥了企业的优势，克服劣势，是否利用了机会，将威胁削弱到最低程度；二是考虑选择的战略能否被企业利益相关者所接受。需要指出的是，实际上并不存在最佳的选择标准，管理层和利益相关团体的价值观和期望在很大程度上影响着战略的选择。此外，对战略的审计最终还要落实到战略收益、风险和可行性分析的财务指标上。

（三）公司战略规划实施过程的审计

（1）应判断各职能部门是否制定了与公司发展、公司战略相适应的分层战略。

（2）检查公司内部是否存在灵活的沟通机制，能否保证各职能战略之间的相互支持；实施过程中各种信息的传递是否畅通，能否将相关信息迅速反馈给公司战略制定者。

（3）审查公司战略实施过程是否沿着制定公司战略总目标、分解公司战略具体目标、评价和选择公司战略方案、制定年度目标和财务策略、配置资源、度量和评价业绩的方向进行。

（4）审查公司战略实施的方案、方法、公司保证及控制和报告系统是否健全并顺利实施。

（四）公司战略规划实施结果的审计

（1）审查增加份额战略和增长战略是否带来公司市场份额的增加，是否提高了公司在行业或市场上的地位。

（2）审查利润战略是否带来公司现有资源和经济效益的增长，使利润最大化。

（3）审查集中战略是否带来了公司重新安排生产经营规模的力量，以提高短期盈利和长期效益。

（4）审查转变战略是否控制或扭转了公司的衰退局面。

（5）审查退出战略是否使公司谨慎退出市场并最大限度地收回投资。

（6）评价现任 CEO 及其继任者的公司战略管理能力。

CEO 在公司战略管理中责任重大，他与董事会共同制定公司战略目标，并负责将公司战略目标转化为公司行动。对 CEO 及其继任者公司战略管理能力的评价是公司战略审计中不可缺少的内容。

公司战略管理过程一般划分为确定公司使命和目标、明确战略规划意图、分析公司内外环境以确定公司面临的机会与威胁以及公司相对于这些机会和威胁的优势与劣势（即 SWOT 分析）、制定并选择公司战略、实施战略规划与评估战略规划效果。

五、营销战略的审计

我国作为一个发展中国家，各类企业大都处于高速成长的阶段，故企业战略规划以成长型为主，而以市场为导向的成长型战略规划，主要表现为营销战略。

营销战略是公司为实现公司战略目标涉及的一定时期内市场营销发展的总体设想和方案。它从公司的经营结构、资源结构、营销目标出发，分析市场营销环境状况和可接受的风险限度，和公司的内部、外部条件达到动态的平衡。

营销战略审计的主要内容是公司的营销战略规划，还包括对营销战略与公司战略协调审计，营销目标的审计。营销战略审计要求公司重点评价公司的各种营销目标和战略对当前和未来的营销环境的适应程度。具体内容包括：

（一）制定营销战略的基础审查

公司的营销战略应该建立在对目标、市场、竞争者、内部资源有全面认识的基础上，使营销目标、营销环境和公司资源三者之间达到动态平衡。这是制定营销战略的基础。营销战略基础审计的内容是以下几方面：

1. 营销目标的审查

（1）营销目标是否用明确的目的表述出来了，以便指导营销计划和执行实绩的衡量。

（2）营销目标是否符合国家宏观经济状况，反映市场的需求，并与环境变化趋势保持协调，与公司内部资源的应变能力保持平衡。

（3）营销目标是否全面反映营销的各个环节正常运转，克服单打一倾向，以防止市场脱销或库存积压。

（4）营销目标是否确定优先次序，是否能切实理顺各个目标之间的关系，合理地确定各个目标实现的时间顺序，并能抓住有利时间，引导市场营销向预期目标发展。

（5）营销诸目标是否与竞争地位、资源和机会相适应。

2. **市场机会分析的审查**

（1）是否弄清市场有些什么需求，他们愿意付出多大代价？

（2）是否弄清能为公司在近中期获得最低限度的利润是多少？远期能给公司发展提供什么市场机会？

（3）是否弄清本公司产品和相邻产品的关系，会给产品销售造成多大影响？

3. **竞争者有关情况的审查**

（1）竞争对手的生产规模、地理位置、营销战略以及领导班子的素质和决策风格。

（2）竞争对手的产品组合，包括产品线的构成、产品的技术水平、功能、质量、成本、包装、价格、工艺以及生产效率等等。

（3）竞争对手的市场地位，包括目标市场、销售量及增长率、市场占有率、市场覆盖以及发展新产品、新技术、新工艺的力量。

（4）竞争对手的销售系统，包括销售组织、人员构成、流通渠道的构成、销售网点的分布、各个流通环节的差别，以及各代理商的态度、销售服务项目、服务网点分布等。

（5）竞争对手的促销活动，包括销售策略、推销方式以及广告宣传等。

（6）竞争对手的财务状况，包括其产品成本和价格组成、公司资金来源和占用情况、公司主要经济指标完成情况以及信贷能力和其他筹资能力。

（7）竞争对手的技术素质和管理素质。

（8）竞争对手的自然资源状况、能源供应状况、原料供应渠道以及原料价格变动的承受能力。

（9）潜在竞争对手的有关情况。

4. **内部资源的审查**

（1）产品评价。通过与竞争对手的产品比较，评价本公司产品质量、技术、功能、价格、服务等方面的优缺点，以确定产品赶超目标；对照用户的要求，评价产品满足用户要求的程度，明确产品改进方向；评价产品对公司利润的贡献，多品种生产要弄清每个品种对公司利润贡献的大小和对公司总利润的影响程度；评价产品的前途和风险，即产品的市场需求有没有发展前途，产品在激烈的市场竞争中有没有生存能力，预测各种不利因素对公司会带来什么风险。

（2）职工素质评价。公司职工的素质在很大程度上决定着公司兴衰。因此，必须全面检查了解本公司职工的素质特别要了解关键的技术人员、管理人员和技术工人的情况，以使营销战略能与公司的人力资源相适应。

（3）内部物质条件评价。即对公司营销活动的物质基础进行评价，主要包括公司的生产能力、技术水平、原材料来源、信贷能力、筹款能力和信息灵敏程度。通过这些评价，明确公司在营方面能干些什么。

5. 公司实力和弱点

审查公司实力和弱点的目的，在于认清公司的竞争优势，这是营销战略的核心所在。一般可分四个步骤进行检查：

（1）评价当前公司的市场位置，即在竞争中的位置。

（2）分析公司面临的外部环境，即主要的机会和威胁。

（3）分析公司主要资源的技术。

（4）找出存在的差距。

这里要特别注意怎样正确分析判断其优势或劣势。由于公司的类型不同，产品的批量也不同，所以可分别或综合运用产品寿命周期曲线等分析方法来判断，而判断的重点是产品或市场的发展阶段，而不是行业和吸引力。这是因为，即使行业的吸引力不大，公司处于高度发展的行业之中，如果公司本身经营管理不善，同样不能形成竞争优势。相反，公司虽然处于衰退行业，但由于营销绩效卓越，结果不仅能生存，而且会有良好的经济效益。

（二）营销战略的审查

（1）采用何战略（成本领先、产品差异化、服务差异化、产品或市场集中化等）？

（2）管理层是否能明确的表达其达到营销目标的营销战略？

（3）此战略是否有说服力？

（4）此战略是否适应产品寿命周期的阶段？

（5）此战略是否适应竞争者的战略？

（6）此战略是否适应经济状况？

（三）拓展市场战略的审查

拓展市场战略审查，可以从以下几方面进行：

1. 专业经营战略

公司主管必须具备专业商品知识，对商品的原料、零部件、加工程序、功能特点、使用方式、外形设计、包装形式以及科技艺术化的观念等，都要深入了解。此外，还要熟悉市场状态、市场价格、消费需求、竞争对手等情况。这样，赢得买主的信任，做成更多的生意。

2. 系列经营战略

系统经营就是在专业经营的领域中接连扩展，增加销售金额。公司不是生产单一产品，而是详细规划设计以两种以上个别产品组合而成的系列产品，它的附加价值远比单一产品要大。因此，以单一产品和系列产品两者并进，这是一个有前途的经营方式。

3. 多角经营战略

多角产品的范围不宜太大，多角产品所需的知识及人才必须配备齐全；多角产品的市场发展要具有一定潜力。

4. 合作经营战略

合作经营是一种对合作者双方都有利的一种经营方式。与海外商人结盟在国内或国外生产成型配件，运销海外各地，比整套出口能赚更多的钱。另外，以品牌并列的合作经营方式，也是建立自有品牌的一种有效起点。还有，用国际结盟方式出口，最值得提倡推广。在审查中要注意，公司是否做到：合作者双方利用各自的优势，相辅相成，合作生产，共同销售。

5. 优势经营战略

优势经营就是运用别国或别的厂商所没有的或较弱的经营资源，充分发挥本公司的长处，取得优势效益。

（四）营销策略的审计

（1）是否运用了细分市场的最好根据？

（2）是否运用可靠的准则评价细分市场，并且选择了若干最适当的细分市场？

（3）是否确定了每个目标细分市场的实际轮廓？

（4）是否为每一个目标细分市场制定一个正确的市场定位？

（5）是否为每个目标细分市场制定一个正确营销组合？

（6）营销资源是否被合理的分配给营销组合的各个主要构成要素，即市场质量、服务、销售队伍、广告、促销和分销？

（7）预定用于完成这些营销目标的资源是否足够，还是太多。

案例

大桥项目规划审计[①]

一、PEST 环境分析

对大桥外部环境分析，包括政治（politics）、经济（Economy）、社会（soci-

---

① 浙江大学硕士学位论文：工程项目管理审计的研究与实证分析，作者周文东，导师毛义华。

ety）和技术（Technology）分析四个方面，简称 PEST 分析。

要调查本市的政治、经济状况，经济建设发展方向；本市的社会文化状况，大桥与市容建设是否相符合，当地政府及拟建大桥周围居民对大桥建设的态度；当前国内桥梁设计、施工技术水平状况，相似工程的建设情况。

（一）社会环境、地理条件分析（略）

（二）政治环境分析（略）

（三）经济环境分析（略）

（四）技术环境分析（略）

二、大桥建设必要性的审计

（一）从城市总体规划方面审核（略）

（二）从城市交通、经济发展方面分析审计（略）

（1）城市地理及交通

（2）现有路网概况及存在问题

三、大桥管理控制审计

大桥项目管理控制是落实战略的过程，是战略目标能否实现的保证。管理控制工作一般项目管理者所承担。管理控制审计涉及的主要内容有：①大桥可行性研究的审计—交通量调查的审计；②建设项目的审计—方案、规模、资金筹措审计；③经济评价；④管理机构审计。

（一）交通量调查审计（略）

1. 现实交通情况调查统计（略）

2. 经济状况的调查：国民经济发展统计（略）

3. 未来交通预测：汽车拥有量预测、家庭购轿车预测、饱和交通量计算

年份	2005	2010	2015	2020
过江总量	25207	41133	57164	73705
一桥	6000	8000	8000	8000
二桥	9000	15000	27000	27000
大桥	10207	18133	22164	35000
其他通道				3705

由上表可知，大桥建设现在即有必要，可维持 15 年以上交通通畅。

（二）大桥项目审计

1. 建设条件的审计（略）

2. 技术标准、桥式方案（建设规模）审计（略）

（1）桥面宽度与车道选择审计。

（2）桥式方案选择审计

3. 投资估算及资金筹措审计（略）

（三）经济评价

1. 经济评价效益和费用的范围

经济评价工作是根据国民经济发展规划和有关技术经济政策的要求，结合交通量预测和工程技术研究情况，计算出项目的支出费用和效益，通过方案比较，对项目在经济上的合理性进行分析、论证、作出评价，为项目决策提供依据。大桥这个项目必须进行经济评价。

经济评价可分为国民经济评价和财务评价。国民经济评价是从国家整体的角度研究项目需要国家付出的代价和对国家的贡献，以评价投资行为的经济合理。财务评价是根据国家现行的财税制度和现行价格，分析测算项目的效益和费用，从财务的角度论证项目的获利能力和借款偿还能力等财务状况，对项目可行性进行评价。

大桥项目经济评价效益和费用的范围划分是：为国民经济所作的贡献均计为项目的效益，评价时只计算直接效益——可用货币形式表现的项目产出物的经济价值。

	国民经济评价的费用	国民经济评价的效益
1	建设费	客、货运输成本降低的效益
2	大修费	相关公路减少拥挤导致客、货运输成本下降的效益
3	养护费	公路里程缩短节约的客、货运输费用
4	交通管理费	节约旅客、货物在途时间的价值
5	残值（负值）	减少交通事故而产生的效益

2. 经济参数

采用国家计委颁布的《建设项目经济评价方法与参数》为依据取定，社会折现率为12％，贸易费用率6％，影子汇率1美元＝8.35人民币。建成后预测年限20年，项目建设期2年，评价基年2002年，评价末年2023年。残值取公路工程费用的50％，在评价末年以负值计入费用中。

3. 国民经济评价结果

评价指标	单位	指标值
经济内部收益率（EIRR）	%	19.002
经济净现值（ENPV）	万元	6216
经济投资回收期（ENP）	年	12
经济效益费用比（EBCR）		1.53

国民经济敏感性分析

评价指标	费用与效益变动幅度	
	费用上升10%效益下降10%	费用上升20%效益下降20%
EIRR（%）	15.84	13.04
EBCR	1.26	1.034
ENPV（万元）	3624	2532
N（年）	16	20

4. 国民经济评价结果分析

从上述计算结果表明，从国民经济角度分析，本项目推荐方案内部收益率为1.90%，大于社会折现率，同时敏感性分析，在费用上升20%效益下降20%的最不利情况下，内部收益率仍在13.04%，略大于12%的社会折现率。分析表明本方案不仅具有较好的经济效益，而且具有一定的抗风险能力。

5. 结论

通过以上分析，本项目从国民经济分析出发，可量化部分进行计算，其各经济效益指标均符合国家现行标准，且本项目具有较强抗风险能力，在经济评价中是可行的，经济效益较好。

（四）大桥项目管理组织审计（略）

四、审计建议

立项后要做一个资金准备方案，土地征用方案，以保证开工后资金能顺利筹措。对大桥做一个匡算，要设立一个专用账户，专款专用，资金使用必须定期审计，以保证资金的正常使用。

大桥项目的设计要进行招标，先进行方案设计，通过后再进行施工图设计。设计要有概算，设计概算不能超过预定的匡算。设计前期工作不能省略，尤其是地质勘察，必须按国家规范要求严格执行。

施工图设计后，建议对施工图进行设计审查，邀请科研机构对施工图进行论证，力求使施工图设计更完善、合理、经济。

施工图预算建议采用公路定额。拟建大桥跨度在 260～300 米之间，桩基础深度超过 60 米，桩径要大于 1 米，而且许多施工工艺不适合市政定额，采用公路定额能客观反映大桥造价。但对于材料价格要进一步做市场调查，应考虑运输等因素。

工程招标建议采用工程量清单法，同时要考虑建筑材料的价格波动因素，对主要建筑材料，尤其是对工程造价影响较大的材料如钢材、水泥实行有条件的动态管理，对建筑原材料的质量要有保证措施。招标建议采用双信封法，招标时要考察建筑企业的实力，对企业资质、施工业绩、施工机械，尤其是参加投标的项目经理及项目班子要审核。

大桥工程必须实行监理制，对工程施工实行全过程监督。指挥部要明确职责，作好协调工作，并有保证措施，对业务不作过分干预。

在大桥项目的实施过程中，要进一步开展业务审计，只有全面的全过程地实行管理审计，才能最大限度地发挥管理审计在工程项目中的作用，才能有效地控制投资，取得投资效益的最佳值。

思考题

1. 何谓规划？规划特点有哪些？

2. 经营规划与项目规划有何不同？

3. 如何理解规划审计的含义？

4. 什么是项目？项目规划原则有哪些？

5. 项目规划审计内容包括哪些方面？

6. 美国项目评估分类工具内容有哪些？

7. 何谓公司战略？对公司战略进行审计应从哪些方面入手？

8. 营销战略规划审计内容有哪些？

第四章 管理审计

第一节 人力资源效益审计

人力资源效益是指投入一定的人力资源，所产出的有效成果即产量、产值的多少，或者为生产一定产量、产值的有效成果，所投入的人力资源的多少。

人力资源的投入有两种形式：

（1）人力资源的消耗，如劳动时间的消耗、工资费用、福利费用、奖金和人员培训费用的支出等。

（2）人力资源的占用，如劳动者人数的占用等。

由于投入和产出具有不同的形式，人力资源效益也可以不同的指标来反映，如产值劳动生产率、产量劳动生产率、全员劳动生产率、生产工人劳动生产率等。

一、人力资源利用状况审计

（一）人力资源结构和分布的审查

人力资源结构是指企业的各类员工占全部员工的比重。人力资源分布是指企业员工在生产部门、管理部门、服务部门和各车间、各科室的数量比例。

1. 审查各类人员比例的合理性

企业全体员工按其工作岗位和性质的不同，可分为工人、学徒、工程技术人员、管理人员和其他人员。各类人员占全部人员比重的大小，取决于企业生产类型和规模大小以及机械化、自动化程度的高低。比如高新技术企业中一般技术人员所占的比重在 40% 以上；生产工人员所占的比重在 30% 左右，其中，熟练工人应占生产工人的 90% 以上；管理人员所占比重一般在 30% 左右，其中，中级以上职称的管理人员应占管理人员的 40% 以上。审查时，主要应查明技术人员和熟练工人所占的比重。

人力资源构成情况的审查，主要包括：生产人员配备是否齐全，分布是否合理；非直接生产人员（例如后期服务人员、管理人员和其他人员）是否存在超编过剩、人浮于事的现象；管理人员分工是否明确，责任是否清楚等。审查方法可以采用比较分析法，即分别将各类员工的实际人数、比重和计划人数、比重（或和上期、和同类企业的人数、比重）进行对比，找出差异所在，以确定人员超编或不足的情况。按工作性质审查企业人力资源构成情况，不能说非生产人员比重越少越好。随着科学技术的发展，生产机械化、自动化程度的提高，劳动力的结构也将发生根本的变化。第一线生产工人将会逐渐减少，从事科研、新产品开发的技术人员和企业管理人员的比重会逐渐上升。在评价人力资源结构变动和分布的合理性时，应注意到这种趋势。

2. 审查专业结构的合理性

审查时，主要查证工程技术人员中各专业人数是否和生产要求相适应，各工种工人的人数、比例是否符合生产要求，管理人员中经营、供销、政工人员的比例是否适当。

3. 审查水平结构的合理性

审查水平结构的合理性，就是按技术级别进行分类审查，主要是看高级、中级、初级人员的比例是否合理，人员配备是否称职，是否有高级或高级职称人员从事较简单的工作而造成人力资源的浪费，有无低级或低职称人员从事难以胜任的复杂工作而影响了工作效率。衡量工人整体技术水平的指标是"平均技术等级"，其计算公式如下：

$$平均技术等级 = \frac{\sum（某等级 \times 该级工人人数）}{工人总人数}$$

审查水平结构的合理性；也可以采用比较分析的方法，将平均技术等级指标的实际数与计划数进行比较，确认工人整体技术水平是提高或降低。

（二）人力资源保证程度的审查

人力资源保证程度是指企业配备人力资源的数量和质量以满足生产需要的程度。人力资源的数量过多，往往形成"窝工"现象，造成人力资源浪费；人力资源数量过少，又会导致完不成工作任务。而人力资源的质量不足又会导致工作效率低下、无法实现特定目标等问题。

1. 人力资源数量保证程度的审查

（1）审查劳动定额的合理性

劳动定额是企业合理组织生产劳动的重要依据。主要指工作定额，包括工时定额和产量定额两种。工时定额是指工人为完成某单位产品所需的时间标准，是不应超过的限制数字（例如生产某一零件工时定额为 30 分钟）。产量定额是指单位时间内应完成的产品数量，是应当达到的指标（例如一个工人一天应生产 300

个零件）。

常用的制定劳动定额的方法包括：经验估工法、统计分析法、类推比较法和技术测定法。

劳动定额的审查要点：制定定额的方法是否合适，所制定的定额是否先进合理，是否根据技术水平和工艺要求的变化进行必要的修订。

（2）审查劳动定员的合理性

劳动定员是企业劳动计划工作的基础。企业编制定员的范围，包括企业所有的员工。这些人员按照他们所在的岗位、工作性质、在生产中所起的作用，可以划分为工人、徒工、工种技术人员、管理人员、服务人员和其他人员等。其中，工人可分为直接生产工人和非直接生产工人，或可分为基本生产工人和辅助生产工人。

定员也叫人员配备定额，是一个不应超过的限制数字。定员方法主要有以下几种：

a. 按劳动定额定员。即按照生产任务（或工作量）和劳动效率来制定所需定员的人数。计算公式如下：

$$定员人数 = \frac{每班应完成的工作}{劳动定额 \times 出勤率} \times 每日轮班数$$

b. 按设备定员。即按设备的数量、工人看管定额、设备开动班次来编制定员人数。计算公式如下：

$$定员人数 = \frac{设备台数 \times 每台设备每日开班数}{工人看管定额 \times 出勤率}$$

c. 按岗位设备定员。即按岗位数、各岗位工作量、劳动效率、设备开动班次和出勤率等计算所需人数。计算公式如下：

$$定员人数 = \frac{必须岗位数 \times 每日轮班数}{工人看管岗位定额 \times 出勤率}$$

d. 按比例定员。即按员工总数或某一类人员总数的比例来计算某些非直接生产人员和部分辅助生产人员。计算公式如下：

$$某类人员的定员人数 = 某类人员所占的比例 \times 员工总人数$$

e. 按组织机构、职责范围和业务分工定员。即首先确定企业管理体制和机构，然后确定各部门的业务分工和职责范围，再根据每一部门的业务内容和工作量的大小，来制定定员的编制。

2. 人力资源质量保证程度的审查

劳动力质量保证程度的审查即审查职务与能力的适应程度。在企业中，人的能力与职务（岗位）的关系，基本上有三种情况：职务大于能力、职务等于能力和职务小于能力。

职务等于能力的情况比较理想。但工作时间长了，员工的能力随之增长，就会出现职务小于能力的情况，这时应对他们再压担子（扩充职务责任）。当出现新的能力小于职务的不平衡时，可再通过培训教育，提高他们的能力，使之又达到新的平衡。职务大于能力的情况，表示能力不足，最有利于能力的开发，因为这类人的工作担子重，势必促使他们努力提高自己的能力。企业应加强对这部分人的培训，帮助他们尽快提高自己的能力，向上一种情况转化。

二、劳动生产率审计

劳动生产率是企业劳动率的反映。但并非企业的所有员工都是物质产品的创造者，在企业中，真正创造物质产品的是第一线的生产工人，而生产工人的劳动生产率更能直接反映企业人力利用效果，是增加企业产量的主要途径。所以，要提高全员劳动生产率，关键是提高生产工人的劳动生产率。

（一）劳动生产率的概念

所谓劳动生产率，就是人们在生产中的效率，反映了劳动者的劳动成果同劳动消耗量的比例关系以及劳动者在一定时间内生产产品数量的能力。在实际测算时，往往使用以下测算办法：

1. 按劳动成果形式测算劳动的生产率

按劳动成果形式测算的劳动生产率包括按实物量表现的劳动生产率和按价值量表现的劳动生产率两种。其计算公式如下：

$$实物劳动生产率 = \frac{一定时期产品的实物数量}{耗用总工时（或平均员工人数）}$$

$$产值劳动生产率 = \frac{一定时期内的总产值}{耗用总工时（或平均员工人数）}$$

实物劳动生产率反映了劳动者在单位时间内所生产的产品数量或者平均每位员工在一定时期内生产的产品数量；产值劳动生产率反映了劳动者在单位时间内所生产的产品产值或者平均每位员工在一定时期内生产的产品产值。这两个指标数值越大，意味着劳动者在单位时间内所生产的产品数量（或产值）越多，平均每位员工在一定时间内生产的产品数量（或产值）越多，即员工的劳动效率越高；反之，劳动者在单位时间内所生产的产品数量（或产值）越少，平均每位员工在一定时间内生产的产品数量（或产值）越少，即员工的劳动效率越低。

2. 按劳动耗费形式测算劳动的生产率

按劳动耗费形式测算的劳动生产率有两种表现形式：全员劳动生产率和生产

工人劳动生产率。全员劳动生产率是指　定时期内每位员工平均实现的产值（或实物量），反映了企业全体员工的平均效率；生产工人劳动生产率是指平均每位生产工人在一定时间内生产的产品产量或产值，它反映了企业生产工人单位时间内的生产效率。计算公式如下：

$$全员劳动生产率 = \frac{工业总产值（或实物量）}{全部员工平均人数}$$

$$= \frac{工业总产值（或实物量）}{生产工人平均人数} \times \frac{生产工人平均人数}{全部员工平均人数}$$

$$= 生产工人劳动生产率 \times 生产工人占全部工人的比例$$

$$生产工人劳动生产率 = 人均全年总工作日数 \times 日平均工作数 \times 小时平均产值$$

由上述指标可以看出：提高劳动生产率，意味着单位劳动时间内能获得更多的产品，因此，提高劳动生产率是增加生产、提高经济效益的根本途径。

（二）劳动生产率审计的内容和方法

1. 劳动生产率计划完成情况的审查

审查劳动生产率计划的完成情况，可以采用将劳动生产率指标的实际数与计划数相对比的方法，若实际数高于计划数，说明劳动生产率计划完成得较好；反之，则说明没有完成劳动生产率计划。

2. 生产率变动的审查

全员劳动生产率是企业全体员工劳动效率的综合反映，对全员劳动生产率的变动情况进行审查，研究影响全员劳动生产率计划完成的各项因素，找到提高全员劳动生产率的具体办法。从全员劳动生产率的计算公式可以看出影响因素有两个，即生产工人劳动生产率和生产工人在员工总数中所占比重。

（1）生产工人占全部员工的比例变动的审查

导致生产工人占全部员工的比例变动的因素主要是由于劳动力结构的变化。劳动力结构是企业各类人员占全体员工的比重。在劳动密集型企业，生产工人应该占较大的比例。在员工总人数不变的情况下，非生产工人人数增加，就会导致生产工人所占比例下降。在各类人员人数均有变动的情况下，如果生产工人比例增加的幅度小于非生产工人比例增加的幅度，或者生产工人比例减少的幅度大于非生产工人比例增加的幅度，都会造成生产工人比例的下降。

（2）生产工人劳动生产率变动的审查

影响生产工人劳动生产率变动的因素主要有两个：

a. 劳动时间的利用程度

$$生产工人劳动生产率 = 人均全年总工作日数 \times 日平均工作数 \times 小时平均产值$$

劳动时间是否得到充分利用，将直接影响到生产工人劳动生产率以至全员劳动生产率的提高。

在工作中，造成劳动时间没有得到充分利用的原因主要包括缺勤、停工和班内非生产性活动占用工时，这三者统称为"劳动时间损失"。

发生劳动时间损失，表面上看损失的只是时间，实际上损失的却是经济效益。因此，对于非正常缺勤、计划外停工和班内不必要非生产性活动等必须调查了解发生的原因，并提出减少和消除劳动时间损失的建议和措施。

b. 员工能力的利用程度

人力资源的能力只有实现了合理配置和使用，才能调动各自的积极性，完成组织目标；并保证人才自身的优势和特长得到充分发挥，真正实现组织和员工的双赢。

员工能力的利用程度不仅受组织用人机制的影响，还受物质技术和社会经济两方面因素的影响。采取如下措施，都会促进员工能力的发挥：①提高机械化自动化程度；②采用先进的工艺和工具；③耗用高质量的能源和原材料；④不断提高劳动者素质；⑤有效的激励措施；⑥合理的劳动分工与协作；⑦优化劳动条件和环境。

（三）劳动生产率潜力审查

劳动生产率潜力审查，是突破企业生产现状、赶超同行先进水平、获得更为理想的生产经营效果的有效手段。方法一般有以下两种：

1. 劳动生产率达到先进水平后可增加的产值

劳动生产率达到先进水平后可增加的产值＝（劳动生产率先进水平－本企业劳动生产率实际水平）×本企业员工数

2. 劳动生产率达到先进水平后可节约的劳动力

劳动生产率达到先进水平后可节约的劳动力＝本企业员工人数

$$-\frac{本企业工业总产值}{劳动生产率先进水平}$$

第二节　资金使用效益审计

所谓资金使用效益，就是占用一定量的资金，所产出的有效成果的多少；或是为生产一定数量、质量的有用成果，所占用的资金的多少。

目前我国的资金使用效益与发达国家相比，差距很大。因此，对于我国企业进行资金使用效益的审计很有必要。

一、资金综合使用效益的审查

全部资金是指企业总资产所占用的资金总额，从其来源上看，无非是债权人的权益和投资者的权益；从其占用上看，包括流动资产和长期资产所占用的资金。

全部资金综合使用效益是指权益企业全部资金的使用状况和总体效益水平。进行全部资金综合使用效益的审查，可以从总体上找出资金利用的薄弱环节。全部资金综合使用效益的审查，包括以下三个方面：

（一）资金计划管理情况的审查

资金计划管理情况的好坏是直接影响资金利用效益的一个重要方面。审查时可以着重审查资金计划的合理性；审查资金计划的实际实施情况；审查资金使用上是否采用了归口管理的办法，是否制定了归口管理部门资金占用的控制定额；审查资金管理部门是否定期对资金使用情况进行分析，并采取有力可行的措施来改善资金使用的状况。

（二）资金综合平衡能力的审查

资金的综合平衡能力是企业维持正常经营活动不可缺少的前提，它也反映了企业资金计划管理的能力。审查时，应着重资金的构成情况、增减变动情况以及企业的偿债能力。

（三）资金使用效益的审查

审查资金使用效益，主要从企业的资金周转率、资金利用率、资金占用率和资金利润率指标进行评价，并分析哪些指标对资金使用效益产生影响。

1. 资金周转率指标

资金周转是产生利润的前提，企业只有凭借周而复始的资金周转，才能不断地创造更多利润；而利润又是资金周转的基础，只有创造出更多的利润，资金才能源源不断地加以补充，资金实力才能加强，运用效果才能不断提高。计算公式如下：

$$资金周转率 = \frac{营业收入}{资金占用额}$$

资金周转率越高，表明企业资金运用效率越好，说明提供的产品或服务深受市场或消费者欢迎；相反，说明资金周转就要停滞。

2. 资金利用率指标

该指标反映了资金和生产经营效果的对比关系。计算公式如下：

$$资金利用率 = \frac{生产经营成果}{资金占用额}$$

资金利用率指标反映了企业一定的资金占用所产生的生产经营成果的多少。指标数值越大，表明一定的资金占用所产生的生产经营成果越多，资金使用效益越好；反之，表明资金使用效益越差。

3. 资金占用率指标

它是反映一定生产经营成果所占用资金多少的指标，是资金利用率指标的反指标。计算公式如下：

$$资金占有率 = \frac{资金占用额}{生产经营成果}$$

该指标反映了企业一定的生产经营成果所占用资金的多少。指标数值越小，表明一定的生产经营成果所占用的资金越少，资金的使用效益越好；反之，表明资金的使用效益越差。

4. 资金利润率

资金利润率说明占用一定量的资金所创造的一定量的剩余价值。资金利润率越高，表明企业资金运用的效果越好。可用如下公式计算：

$$资金利润率 = \frac{产出 - 投放}{资金占用额}$$
$$= \frac{利润}{资金占用额}$$
$$= \frac{营业收入}{资金占用额} \times \frac{利润}{营业收入}$$
$$= 资金周转率 \times 销售利润率$$

将企业本期资金利润率与上期或计划进行比较，可以分析资金利润率计划完成的情况和较上期增长的情况，并分析发生差异的原因，为企业进一步挖掘资金使用的潜力、提高经济效益提供有效途径。

二、资金综合周转速度的审查

企业的资金从货币资金投入生产经营开始，到最终转化为货币资金的过程就称之为资金周转。这个过程必须连续不断地进行，如果发生中断，企业的经济活动就无法持续发展，严重时会导致企业倒闭。

（一）审查自有资本比例的适当性

自有资本与周转率的关系可以通过如下公式反映：

$$利息负担率 = \frac{营业收入}{总资本}$$

$$= \frac{营业收入}{利润} \times \frac{外来资本}{总资本} \times \frac{利息}{外来资本}$$

$$= \frac{营来收入}{利润} \times \frac{总资本 - 自有资本}{总资本} \times \frac{利息}{外来资本}$$

$$= \frac{利润 \times (1 \times 自有资本比率)}{总资本周转率}$$

这个公式表明：利率越高，利息负担率越高；自有资本比重越小，利息负担率越高；总资本周转率越低，利息负担率越高。在利息负担率一定的情况下，自有资本比率与总资本周转率是一种同向变动关系。因此，企业能否控制利息负担，则取决于其自有资本比例的大小。

（二）审查固定资产投资是否过大

固定资产投资过大是造成资金周转缓慢的另一个原因。在审查固定资产投资是否过大时，可以将固定资产实际投资水平与计划水平、上期水平进行比较，分析变化是否异常。解决固定资产投资过大可以采取如下措施：利用长期资本进行设备投资；处置闲置的资产；利用外包或租赁的方法；卖掉投资证券等。

（三）审查库存资产的合理性

库存资产过大，会引起资金周转困难。企业太多的资金被库存资金占用，会使整个流通过程的速度减慢，资金经过生产经营环节的次数就会减少。

若有库存剩余的情形发生，应按各类商品的种类，审查其库存管理是否完善。包括的主要步骤有：先"整顿仓库"，要正确划分必需物和非必需物；再"掌握库存"，根据每个月的实物盘点和库存簿，精确地掌握库存量；"修正库存标准"，将各成品依过去的出库量拟订适当的库存标准，并加以控制调整。

（四）审查赊销款的收回效果

赊销款过大是导致企业资金周转失灵的另一个主要原因。许多企业因贷款无法追回，导致运作成本增加，资金周转困难，最终被迫歇业。

赊销款回收效果的审查包括以下两方面内容。

1. 回收率和回收期限的审查

$$回收率 = \frac{回收款额}{应收款额}$$

$$回收期限 = \frac{应收票据总额 + 应收账款}{日平均销售额}$$

利用这两个指标来审查时，还应结合比较分析的方法，将实际的回收率、回收期限与预计数、上期数比较。

2. 企业信用政策的审查

企业信用政策包括信用标准、信用期限和收账政策三方面内容。

信用标准是确定是否向客户赊销的判断标准。通常情况下，信用标准越严格，销售收入越少，但坏账损失也减少；反之，销售收入增加，坏账损失也增加。

信用期限是指企业为客户规定的付款期限。一般而言，信用期限越长，销售量越大，发生坏账的可能性也越大；反之，信用期限越短，销售量越少，但各项成本也随之减少。

收账政策是针对客户违反信用条件的情况采取的策略。积极的收账政策需要的费用较多，但坏账损失会减少；消极的收账政策所需费用少，但效果不明显，坏账损失变化不大。

三、流动资金周转状况审查

流动资金周转速度快，会相对节约流动资金，相当于扩大了企业的资金收入，增强企业盈利能力；反之，流动资金周转速度慢，为了维持企业的正常经营，就需要不断地补充流动资金，需要投入更多资源。

流动资金周转率是分析流动资金周转状况的一个综合指标，具体表现为周转次数和周转天数两个方面的指标。计算公式如下：

$$流动资金周转率次数 = \frac{销售收入}{流动资金平均余额}$$

$$流动资金周转天数 = \frac{分析期天数}{流动资金周转率次数}$$

从流动资金周转率的计算公式中可以看出：流动资金的增加或者销售收入的减少，都会造成流动资金周转缓慢。审计人员应注意在各种不同情况下分析问题的成因，确定审查的重点。

（1）销售额没有完成计划。若流动资金占用数没有大幅度的增减，则审查的重点应为销售收入计划的完成程度及原因分析。

（2）流动资金占用数增加，但销售额没有对应地或更大增加。若流动资金的增加并未实现产销增加，则审查的重点应为流动资金使用方向及结果分析。

（3）动资金占用数有所减少，但销售额减少的幅度更大，甚至有继续降低的趋势。这反映企业生产的产品不为社会所需，则审查的重点为企业经营方向和产品结构的合理性问题。

流动资金的周转要经过供应、生产、销售三个阶段，阶段流动资金周转直接影响着全部流动资金的周转。相关计算公式有如下几个：

$$储备资金周转率 = \frac{材料消耗定额}{材料平均库存}$$

该指标反映了储备资金在一定时期内的周转次数。储备资金周转次数越多，意味着储备资金转化为生产资金的速度越快，运用效果越好；反之，意味着储备资金转化为生产资金的速度越慢，运用效果越差。一般而言，导致储备资金周转慢的主要原因是原材料储备过程中的时间浪费以及原材料的采购时间长。解决这个问题需要合理确定原材料的采购量、订货点，还需要选择合适的供应商。

$$生产资金周转率 = \frac{当期完工产品总成本}{在产品平均库存}$$

该指标反映了生产资金在一定时期内的周转次数。生产资金周转次数越多，意味着生产资金转化为成品资金的速度越快，运用效果越好；反之，意味着生产资金转化为成品资金的速度越慢，运用效果越差。一般而言，导致生产资金周转慢的主要原因是生产过程中发生了时间浪费。解决这个问题需要提高劳动者积极性、合理组织生产、采用先进的技术设备。

$$成品资金周转率 = \frac{产品销售成本总额}{产成品平均库存}$$

该指标反映了产品资金在一定时期内的周转次数。成品资金周转次数越多，意味着成品资金转化为货币资金或结算资金的速度越快，运用效果越好；反之，意味着成品资金转化为货币资金或结算资金的速度越慢，运用效果越差。一般而言，导致成品资金周转慢的主要原因包括供需不平衡、销售渠道不畅通以及流转路线不合理。解决这个问题需要采取的措施有：一是正确处理供需矛盾，改善供需关系，实现供需平衡；二是选择适宜的销售渠道和运输路线，用最经济和最有效率的方式把产品及时输送到潜在顾客需要购买货物的地点。

$$结算资金周转率 = \frac{产品销售收入总额}{应收账款平均余额}$$

该指标反映了结算资金在一定时期内的周转次数。结算资金周转次数越多，意味着结算资金转化为货币资金的速度越快，运用效果越好；反之，意味着结算资金转化为货币资金的速度越慢，运用效果越差。一般而言，导致结算资金周转慢是由于不合理的赊销以及应收账款管理不善所造成。解决这个问题需要采取的措施有：收集情报，了解客户的信誉和偿债能力；建立业务员的考核与激励机制；评估信用风险；交易中采用附条件买卖方式；加强款项的催收。

审查各阶段流动资金的周转速度，可以寻找出影响整个企业资金利用效果的薄弱环节，有针对性地提出相应措施，改善企业的流动资金使用效益。

第三节　设备和原材料利用效益审计

设备、原材料是企业进行生产经营必须具备的物质资源。因此，对设备、原材料利用情况进行审查分析，充分挖掘其利用潜力，是促进企业不断提高经济效益的重要途径。

一、设备利用效益审计

（一）设备使用状况的审查

合理地使用设备，可以减轻磨损，保持良好的性能和应有的精度，从而充分发挥设备应有的生产效率。使用状况的审查包括以下内容：

（1）审查企业是否根据设备特点，恰当安排任务。

（2）审查企业是否为设备配备相应的操作工人，并要求操作者熟悉并掌握设备的结构、性能、加工范围和维护保养技术。

（3）审查企业是否为机器设备创造良好的工作环境。不仅对高精度设备的温度、湿度、防尘等应有严格的控制，对于普通的设备也要创造适当的条件。

（4）审查企业是否制定有关设备维护和检修的规章制度。

（二）设备综合利用效果的审查

1. 设备数量利用程度的审查

设备数量利用程度的审查可通过"设备生产率"指标进行评价，计算公式如下：

$$设备生产率 = \frac{产品产量（或定额工时）}{使用设备平均数量}$$

该指标反映了单台设备在一定时期内平均完成的产出量（或工作量），直接衡量设备利用效果的优劣。审查时一般进行不同时期的对比、实际与计划对比、本企业与同行业对比，揭示差异，进一步审查造成差异的原因，发现问题，提出建议。

通常情况下，设备没有得到充分利用主要有以下几个方面的原因。没有根据生产运作的需要，盲目购建或租赁机器设备，导致设备闲置不用；生产技术落后、设备陈旧；有些设备超负荷运转，不能定期维修，保养不善；生产任务不足，全年大修或停工待料。

审查分析究竟是何种原因造成的机器设备利用程度不足，还需进一步测算以下指标：

$$现有设备安装率 = \frac{已安装设备数}{现有设备数} \times 100\%$$

$$已安装设备完好率 = \frac{完好设备数}{已安装设备数} \times 100\%$$

$$完好设备利用率 = \frac{实际使用设备数}{完好设备数} \times 100\%$$

$$现有设备使用率 = \frac{实际使用设备数}{现有设备数} \times 100\%$$

$$= 现有设备安装率 \times 已安装设备完好率 \times 完好设备利用率$$

通过上述指标分解，审计人员根据不同原因，提出使用多余设备、培训技术力量、落实生产条件、加快检修速度等建议，促使企业提高设备利用程度。

2. 设备时间利用程度的审查

反映设备时间利用程度的指标主要有：

$$设备日历时间利用率 = \frac{实际总台时}{日历总台时} \times 100\%$$

$$设备制度时间利用率 = \frac{实际总台时}{制度总台时} \times 100\%$$

$$设备计划作业时间利用率 = \frac{实际总台时}{以实际使用设备计算的计划总台时} \times 100\%$$

审查时，可以将设备的时间利用率指标的实际数与计划数或前期数进行比较，以便分析企业设备时间利用的变动情况。

3. 提高生产设备利用效果的措施

审查生产设备的利用效果，有非常积极的意义。企业应结合本单位的实际情况，评价生产设备的利用状况，挖掘潜力，不断提高设备的利用水平，促进企业经济效益的增加。

可以缩短设备的安装、调试时间；可以从四个方面做好设备的日常管理工作：一是做到合理使用生产设备，二是配备与机器相适应的操作工人，三是有一个良好的工作环境，四是制定有关的规章制度；可以努力提高生产工人的技术操作水平，不断降低企业产品的废品率；尽量压缩生产设备的非生产时间；减少企业闲置的生产设备；缩短加工劳动对象的时间。

（三）设备综合经济效益的审查

设备综合经济效益，是指设备的占用价值和消耗价值与所产出的生产成果之比。对其审查，可通过设备折旧产值率及设备占用产值率等指标进行。

$$设备折旧产值率 = \frac{本期总产值}{本期生产设备折旧额} \times 100\%$$

$$设备占用产值率 = \frac{本期总产值}{本期生产设备平均总值} \times 100\%$$

上述两个指标数值越大，说明占用一定量的生产设备产出的生产成果越多，固定资产的利用越充分，其综合经济效益越好。

二、原材料利用效益审计

在我国工业企业中，原材料、燃料、辅助材料等劳动对象的消耗，一般占产品成本的80％左右。所以，提高材料利用程度，降低消耗，对降低成本、增加利润、提高经济效益至关重要。

（一）原材料消耗情况的审查

考核原材料消耗情况的指标主要有三个：单位产品原材料消耗量、材料消耗定额完成率和原材料利用率。

1. 单位产品原材料消耗量的审查

单位产品原材料消耗量（简称单耗）是指生产每单位产品平均消耗某种原材料的数量。其计算公式为：

$$单位产品原材料消耗量 = \frac{某产品原材料消耗量}{该产品产量}$$

一般情况下，单耗越低越好。审查时应将实际单耗和计划单耗相比较，或与以前某期的单耗比较，或与同行业的先进指标比较。通过比较，可以看出单耗是降低还是提高；进而分析原因，挖掘降低单耗、提高材料利用水平的潜力。

2. 材料消耗定额制定的审查

材料消耗定额是指在一定生产技术和组织条件下，为制造单位产品或完成单位工作量所规定的必需消耗的材料数量标准。制造一件产品或完成单位工作量需要消耗多少物资，取决于一系列因素。同一种产品或者同一项工作，由于不同时间、不同地点和不同单位的生产技术与组织条件不同，就会有不同的消耗水平。

科学的消耗定额是企业对材料进行日常控制的依据。审查可以从以下三方面进行：

（1）审查材料消耗定额的制定方法是否科学

材料消耗定额的制定方法主要有四种：经验估算法、统计分析法、实际测定法和技术分析法。

（2）审查材料消耗定额中的材料消耗的构成内容是否全面

制定材料消耗定额，要仔细分析材料消耗与消耗定额的构成，以及各构成部分之间的相互关系。

材料消耗的构成通常包括以下三个部分：有效的消耗、合理的工艺损耗和非工艺性损耗。对于有效消耗应严格按照产品的设计要求制定消耗定额，并按照要求给料，不允许由于片面追求效益而偷工减料；工艺消耗和非工艺消耗虽不可避免，但应严格控制。

（3）审查材料消耗定额的计算是否准确

材料消耗定额可按下列公式计算：

单位产品材料消耗定额＝单位产品净重＋各种工艺性损耗的总量总和

或者：

单位产品材料消耗定额＝单位产品净重×（1＋各种工艺性损耗占产品净重的百分比）

材料供应定额与材料消耗定额有所不同，材料供应定额不仅要考虑材料消耗定额，还应考虑到非工艺性损耗的问题。因为非工艺性损耗虽然是由于工作中的缺点造成，但是在一定的生产技术组织条件下，有些非工艺性损耗又难以完全避免。为了保证生产的需要，就需要在材料消耗定额的基础上，按一定比例加上这部分损耗。材料供应定额的确定方法如下：

材料供应定额＝工艺消耗定额×（1＋材料供应系数）

$$材料供应系数＝\frac{单位产品（零件）非工艺性损耗}{工艺消耗定额}$$

3. 材料消耗定额完成程度的审查

$$材料消耗定额完成程度＝\frac{实际单耗}{消耗定额}×100\%$$

通过上式计算出的百分比越低越好，如超过 100%，就说明实际单耗超过了消耗定额，超支了材料。

4. 原材料利用率的审查

$$原材料利用率＝\frac{产品中包含的材料数量}{生产该产品的材料消耗总量}×100\%$$

材料利用率越高越好，利用率高说明材料损失的程度低。审查时应将该指标的实际数与计划数进行比较、与前期数比较、与同行业先进水平比较，并进一步检查研究材料利用率变动的原因。

一般而言，导致材料利用率变动的原因主要有：产品设计以及加工工艺方法的变动；材料配方和材料质量的变动；机器设备性能的变化；生产工人技术水平状况。

找出影响材料利用率变动的具体原因，以便对症下药，提出切实可行的改进意见。

（二）材料综合利用效益的审查

材料综合利用，就是开发材料利用的多种效能，变无用为有用，变小用为大用，变有害为有利，使企业的材料利用由一项利用发展为多项利用，由单一利用发展到广泛利用，使废料转化为有用材料，从而达到广开材料来源、增加产品品种、提高经济效益的目的。

（1）通过计算增加的副产品产值，与主、副产品产值对比，确定主、副产品产值的比率，间接反映企业在原材料综合利用方面的规模，计算公式如下：

$$主、副产品产值比率 = \frac{副产品产值}{主要产品产值} \times 100\%$$

（2）审查企业为生产各种副产品而获得的纯收入，确定企业所取得的经济效益，计算公式如下：

$$生产副产品的纯收入 = 副产品销售收入 - （废料价值 + 副产品加工费用）$$

（3）审查企业通过原材料的综合利用，节约人力、物力，减少消耗、降低成本的经济效果。

综合利用的原材料，绝大部分是生产的排出物，是经过人们反复加工的物质，凝聚着许多活劳动。如果回炉利用并制造产品，可以大大减少活劳动的消耗。例如，机械工业生产排出的金属切屑、氧化铁皮、边角碎料等，就可以充分利用，节省许多劳动消耗。这种综合利用的经济效果，具体表现为节约多少人力、物力，降低多少产品成本。

第四节　风险管理审计

由于各种不确定性因素，企业面临着各种风险，对风险进行有效的管理和控制，是企业能否生存发展、实现企业预期目标的关键。企业风险管理的有效性在一定程度上取决于企业对风险管理工作的监督和评价。因此，无论是国际内部审计师协会对内部审计的定义，还是我国的内部审计准则都强调了内部审计在企业风险管理中的重要性。

一、风险管理审计的含义

（一）风险管理

企业风险管理是指企业通过对潜在的意外或损失的识别、衡量和分析，并在此基础上进行有效的控制，用最经济合理的方法处理风险，以实现最大安全保障的科学管理方法。风险管理作为一种特殊的管理功能，它是为人类追求安全和幸福的目标，结合前人的经验和近代的科学成就而发展起来的一门新的管理科学。

美国学者克里斯蒂（James·C.Cristy）认为风险管理是企业或组织为控制偶然损失的风险，以保全所得能力和资产所做的一切努力；另外两位美国学者威廉斯（C.Arthur Williams Jr.）和理查德·汉斯（Richard·M.Heins）认为，风险管理是通过对风险的鉴定、衡量和控制，以最低的成本使风险所造成的损失控制在最低程度的管理方法。

COSO于2004年颁布的《企业风险管理框架》中指出："企业风险管理是一个受实体的董事会、管理层和其他员工影响的过程，应用于战略制定和整个企业当中，用于识别可能对实体造成潜在影响的事件，并在组织风险偏好范围内管理风险，从而为组织目标的实现提供合理的保证。"

我国内部审计协会2005年发布的内部审计具体准则16号——《风险管理审计》中指出："风险管理，是对影响组织目标实现的各种不确定性事件进行识别与评估，并采取应对措施将其影响控制在可接受范围内的过程。风险管理旨在为组织目标的实现提供合理保证。"

（二）风险管理审计

风险管理审计始于20世纪末21世纪初，随着风险管理导向内部控制时代的来临，风险管理成为内部审计关注的重点。以毕马威为代表的国际大会计事务所联合学术界对审计基本方法进行研究，开发出风险管理审计。这是一种新的审计模式，也有学者称之为风险审计或现代风险导向审计。它不仅关注传统的内部控制，而且更加关注有效的风险管理机制。内部审计人员通过对当前的风险分析确保其审计计划与经营计划相一致。

从国际上看，风险管理成为企业组织中的关键流程，促使内部审计的工作重点不再是测试控制，而是确认风险及测试管理风险的方法。顺应于内部审计理论及实务的变化，在1999年IIA对内部审计做出了一个具有变革意义的新定义："内部审计是一种独立、客观的确认与咨询活动，它的目的是为组织增加价值并提高组织的运营效率。它通过采取系统化、规范化的方法，评价风险管理、风险控制及其治理程序，提高它们的效率，从而帮助实现组织的目标。"2001年的

IIA 修订版《内部审计实务标准》对内部审计的界定是："内部审计是一种独立、客观的保证与咨询活动；其目的是为机构增加价值并提高机构的运作效率，它采用一种系统化、规范化的方法来对机构的风险管理、控制及监督过程进行评价进而提高它们的效率，帮助机构实现目标"。2004 年 IIA 重新修订的《国际内部审计专业实务标准》中规定内部审计是"一种独立、客观的确认和咨询活动，在增加价值和改善组织的运营，它通过应用系统的、规范的方法，评价并改善风险管理、控制和治理过程的效果，帮助组织实现其目标"。从对 2004 年与 2001 年的定义比较可以看出，审计的工作范围扩大为"评价和改进风险管理、控制和治理过程的效果"，反映了内部审计的发展趋势和客观要求。IIA 多年来一直积极倡导内部审计参与风险管理，它认为内部审计为组织提供价值的两个非常重要的途径是对风险管理的充分性和对风险管理及内部控制框架的有效性提供保证服务。

我国内部审计具体准则 16 号《风险管理审计》规定："内部审计机构和人员应当充分了解组织的风险管理过程，审查和评价其适当性和有效性，并提出改进建议。"由此，风险管理审计的对象是组织的风险管理过程，审计的目的是评价组织风险管理过程的适当性和有效性，提出改进建议以帮助组织实现其目标。

二、企业风险管理审计的内容

风险管理包括组织整体及职能部门两个层面。内部审计人员既可对组织整体的风险管理进行审查与评价，也可对职能部门的风险管理进行审查与评价。企业风险管理审计应当包括以下方面的内容：

（一）风险管理机制的审查与评价

企业的风险管理机制是企业进行风险管理的基础，良好的风险管理机制是企业风险管理是否有效的前提。因此，内部审计部门或人员需要审查以下方面，以确定企业风险管理机制的健全性及有效性。包括：

1. 审查风险管理组织机构的健全性

企业必须根据规模大小、管理水平、风险程度以及生产经营的性质等方面的特点，在全体员工参与合作和专业管理相结合的基础上，建立一个包括风险管理负责人、一般专业管理人、非专业风险管理人和外部的风险管理服务等规范化风险管理的组织体系。该体系应根据风险产生的原因和阶段不断地进行动态调整，并通过健全的制度来明确相互之间的责、权、利，使企业的风险管理体系成为一个有机整体。

2. 审查风险管理程序的合理性

企业风险管理机构应当采用适当的风险管理程序，以确保风险管理的有效性。

3. 审查风险预警系统的存在及有效性

企业进行风险管理的目的是避免风险、减少风险，因此，风险管理的首要工作是建立风险预警系统，即通过对风险进行科学的预测分析，预计可能发生的风险，并提醒有关部门采取有力的措施。企业的风险管理机构和人员应密切注意与本企业相关的各种内外因素的变化发展趋势，从对因素变化的动态中分析预测企业可能发生的风险，进行风险预警。

（二）风险识别的充分性及有效性审查

内部审计人员应当实施必要的审计程序，对风险识别过程进行审查与评价，重点关注组织面临的内、外部风险是否已得到充分、适当的确认。

1. 外部风险

外部风险是指外部环境中对组织目标的实现产生影响的不确定性，其主要来源于以下因素：

（1）国家法律、法令及政策的变化。

（2）经济环境的变化。

（3）科学技术的快速发展。

（4）行业竞争、资源市场变化。

（5）自然灾害及意外事件等。

2. 内部风险

内部风险是指内部环境中对组织目标的实现产生影响的不确定性，其主要来源于以下因素：

（1）法人治理结构的缺陷。

（2）决策失误。

（3）内控制度不健全或执行不力。

（4）信息系统的故障或中断。

（5）管理层员工的道德不良、业务素质低。

（6）企业过度扩张、管理失控等等。

3. 审查风险识别方法的适当性

识别风险是风险管理的基础。风险管理人员应在进行了实地调查研究之后，运用各种方法对尚未发生的、潜在的、及存在的各种风险进行系统的归类，并总结出企业面临的各种风险。风险识别方法所要解决的主要问题是：采取一定的方法分析风险因素、风险的性质以及潜在后果。

需要注意是，风险管理的理论和实务证明没有任何一种方法的功能是万能的，进行风险识别方法的适当性审查和评价时，必须注重分析企业风险管理部门是否将各种方法相互融通、相互结合地运用。

（三）风险评估方法的适当性及有效性审查

内部审计人员应当实施必要的审计程序，对风险评估过程进行审查与评价，并重点关注风险发生的可能性和风险对组织目标的实现产生影响的严重程度两个要素。同时，内部审计人员应当充分了解风险评估的方法，并对管理层所采用的风险评估方法的适当性和有效性进行审查。

1. 内部审计人员应当对管理层所采用的风险评估方法进行审查，并重点考虑以下因素：

（1）已识别的风险的特征。

（2）相关历史数据的充分性与可靠性。

（3）管理层进行风险评估的技术能力。

（4）成本效益的考核与衡量等。

2. 审查风险评估方法应当遵循的原则

内部审计人员在评价风险评估方法的适当性和有效性时，应当遵循以下原则：

（1）定性方法的采用需要充分考虑相关部门或人员的意见，以提高评估结果的客观性。

（2）在风险难以量化、定量评价所需数据难以获取时，一般应采用定性方法。

（3）定量方法一般情况下会比定性方法提供更为客观的评估结果。

（四）风险应对措施适当性和有效性审查

内部审计人员应当实施适当的审计程序，对风险应对措施进行审查。

内部审计人员在评价风险应对措施的适当性和有效性时，应当考虑以下因素：

（1）采取风险应对措施之后的剩余风险水平是否在组织可以接受的范围之内。

（2）采取的风险应对措施是否适合本组织的经营、管理特点。

（3）成本效益的考核与衡量等。

四、管理风险预警与应对措施审查

管理预警是根据企业生产经营的实践活动过程与结果是否满足企业目标或管理目标的预期要求，来确定企业运行处于"顺境"或"逆境"状态，并由此做出对策的管理活动。管理预警是对企业内部管理波动和管理失误进行监测与评价，以此明确并预控企业的运行状态和管理行为的结果，监测对象主要是企业管理组织周期活动，企业管理职能体系的运行状态和企业组织沟通质量及部门管理行为，即企业管理系统的功能可靠性和运行秩序可控性。

就管理风险审计而言，管理风险预警与应对措施审查，就是要审查企业管理预警指标、预警线的设置、应对措施的选择以及执行情况。

企业管理预警指标、预警线的设置，既是确定管理风险审计标准的前提，又是发现被审单位风险管理缺陷时提供管理建议的基础。

以下列出较为基础的几类管理风险预警指标与预警线设置的设想方案以供参考。

（一）人力资源管理风险预警与应对

人力资源管理风险预警，是指企业人力资源管理系统防止、纠正或回避人力资源管理失误与人力资源管理波动方面所具有的一种功能，它是保证企业人力资源管理系统功能与秩序处于可靠、可控状态的"安全"能力，其目标是使人力资源管理活动中的不安全行为和不安全管理过程处于被监视之下，为制止人力资源逆境提供一种人力资源管理模式和行动方式。

1. 人力资源管理风险预警指标体系

表 4 - 1　人力资源管理风险预警指标体系[①]

一级指标	二级指标	预警线
招聘风险	招聘收益—成本比 满员率 中高低人员招聘到岗率	低于同行业平均水平10% 低于10% 3个月低于80%
人力资源规划与开发风险	人员的重叠度 员工素质与岗位匹配度 中老年员工所占比率 人均受训率 人均受训费用支出	低于满员率 低于70% 超过50% 低于同行业平均水平10% 低于同行业平均水平10%

---

① 张明亲，谢立仁．企业人力资源管理风险预警指标体系的研究．西安工业学院学报，2004（12）．

一级指标	二级指标	预警线
员工使用与管理风险	缺勤率 人均劳动生产率 人员冲突频度 不公平感 员工满意度 人员流失率 关键人员离职率	迟到/早退率大于3% 低于同行业正常标准 大于6次/月 大于25% 低于75% 大于25% 大于15%
薪酬保障风险	劳动纠纷案件率 工伤事故率 工伤事故损失率 从业人员福利保健率	高于同行业平均水平5% 高于同行业平均水平5% 高于同行业平均水平5% 低于同行业平均水平5%

2. 人力资源管理风险应对

（1）建立科学的招聘标准、规则和程序，才能使招聘工作走出误区，走入科学管理的轨道。首先，招聘企业要分析自己企业的规模、行业特点、发展时期、制定相应的招聘标准。其次，在招聘前要细化岗位职责。细化岗位职责能够使受聘人员将来工作有章可循，工作任务完成如何自己可以掌握，也便于企业评价和管理。三是确定考核程序，制定考核内容，在按程序进行考核后，择优录取。

（2）重视员工的培训，划拨专门经费对员工进行继续工程教育，以提高员工的素质，增强企业的竞争能力。

（3）建立员工绩效评价机制，量化考评标准。

（4）创造有利于员工才能发挥的环境，企业吸引、留住人才的关键在于充分认识和体现员工的价值。规范制度、工作流程、岗位职责、激励机制等基础工作，加强技术资料与客户资料的管理和备份，使员工流失的损失减少到最低程度。

（5）平等沟通。平等沟通能激发员工的创造性，培养员工的归属感，消除员工的不满情绪，将矛盾消失在萌芽状态之中，达到稳定员工的目的。领导者要通过主动沟通将个人魅力与团队整体融合，创造一种和谐的企业凝聚力。

（6）报酬公开、公正、合理。

（7）完善企业内部流动和竞争机制。

（8）激励与员工能力（绩效）相吻合

（二）固定资产管理风险预警与应对

1. 固定资产管理风险预警指标体系

表4-2　固定资产管理风险预警指标体系

预警指标	合理区间	实际值获取	备注
内部收益率	根据筹资成本、专家意见、行业数据比较确定。	可行性报告	用于论证项目
论证内部收益率差异率	（论证IRR－可研报告IRR）/可研报告IRR，根据项目风险和企业承受能力确定。	调查、专家论证、专业咨询。	用于判断可研报告的可靠性
项目严重虚假信息和失误数量	一般为0，根据现象性质列举。	收集信息	用于论证
资金需求变化率	（实际需求－计划需求）/计划资金需求，一般可在20%幅度内。	资金申请时	用于计划和付款
不合格	标准为0	验收时发现	事前控制
固定资产成新率	净值/原值，根据行业数据	报表获取	
固定资产闲置率	闲置资产原值/固定资产原值，根据企业历史和行业数据	调查取得	使用效果
固定资产周转率	根据历史趋势和行业资料确定	从账表中获取	
固定资产与股东权益比率	参照财务分析预警	同上	稳健的财务结构
固定资产与长期资金的比率	同上固定资产/（长期借款＋权益资金）	同上	
固定资产与流动资产比率	根据历史、行业和经验判断	同上	保持合理比率
固定资产保险率	应为1实际投保/固定资产总额	根据统计数据	及时投保
重要固定资产维修费用增长率	根据ABC分类法，大幅度增长预警	根据明细账	加强维护和保养
重大责任事故损失额	根据金额	发生时	及时妥善处理

2. 固定资产管理风险预警应对

（1）固定资产的购建要充分论证，进行科学的市场调研，财务部门要编制资金需求计划和供应计划。

（2）规范采购流程，比质比价招标采购，加强对固定资产的验收管理。

（3）企业应对固定资产及时足额投保，由专门的部门或人员负责固定资产投保事宜，避免不必要的损失。

（4）采取科学的折旧方法，财务上准确及时体现资金变化。

（5）固定资产要及时维护和保养，提高固定资产的使用效率。

（6）盘活闲置固定资产。

（7）优化固定资产购置中资金来源的结构，保持合理的固定资产与长期资金的比率。

（三）货币资金风险预警与应对

1. 货币资金风险预警指标体系

在制定货币资金预警指标之前，我们借用宏观货币政策的概念，定义以下几个指标。

N1 为会计中的现金、银行存款（含定期存款）和其他可随时自由支配的资金。一般为会计概念中的现金、银行存款和其他货币资金。

N2 为在 N1 的基础上，加上企业正常情况下可在两天之内转变为可随时用于支付的资产如股票、国库券等以及银行承兑汇票。这些资产必须是企业作为货币资金的一种临时存放方式，而不是企业生产经营中的其他资产。

N3 为在 N2 的基础上，加上企业可随时在银行透支或在两天内筹资到位的资金，如协议最高透支额、剩余可随时使用的授信额度等。

表 4-3　货币资金预警指标一览表

预警指标	标准值或合理波动区间	实际值获取	备注
收入变化率	根据经验或比较分析法	差异或计划额	建议 20%
支出变化率	根据经验或比较分析法	差异或计划额	同上
筹资变化率	同上	同上	同上
不可预见支出额	根据经验确定金额或比例	大额支出申请	
N1	根据经验、成本分析模式、随机方法确定	根据资金统计表	
N2	同上	同上	
N3	同上	根据统计表和有关人员估计	

预警指标	标准值或合理波动区间	实际值获取	备注
盘点对账差异率（额）	根据经验确定	盘点对账时计算	
内控失效次数	根据内控要求，如透支等	发现次数	
大额现金安全	根据经验或条件确定	调查落实	
不明款项	发生次数或金额	发现时	
账户安全性	被封	发现苗头	提前反应

货币资金预警特别重视其前馈性的要求。如关于账户安全性问题，应当在公司发生诉讼事件或行政处罚时就应该报警；再如，企业还款资金到期前一周没有落实时，也应该报警。

2. 货币资金风险预警的一般对策

货币资金管理一般集中在财务部门，其警报发出和处理也应由财务部门负责。其主要对策见表4-4：

表4-4 货币资金预警对策一览表

预警项目	一般对策
收入预测不准	优化客户关系管理，提高销售工作深度，把握市场脉搏
支出变化大	优化资源配置，搞好项目管理，加强内部信息沟通
筹资变化	加强资金计划，建立与银行等融资机构的长期合作关系，保持一到两家的非常关系，以备不测
大额支出	加强计划管理，建立保险资金储备
N1	保持一定的保险储备
N2	保持与银行的友好合作和默契，加强攻关，保持与融资机构主要负责人的关系和沟通
N3	拓宽融资渠道，创新融资方式，居安思危
大额现金	优化改善结算方式，加强安全设施
内控失效	交易分开、定期轮岗或强行休岗，加强审计监督，严肃处理
账户被封	关注诉讼事件、或有事项进展，加强内部沟通，建立与银行的友好合作和默契，及时沟通，建立隐蔽账户等

（四）组织管理风险预警与应对

1. 组织管理风险预警指标体系

表4-5　财务组织预警指标一览表

分类	指标	警情预报
管理结构	管理人员比率	根据行业平均水平或通行的标准并结合本企业的特点制定不同警情的警戒线
	专业人员比率	同上
功能分配	管理功能完备率	结合本企业的发展战略和组织战略制定不同警情的警戒线
管理规范	管理制度完备率	根据本行业和本企业的实际情况制定不同警情的警戒线
	规章制度合理率	同上
信息沟通	信息实时共享率	以管理信息化的规范化要求为标准，确定不同警情的警戒线
管理行为	管理行为差错率	以管理行为规范化的要求确定不同警情的警戒线

注：管理人员比率＝管理人员数/组织成员数×100％

专业人员比率＝专业人员数/组织成员数×100％

管理功能完备率＝现有管理功能数/应具有管理功能数×100％

管理制度完备率＝实际具有的管理制度数/应具有的管理制度数×100％

规章制度合理率＝合理规章制度数/所有的规章制度数×100％

（合理规章制度数可以通过对组织成员的调查取得）

信息实时共享率和管理行为差错率两项预警指标可根据对组织成员调查取得的基础数据，计算指标数值。

2. 组织管理风险应对措施

（1）构造独立的利益主体和部门，以部门或团队为主体的业务运作代替以个人为主体的业务运作，避免管理信息的个人垄断，降低管理风险。

（2）化解小利益团体，形成自我管理单元。

（3）在业务单位、部门之间的相互关联基础上，构造新型的业务运行和组织管理模式。

（4）以利益主体之间的相互链状控制代替总经理分别与各主体之间的点状控制。

（5）以规范的制度制约管理行为，代替主观随意决策。

案例

××集团公司能源审计报告

二○○六年十一月

[摘要] 按照国家发展改革委等部门《关于印发千家企业节能行动实施方案的通知》（发改环资 ［2006］571号）的文件要求，为全面了解××集团公司的能源管理水平及用能状况、排查在能源利用方面存在的问题和薄弱环节、挖掘节能潜力、寻找节能方向、降低能源消耗和生产成本、提高企业经济效益。××××××于2006年9月～10月对该公司进行了能源审计，目前已完成《能源审计报告》，主要内容如下：

一、企业概况

该集团公司是一家以纺织为主业，棉纺为核心，集棉纺织染、针纺织染、制衣等于一体的大型股份制企业，现拥有环锭纺200万锭、气流纺5万锭及各类进口织机3000多台，已形成了年产棉纱45万吨、各类棉织布近2亿米、服装600万件（套）的生产能力。公司总资产达80多亿元，占地面积300多万平方米，现有员工近4万名。2005年完成工业总产值818747.15万元，工业增加值258071.27万元，利税31425.29万元。

能源种类	实物量	等价值		当量值	
		吨标煤	％	吨标煤	％
煤（吨）	110610	84506.04	19.72	84506.04	44.06
蒸汽（吨）	9069	1263.31	0.29	934.11	0.49
外购电（万千瓦时）	83286.4917	336477.43	78.50	102359.10	53.36
柴油（吨）	2504.43	4329.90	1.01	3649.20	1.90
汽油（吨）	247.59	400.77	0.09	364.30	0.19
自来水（立方米）	6358469.00	1634.13	0.38		
合计		428611.58	100	191812.75	100

二、企业能源消费结构

该集团公司在2005年共消耗各种能源折标准煤428611.6吨（具体能源消费结构详见下表）：

三、主要产品各项能源消耗指标

序号	产品名称	综合能耗	其中：电力单耗	备注
1	毛纱	2.48tce/t 毛纱	5790.87kWh/t 毛纱	
2	呢绒布	5.77tce/万米布	3186.31kWh/万米布	
3	纺纱（棉）	0.779 吨标准煤	1573.7kWh/t 纱	可比电耗
4	针染布	2032.6kgce/t 布	1567.91kWh/t 布	
5	织染布	7.3002tce/万米布	2458.03kWh/万米布	
6	色织布	3.6871tce/万米布	9118.82kWh/万米布	
7	服装产品	1.5759tce/万件	3061.81kWh/万件	

热电：供电标准煤耗为 560gce/kWh，供热标准煤耗率为 40.93kgce/GJ，全厂热效率为 51.92％，热电比为 361.12％。

四、能源利用效果评价

该集团公司万元产值综合能耗为 0.52 吨标准煤/万元、单位工业增加值综合能耗为 1.66 吨标准煤，单位工业增加值电耗为 3227.3kwh/万元。其电耗远高出全省平均水平，说明该企业的能源消费结构是以电为主。其吨棉纱电力单耗超出了全省的定额标准；吨针染布超出《纺织业（棉印染）清洁生产》的三级电耗定额标准，万米织染布达到了《纺织业（棉印染）清洁生产》规定的一级取水量定额标准，优于一级电耗定额标准，但综合能耗超出了三级定额标准。

五、存在的主要问题及节能潜力分析

（1）在产品电耗定额考核方面，由于未能分工序细化考核，对设备维修调试、维护保养不够细致、预防措施执行不力等原因使得吨标准纱电耗较高。

（2）对间接加热的热设备所产生的高价值凝结水及疏水未能回收利用，造成高品质凝结水与疏水及内在热能的损失。

（3）由于疏于对生产过程物料回收率指标的考核，造成过程损失较大。

（4）热电厂使用的锅炉炉型比较落后，效率偏低，与一般循环流化床锅炉相比，存在着年节 5140 吨标煤的巨大潜力，价值 395 万元。

（5）在水资源利用方面，对工艺冷却水及污水处理厂处理的中水未能回收利用，存在着节水 116.7 万立方米，折标准煤 300 吨节能潜力，价值人民币 308.58 万元。

（6）在余热余能利用方面还没有给予足够的重视，对高温工艺水及热载体炉的热烟气等余热资源未能进行回收利用，存在着 7146 吨标准煤的节能潜力，价

值人民币 667.4 万元。

(7) 能源基础管理工作有待进一步提高，能源统计工作有待强化，涉及能源购入贮存、加工转换、输送分配和最终使用四个环节应当设置的分类统计报表的建立尚不够完善，原始记录存在丢失现象，不利于对能源利用的适时分析与细化考核。

综合能源审计结果，该集团在生产过程的各个环节存在着 7371.4 万元/年的节约潜力，其中在能源利用方面有着年节 53980 吨标准煤的努力方向，拟定技改项目后年节能率可达 12.6%。

六、审计结论和建议

(1) 该集团公司单位工业增加值电耗为 3227.27 千瓦时/万元，产品单位工业增加值综合能耗为 1.66 吨标准煤/万元。

(2) 吨纱可比电耗与省制定的消耗定额相比，超耗电力 6668.73 万 kWh，折合标准煤 26941.68 吨，价值人民币 3401.05 万元。

(3) 针染布电力单耗与国家标准相比，超耗电力 207.65 万 kWh；与综合能耗定额 1800kgce/t 布相比，超耗标准煤 1312.8 吨。

(4) 该集团公司生产织染布 1012 万米，电力单耗为 2458.03kWh/万米布、综合能耗 7300.2kgce/万米布。与三级综合能耗定额标准 6000kgce/万米布相比，超耗标准煤 1315.8 吨。

(5) 经核实该集团公司还有部分属国家明令淘汰的机电设备仍在运行。

(6) 建议企业进一步完善节能管理的体系建设，使企业能源管理工作更上一层楼。

(7) 建议企业尽快完善对各工序及主要耗能设备的三级计量仪表的配置，建立并完善细化的产品能耗考核指标体系，实施分级考核，强化能源统计工作，完善各种能源消耗统计报表，以利于细化对工序及产品的能耗考核。

(8) 采用变频调速技术对变负荷运行的风机、空压机、细纱机等进行节能技术改造，以降低电力消耗。

(9) 采用凝结水回收技术，尽可能的对所产生的凝结水及疏水进行回收，以提高企业的热能利用率，降低能源成本。

(10) 采用余热回收技术回收利用高温工艺水及高温烟气的余热。

(11) 有条件时可选用或将锅炉改造成循环流化床锅炉。

(12) 按照绿色照明的要求，对照明系统的灯具进行节能改造，以降低电力消耗。

(13) 对污水处理厂的中水及冷却水进行重复利用，以节约水资源。

思考题

1. 人力资源结构和分布的审查要点是什么?

2. 简述劳动生产率审计的内容和方法。

3. 简述全部资金综合使用效益的审查内容。

4. 影响企业资金周转的原因主要有哪些?

5. 怎样审查评价设备数量的利用程度?

6. 考核材料消耗情况的指标有哪些?

7. 简述风险管理审计的主要内容。

8. 人力资源管理风险预警指标体系如何构建与应对?

9. 货币资金风险预警指标体系如何构建与应对?

10. 组织管理风险预警指标体系如何构建与应对?

第五章　企业经营效益审计

业务经营审计主要审查被审计单位是否充分利用企业的物质和技术条件，并根据内外环境的变化不断改善经营活动。企业经营效益审计主要包括供应链经济效益审计（供）、生产活动经济效益审计（产）和销售业务经济效益审计（销）三个环节，同时对成本效益审计进行论述。

第一节　企业经营审计的目标和初步业务活动

一、经营审计目标

经营效益审计是指对被审计单位经营活动的合理性、经济性、有效性和合规性的审查，借以检查和证明被审计单位经营责任的履行情况，以促进其改善经营管理，提高经济效益。一般认为实施经营审计应该达到如下具体审计目标：

（1）对企业的经营水平进行综合评价，分析其经营能力。

（2）审查业务经营计划的完成情况及其影响因素，找出关键问题，提出相应措施。

（3）审查业务经营各个环节的状况，找出其薄弱环节和不适应的地方，找出影响经营效益的因素。

（4）审查各生产要素对经营的保证程度，提出合理调配生产力各要素、保证业务经营能顺利进行、经营目标能够按期实现的建议。

（5）审查各生产力要素的利用情况，对生产要素利用程度的评价。

（6）研究改善经营活动，弥补经营缺陷，开发利用生产要素，挖掘利用潜力的途径。

二、经营审计的初步业务活动

经营审计的初步业务活动是指在具体实施经营审计之前，通过收集经营效益审计有关的资料、调查了解和分析经营战略、调查了解经营范围和主要经营业务、审查分析具体经营计划的制订及完成情况、审查分析具体经营计划的制订及完成情况、审查分析具体经营计划的制订及完成情况、审查经营成果情况和审查评价经营目标完成情况，以使审计人员了解被审计单位的整体经营状况，为接下来的具体经营审计工作提供方向性的指导。

（一）收集经营效益审计有关的资料

被审计单位与审计期间内经营效益有关的资料，包括发展规划、经营方针、经营计划、具体年度生产计划、经营范围、主要经营业务项目情况表、下达主要经营目标的文件、主要经营指标完成情况。

（二）调查了解和分析经营战略

经营战略是企业为了生存和长期发展，依据环境变化和企业能力制定的关系企业全局的远景规划，包括经营思想、方针、政策和发展方向、目标、速度等内容。在对被审计单位的经营业务进行经营效益审计之前，应当调查了解和分析其经营战略。审查经营战略时，审计人员应重点关注：

（1）被审计单位审计期间是否有发展战略。

（2）如果有发展战略，是低成本战略还是差异化战略、是集中化（侧重）战略还是产品发展（扩大）战略、是稳定战略还是紧缩战略。

（3）发展战略的制定是否切实可行、是否符合行业发展特征。

（4）是否树立为客户服务的经营思想，一切从用户的需求出发，用最经济的方法向用户提供满意的商品和服务。

（5）是否从市场的整体出发，运用各种市场经营方法，不断对市场动态进行预测和研究，以此组织全部经营活动。

（6）经营利润的取得是否从市场全局、社会需求考虑，着眼长期的、综合的、符合社会要求的利益。

（三）调查了解经营范围和主要经营业务

调查了解经营范围和主要经营业务，需要关注如下事项：

（1）索取审计期间内所有的法定营业执照，确认法定营业执照所规定的被审计单位的经营范围及其变化情况。

（2）调查了解被审计期间被审计单位所从事的主要业务范围及其变化情况。

（3）审查法定经营范围与被审计单位所从事的主要经营业务的一致性。

（4）分析审计期间被审计单位经营范围和主要经营业务变化的合理性和有效性。

（四）审查分析具体经营计划的制订及完成情况

经营计划是根据企业的经营战略、市场环境和企业自身能力，进行活动所需要的资源同经营目标之间的综合平衡，并以计划的形式加以综合、付诸实施。经营计划审计内容包括产供销计划的审计、财务计划（资金、成本、利润）审计和其他方面计划（劳动、工资计划等）的审计。审查时，审计人员需要关注如下事项：

（1）经营计划审计的重点是审查年度计供产销计划和财务计划的科学性、合理性和效益性。

（2）审计人员应该研究影响经营计划完成的原因，找出关键问题，提出促进计划完成的建议。

（3）由于计划执行情况审计的内容比较多，审计人员应重点审查年度计划的执行情况，具体审计时可以采用抽样审计的方法。

（五）审查经营成果情况

经营成果是反映审计期间内被审计单位经营业绩的主要标志，是业务经营效益审计的重要内容。审查被审计单位经营成果时，审计人员应重点关注如下事项：

（1）主要审查被审计单位审计期间内经营成果的真实性、正确性。

（2）要突出审计重点，抓住主要业务，提高审计效率。

（3）实施业务经营审计程序时，审计人员应主要应对损益审计的工作成果，编制汇总分析表，进行深入分析。

（4）分析使用的数据应该是经过审计人员调整过后的数据。

（六）审查评价经营目标完成情况

经营目标是被审计单位经营思想、经营方针的具体体现，也是被审计单位编制计划和实施计划的依据，确定了单位的经营目标，也就确定了单位的发展方向。审查时，审计人员应重点关注如下事项：

（1）审查被审计单位审计期间是否有明确的经营目标，经营目标是否既适应外部环境的变化，又充分考虑被审计单位内部条件的可能性，具有现实性和发展性。

（2）审查被审计单位经营目标是否有相应的实施步骤和具体措施，是否实施调整和完善。

（3）审查被审计单位经营目标是否定量化，经营效益目标、企业发展目标和社会等目标体系是否系统协调、衔接一致。

（4）经营目标责任是否分解落实，有无保证经营目标实现的切实可行的措施和制度，内部经营责任单位的责、权、利的关系是否协调有效。

（5）在具体审计时，审计人员应该在真实性审计的基础上，对比分析经营目标的完成情况，在选择指标时可以结合被审计单位的实际情况，但指标应该包括盈利状况、市场竞争能力、资产经营状况、经营管理水平、企业发展能力等多个方面。

（6）对未下达审计期间经营目标的被审计单位，或审计人员认为被审计单位审计期间下达的经营目标明显不合理的，审计人员应注意收集国家制定和颁布的企业考核指标，并进行分析。

（7）审查、分析被审计单位审计期间内经营目标完成情况时，审计人员应把指标作为一个整体来分析，要注意综合指标和单项指标相结合、价值指标和使用价值指标相结合、直接指标和间接指标相结合、当期指标和长期指标相结合、技术指标和经济指标相结合。

（8）评价被审计单位审计期间的经营情况，要尽可能地考虑长远经济指标以及生态指标和社会效益指标。

第二节　供应业务经济效益审计

一、供应业务经济效益审计目标和关键风险领域

供应业务经济效益审计包括对材料物资采购工作的审计和对材料物资储存工作的审计，其审计目标包括：

（1）材料物资采购工作的经济性、效益性、效果性和合规性；

（2）材料物资储存工作的经济性、效益性、效果性和合规性。

为了实现供应业务经济效益审计目标，审计人员往往需要收集如下有关资料：

A. 各种内部政策和制度，包括采购、价格制定、有关合同、内部信息流转方面的政策和制度。

B. 各种计划资料，包括采购、新产品试制、物资储备、销售、设备修理、产量、技术改造、技术措施、生产作业等方面的计划。

C. 各种内部和外部信息，包括物资供应及其供应渠道变化、价格及其变动、

市场需求、经济政策、技术、业务流程再造等方面的信息。

D. 各种合同资料，包括材料采购申请单、各种合同正文和副本、价格申报单、供应商资料等方面。

E. 各种会计资料及其支持凭证，包括应付账款明细账、付款凭单、转账凭证、材料采购明细账、对账单、采购发票、运费单、验收报告单、入库单、退货单、在制品期初存量和期末预计存量等资料。

审计人员应当以职业怀疑态度认真审阅上述资料（在选取审阅样本时可以采用审计抽样技术），并重点关注是否存在如下风险领域：

A. 内部政策和制度方面，主要是政策和制度不健全，不执行或不适当执行等。

B. 计划方面，主要是各种计划程序失控、计划依据不当、计划分解不到位、采购计划执行不彻底、计划之间不协调等风险。

C. 内外信息方面，包括信息渠道不畅通、价格标准失控、价格系统无效或低效、价格审查形式化、价格组成内容单一化等风险。

D. 合同资料方面，包括合同无效、合同条款不利风险、合同违约、合同档案管理混乱风险、采购效率低下、串通作弊、盲目签订合同、采购方式和供应商的随意改变、违约结算风险等。

E. 会计资料及其支持凭证方面，主要关注资料不实风险，包括付款不实、质量检验失控、计量不实、票据失真、付款提前或滞后风险等。

F. 其他方面，包括保管低效、库存储备不足导致停工待料、物资储备超额导致的资金占用和仓储能力不足、物资长期存放导致的损坏变质等风险。

二、供应业务的内部控制测试

任何形式的审计都必须关注内部控制制度，只是关注的重点不同，内部控制的目标包括内部控制应该合理保证财务报告的可靠性、经营的效率和效果、对法律法规的遵守，站在风险管理的高度，内部控制制度还应该合理保证组织战略目标的实现。供应业务经济效益审计对内部控制的测试主要关注控制是否有利于提高组织经营的效率和效果的实现、是否有利于组织战略目标的实现、是否有利于组织对法律法规的遵守。

（一）供应业务的控制目标、关键内部控制与测试的关系

下表列示了供应业务的控制目标、关键内部控制与测试的关系。

表 5-1　供应业务的控制目标、关键内部控制与测试的关系

内部控制目标	关键内部控制	常用的控制测试	常用的实质性测试程序
供应业务的合规性	1. 材料采购、物资储备具有计划性，并与销售计划、生产计划相协调； 2. 计划都经过适当的授权批准； 3. 计划的制订过程符合组织的内部政策和制度； 4. 采购业务使用正规的合同文本，经过组织的法律部门、财会部门的评议，有授权审批手续，并办理必要的公证手续。	1. 检查材料采购、物资储备是否有计划性，计划是否与组织的全面预算计划相一致； 2. 检查计划的批准的标记，计划完成后的注销标记； 3. 检查计划的制订过程与内部政策和制度的一致性，采购业务制度是否认真执行。 4. 检查有关合同资料，审查文本是否正规，是否附有评议意见和领导签字手续，必要时有无公证文件。	1. 检查组织的供应业务内部政策和制度，评价其科学性、合理性； 2. 抽查大额采购业务，检查其合理性； 3. 检查期末存货变化情况，审查有无超库储存和库存不足的情况，进一步分析材料采购、物资储备计划的合理性； 4. 审查采购计划及完成情况。
供应业务的经济性	1. 采购合同签订按照"货比三家"的原则经过市场调查，经过有效询价； 2. 采购合同标的、数量、质量、价格和结算方式、运输方式、履约期限、地点和方式、违约责任等内容完整； 3. 签约双方权利义务对等，合同条款规定为组织争取最大的财务利益，如充分考虑付款条件和资金优势，选择合理的货款支付方式。	1. 抽查合同签订的附件资料，察看是否有市场调查资料，供应商和非供应商的报价资料，以及通过其他途径获取的资料； 2. 审查合同条款是否完整； 3. 审查合同条款是否与组织的财务计划、战略计划等相协调。	1. 检查市场调查资料，进行比价审计； 2. 审查订货经济批量的合理性； 3. 审查物资储存定额，确定其科学性和合理性； 4. 实施实质性分析程序： （1）审查采购费用情况，并与组织的历史水平、行业水平进行比较，找出差距； （2）分析存货周转率、主要商品产品毛利率，并与组织的历史水平、行业水平进行比较，结合对生产费用的审核，确定采购成本、储存成本的合理性。

内部控制目标	关键内部控制	常用的控制测试	常用的实质性测试程序
供应业务的效率性	1. 建立供应商完整的档案资料库并对供应商的信誉和履约能力进行确认，必要时进行现场考察； 2. 参与业务洽谈的代表具备业务能力和技术水平，并具有相对独立性的二人以上参加谈判； 3. 记录长期合作的供应的供货及时性状况； 4. 尽量减少存货库存（零存货）的努力状况。	1. 察看是否有供应商档案库，有无对其信誉和履约能力的确认文件，以及现场考察记录； 2. 审查有无业务洽谈的代表具备业务能力和技术水平的书面资料，是否有二人以上参加谈判； 3. 检查是否有长期合作的供应的供货及时性状况的记录； 4. 检查是否有零存货管理的政策和文件。	1. 重新评价供应商的信誉和履约能力，察看原先的确认资料是否存在错误； 2. 评价谈判代表的独立性，如谈判代表之间是否为上下级关系、有无亲属关系等，谈判代表与供应商关键管理人员之间有无影响独立性的因素存在，谈判代表是否定期轮换并评价定期长短的合理性； 3. 审查供应商的不及时供货而导致组织的生产额外作业状况，并计算额外作业损失； 4. 企业零存货管理的实际影响，包括零存货管理导致额外作业，包括紧急订货的增量成本和缺货导致的额外作业成本，并与推行零存货管理而减少的资金成本的比较。
供应业务的效果性	1. 材料入库有专人验收； 2. 库存物资有专人管理； 3. 材料领出经过授权批准； 4. 有健全的定期盘点制度； 5. 材料质量能够满足生产经营需要。	1. 审查入库材料是否有验收单，有无验收人责任规定； 2. 检查有无库存物资专人保管分工、保管责任说明，有无大宗存货分库保管、分供应商堆放情况说明； 3. 检查有无物资调拨手续，手续是否健全； 4. 检查有无定期盘点的文件记录，以及存货盈缺的责任追究和处理流程制度； 5. 检查有材料质量管理制度的文件，以及制度执行状况的记录。	1. 检查是否存在应材料质量问题导致组织的额外作业，并计算额外作业的损失； 2. 审查存货盈缺的责任追究和处理流程制度的合理性； 3. 审查材料质量管理制度的合理性，通过询问、座谈等方式了解采购部门对质量政策掌握的尺度，是否存在放低质量要求或不必要的提高质量要求的情况存在。

（二）供应业务内部控制审查的关注重点

在审查采购业务内部控制情况时，审计人员应当重点关注：

（1）审查企业有关内部控制制度的完整性、科学性、严密性和可行性。主要审查所制定的控制制度有无遗漏，各项制度是否衔接，能否起到相互制约、相互促进的作用；各项制度有无明确的经济业务当事人的责任，是否符合本单位的实际情况。

（2）审查内部控制制度的贯彻执行情况，即审查被审计单位执行内部控制制度时是否严肃认真、按章办事。对执行情况是否实行经常性考核评价，是否根据内外环境的变化及时修订、补充和完善内部控制制度等。

三、采购业务经济效益审计的实质性程序

（一）采购计划及完成情况审查

对于采购计划及其完成情况，重点应该审查确定采购计划编制依据的可靠性；确定采购计划审批程序的合理性；确定采购计划所列价格的合理性；确定采购计划所列数量的合理性；确定采购方式选择的合理性；确定供应商选择的合理性。

下表所列的流程表可以帮助审计人员了解采购计划的审计目标以及应对审计目标所采用的审计程序。

表5-2　采购计划审计流程表

单位名称：		签名	日期		
项目：采购计划审计流程	编制人			索引号	
截止日期：	复核人			页次	
一、审计目标 1. 确定采购计划编制依据的可靠性；2. 确定采购计划审批程序的合理性；3. 确定采购计划所列价格的合理性；4. 确定采购计划所列数量的合理性；5. 确定采购方式选择的合理性；6. 确定供应商选择的合理性。					

单位名称：		签名	日期		
二、审计流程				索引号	执行情况
1. 获取与物资采购计划相关的资料；					
2. 重点关注的与材料采购计划相关的风险领域；					
3. 确认采购计划编制依据的可靠性；					
4. 确定采购计划审批程序的合理性；					
5. 确定采购计划所列价格的合理性；					
6. 确定采购计划所列物资数量的合理性；					
7. 确定采购方式选择的合理性；					
8. 确定供应商选择的合理性。					
（1）定点供应商还是非定点供应商；					
（2）确定定点供应商的合理性，评价选择程序是否合理；					
（3）确定有无明确的供应商选择目标和标准；					
（4）审查有无建立供应商评议小组，小组成员是否合理；					
（5）审查有无完整、真实的供应商资料；					
（6）审查供应商资料筛选、排序和审批是否流于形式；					
（7）审查是否集体决策进行供货商优选并形成供货商名单；					
（8）确定是否实地考察、书面调查、样品检验或使用；					
（9）审查有无过度依赖特定供货商，是否有供货商团队；					
（10）确定是否对供货商档案进行规范管理，建立《合格供货方目录》，并定期进行调查和复核。					
（11）审查修改供货商档案是否经过授权并进行信息沟通。					
审计说明：					

（二）采购批量的审查

1. 采购方式的审查

企业常用的采购方式有合同定购、市场购买或函电邮购。在对采购方式进行审查时，审计人员应当分析成本效益及可行性，确定最佳的采购方式：是否符合单位实际；费用是否最低；时间上是否有保障；质量上是否符合要求。

2. 采购批量的经常性、合理性审查

对采购批量的审查时，审计人员往往需要借助财务管理中的最佳经济批量模型来进行评价。

最佳经济批量的确定：基本模型为 $Q=\sqrt{2Na/Pb}$，其推导过程如下：

模型成立的假设条件：

（1）企业能够及时补充存货，即需要订货时便可以立即取得存货。

（2）能集中到货，而不是陆续入库。

（3）不允许缺货，即无缺货成本。

（4）需求量稳定，并且能够预测。

（5）存货单价不变，不考虑现金折扣。

（6）企业现金充足，不会因现金短缺而影响进货。

（7）所需存货市场供应充足，不会因为买不到所需要的存货而影响生产。

存货采购、储存总成本 TC：

$$TC = F1 + \frac{N}{Q}a + NP + F2 + b\frac{QP}{2}$$

对 Q 求导，并令其一阶导数 $=0$，便可得到最佳经济批量 Q。　（$Q = \sqrt{2Na/Pb}$）

其中：$F1$ 为固定采购费用；Q 为采购批量；N 为年需要量；a 为变动采购费用；P 为单价；$F2$ 为固定保管费用；b 为变动保管费用。

（三）采购成本效益审查

从上述最佳经济批量公式的推导过程可以看出，存货采购、储存总成本包括采购费用、购货成本和储存成本构成，储存成本属于仓储保管业务的内容，这里重点分析采购费用和购货成本的审查。当然，采购业务可能会导致生产过程的额外作业，如果站在作业成本法的基础上，对采购成本的审查还会延伸到生产领域，具体请参见本章案例作业题。

1. 采购费用审查

反映采购费用使用效益的指标是采购费用率，可以通过下面的公式来计算：

$$采购费有率 = \frac{本期采购费用总额}{本期材料采购总量} \times 100\%$$

审查时可以将实际采购费用率与计划采购费用率、上期实际采购费用率或同行业的先进水平（如果可以获取的话）进行比较，据以确定采购费用使用效益的高低。如果发现采购效益低下，应进一步审查各采购项目，以便找出效益低下的原因。

2. 购货成本审查（采购的比价审计）

购货成本的审查主要对购货价格的审查，尽管购货成本也包括运费、运输途中的保险费，如果折算为到厂价格的话，实际上对购货成本的审查就是价格审查。

进行价格审查时，审计人员首先要考虑到影响价格的可能因素，包括：

（1）采购数量对价格的影响，一般情况下采购数量大时，购买方可以获得一定的折扣。

（2）采购对象对价格的影响，一般情况下直接向厂家订货会比向商家订货价格会低一些。

（3）结算方式对价格的影响，一般情况下现款提货交易价格相对较低，依次升高的是货到验收后付款，短期赊销，分期付款销售。

（4）运输方式对价格的影响，通常情况下空运成本大于陆路运输成本，陆路运输成本大于水路运输成本，审计人员应当对运输方式进行考察。

（5）订货方式对价格的影响，按计划安排材料采购，可以选择最合适的供应地点、供应商供货，在选择时"货比三家"，价格往往较低；而紧急订货时往往为了追求订货速度而使得价格较高。

（6）材料质量对价格的影响，一般情况下质优价高，质劣价低，审计人员进行审计时要关注是否存在为了追求低价而降低购货质量的问题存在。

在了解影响价格的因素的基础上，审计人员往往利用询价法进行采购价格的审查。运用询价法时，往往要求被审计单位对采购的材料选择两家以上的供货单位进行材料的质量、价格比较后，将确定的供货单位连同其他单位的调查材料一并送到审计部门，由审计人员进行分析和比较。如果送审单位掌握的价格信息不足，仅报一家供货单位，审计人员应要求采购部门继续询价，必要时审计人员直接进行询价。

在获取询价资料的基础上，审计人员重点进行如下比价审计：

（1）审查价格信息收集渠道的广泛性和有效性，包括：被审计单位是否是否重视网络、报刊、杂志、电视、广播、行业公报、供应商提供的和竞争对手披露的价格信息的收集；采购部门和价格信息部门是否充分利用各种价格来源渠道，建立起丰富的价格信息资料库；获取的各种价格信息源，是否按照本企业的物资种类进行适当分类以提高检索能力和使用效率；价格信息是否在本企业各部门之间进行信息共享。

（2）审查价格信息资料收集的准确性和及时性，包括：价格来源渠道是否正规；是否根据环境的变化适时更换价格信息；是否能够综合各种信息源较为准确地预测未来的价格变化趋势，为企业实施战略物资管理提供价格指导。

（3）审查价格标准确定方法和计算结果的正确性，包括：通过分别询价法、交叉询价法、调查法、测算法、信息资料查询法、历史资料评价法、测算法、专家评估辅助法、集中询价法、公开招标法、提供佐证法、限价法等方法对价格标准确定方法予以确认。

（4）审查价格标准构成内容的全面性，包括：采购物资价格标准是否包括买价、杂运费、保险费、途中损耗、入库前的整理挑选费用、大宗材料的市内运输费、采购资金利息和其他费用等。

四川维尼纶厂物资采购比价审计

四川维尼纶厂是中国石化集团公司所属特大型企业和全国 500 强企业之一。近年来，审计处紧紧围绕促管理增效益这个中心，积极开展比价审计。物资采购比价审计，是指在满足企业质量要求的前提下实现物资低价采购。该厂为加强物资采购管理，取消了厂属有关部门及二级单位物资采购权，撤并职能，组建了物流公司，对全厂所属单位所需物资实行集中统一采购和供应。为了加强对物资采购的监督，根据企业物资采购管理的有关规定，将技术谈判与商务谈判分离，通过综合评价，择优确定厂商。审计处参与全过程，并实施审计监督。如该厂依据主装置实施 DCS 改造所需集散型仪表信号 DCS 本质安全电缆的采购计划，分别向江苏化字电缆厂、国营扬州曙光电缆厂、天津安模尔集团有限公司发出邀标书，在收到标书后，该厂组织了有关技术、商务及审计等人员，对三家的报价（三家的平均报价为 123.29 万元，最低价 106.48 万元）、质量、资信、售后服务等进行了综合评定，在满足质量和供货时间的前提下初选天津安模尔集团有限公司签订了合同，与当初的平均报价和最低报价相比，分别降低成本 43.29 万元及 26.48 万元，降低率分别为 35.11％和 4.87％。

三、仓储保管业务经济效益审计的实质性程序

仓储保管业务济效益审计的实质性程序，主要包括储备定额的制定、储备计划完成情况，以及仓库保管的设置和管理制度执行情况的审查等内容。

（一）储备定额合理性的审查

物资储备定额，是指在一定的管理条件下，为保证生产顺利进行所需的、经济合理的物资储备数量的标准。

1. 最高和最低储备定额的审查：供应期法和经济批量法

（1）供应期法

某种材料最高储备定额＝该材料每天平均需要量×（供应间隔天数＋使用前准备天数＋保险储备天数）＝保险储备定额＋经常储备定额

通过审查各项定额制订的是否合理，来评价企业材料储备的合理性和效益性。

（2）经济批量法

某种材料最高储备定额＝保险储备定额＋经济订货批量

2. 季节性储备定额的审查

季节性储备，是指在原材料属于季节性生产不能全年正常供应的情况下，为保证生产正常进行必须建立的物资储备量。

重点审查：天数计算依据的合理性，与仓库场地和设施的保管是否吻合。

对于储备定额的合理性审查，表5－3可以为审计人员提供有指导性的帮助。

表5－3 储备定额审计流程表

单位名称：		签名	日期		
项目：储备定额审计流程表	编制人			索引号	
截止日期：2005－12－31	复核人			页次	
一、审计目标 1. 确定定额制定的合理性；2. 确定保险天数制定的合理性。					
二、审计流程 1. 获取与储备定额审计相关的资料，包括最高定额、最低定额、保险储备定额、季节性储备定额等。 2. 重点关注的与储备定额相关的风险领域，包括储备定额的制定风险、储备定额的变动风险等。 3. 储备定额制定的有效性 （1）审查储备定额的制定方法是否科学； （2）审查储备定额的计算方法是否正确； （3）审查所订的定额是否反映生产的实际需要； （4）审查有无宽算宽订定额的现象； （5）审查是否根据技术经济分析和实际需要确定定额。 4. 保险储备天数制定的有效性 （1）审查保险储备天数是否根据经验或平均误期天数确定； （2）审查有无把偶尔误期作为经常性误期的情况。				索引号	执行情况
审计说明：					

（二）物资储备计划完成情况的审查

一般情况下，仓储量应在最高储备量和最低储备量之间。高于最高储备量会造成物资积压风险，而低于最低储备量则会造成不能保证供应风险。

（三）仓储保管的设置与管理审查

审计人员应当确定物资仓库的设置与管理的合理性和有效性。审计人员应该：获取物资仓库的设置与管理审计相关的资料，包括仓库位置与内部空间布局、仓库存放保管工作、物资再保管、物资分类管理等；重点关注与物资仓库的设置与管理相关的风险领域，包括库存量超过最高储备定额的风险、库存量低于最低储备定额的风险等；确定仓库位置与内部空间布置的合理性；确定仓库面积利用率的合理性；确定仓库存放工作中的防盗、防火、防潮等防护工作的合理性；确定物资保管过程中是否建立健全账卡档案；确定物资分类管理的合理性。

物资分类管理常常使用 ABC 存货物资管理法。所谓 ABC 存货物资管理法，就是企业根据一定的标准，按重要性递减原则，可将存货划分为 A、B、C 三类。最重要的存货确定为 A 类，实行重点控制；一般的存货确定为 B 类，进行次重点控制；不重要的存货确定为 C 类，只作一般管理。一般采用的标准是金额和品种数量，金额是主要标准，品种数量仅供参考，按照企业自己划定的标准，通过列表、计算、排序等具体步骤，确定各类存货所属类别。通过存货分类管理，可以使企业分清主次，进行有效而经济的管理和控制。

（四）仓储管理制度执行情况的审查

对于仓储管理制度执行情况的审查，除了前面讲述过的经济批量与最佳订货周期的确定，存货 ABC 分类管理外，主要审查归口分级管理，存货质量管理和零库存管理情况，当然也包括仓储管理制度的建设情况。

1. 归口分级管理

存货的归口分级管理是存货日常管理的一种重要方法。其主要内容如下：

（1）财务部门对存货资金统一管理，以促进供、产、销之间的相互协调，加速周转。财务部门的工作包括测算存货资金占用数额，编制存货资金使用计划；将计划指标分解、落实到责任单位和个人；对存货资金使用情况进行检查、分析和考核等。

（2）根据存货的实际流转、保管和使用情况，按资金使用、实物管理和资金管理相结合的原则，分别确认供、产、销各环节存货的归口管理部门。

（3）各归口管理部门进一步将存货管理责任层层落实，分解到下属的单位或者个人。

2. 存货质量管理

存货质量指存货的实物质量、流动性和收益性等特性。例如，按实物质量，可将存货分为一等品、二等品和等外品；按销售状况，可将商品或产成品分为畅销、平销和滞销三类。通过对存货质量进行分析，可以摸清存货的质量水平，了解适销情况，找出问题，便于改善购销状况，优化库存结构，加速存货周转，降低存货成本，提高效益。

在存货质量分析的基础上，经过权衡利弊，可采取相应的措施，例如，对滞销、变质存货灵活进行降价处理，最大限度减少损失；建立存货减值准备，避免意外损失给企业带来重大影响；严格采取责任控制措施，减少不必要的损失。

3. 零库存管理

平衡存货进、存、销过程中形成的内部供应和需求关系，是库存管理的重要内容。当供需在任何时候都相等时，企业即实现了零库存管理。零库存管理可以免去存货储存带来的一系列问题，如仓库建设、管理费用、存货维护、保管、装卸、搬运等费用以及存货占用流动资金及库存物的老化、损失、变质等问题。

零库存管理的基本原理是：企业采购、生产和销售形成持续同步运行过程；消除企业内部等待和准备的情况以及由此带来的所有浪费；制订一份高度协调、完整的存货供需计划；与供应商形成紧密关系，只有在使用之前才要求供应商送货；实行精细管理和控制，限制供应商的数目；实现电子数据实时互换，等等。在企业实践中，绝对的零库存是理想状态，基本难于实现，但这种存货管理理念仍应得到重视和应用。

第三节　生产业务经济效益审计

一、生产经济效益审计目标和关键风险领域

供应业务经济效益的审计就是对被审计单位的生产业务管理工作的经济性、效益性、效果性和合规性进行审计监督，以促进生产业务活动正常有效地进行，保证企业整体经济效益目标的实现。生产过程是比较复杂的，对其审计不同于一般的审计，更要着重于生产技术现场的审查评价。生产过程审计涉及的是一些较大的问题，核心是提高效益，但解决问题的办法又都是具体、细微的。对生产过程现场进行评价，就是要运用工作分析法、统计调查法等，把问题细分化、建议具体化，从而找出薄弱环节，加以改进。

在进行生产业务经济效益审计时，审计人员往往需要收集如下有关资料：

A. 各种内部政策和制度，包括生产计划制定的政策、程序和方法的规定、

生产指令发布程序规定、生产安全管理制度和政策、生产过程中物流和信息流流转程序的规定等。

B. 各种计划资料，包括生产计划（包括月度计划、年度计划、长远计划等），采购、新产品试制、物资储备、销售、设备修理、产量、技术改造、技术措施、生产作业等方面的计划。

C. 各种内部和外部信息，包括生产计划和作业计划的检查记录、产量计划完成情况资料、产品品种计划完成情况资料、生产成套性完成资料、产品质量计划完成情况资料、技术改造、作业流程再造等方面的信息。

D. 各种生产技术资料，包括生产空间布局图、生产实践组织图、现场作业方法、技术工艺资料、生产质量管理资料等方面。

E. 各种会计资料及其支持凭证，包括生产成本明细账、制造费用明细账、期间费用明细账、存货明细账、在制品期初存量和期末预计存量等资料。

审计人员应当以职业怀疑态度认真审阅上述资料（在选取审阅样本时可以采用审计抽样技术），并重点关注是否存在如下风险领域：

A. 内部政策和制度方面，主要是生产控制方面的政策和制度不健全，不执行或不适当执行等。

B. 计划方面，主要是生产计划程序失控、生产计划依据不当、生产计划分解不到位、生产计划执行不彻底、生产计划之间以及生产计划与其他计划之间不协调、生产作业计划程序失控、生产作业计划依据不当、生产作业计划分解不到位、生产作业计划执行不彻底、生产作业计划之间以及生产作业计划与其他计划之间不协调等风险。

C. 内外信息方面，包括生产信息流系统无效或低效、信息流与物流不一致等风险。

D. 生产技术方面，包括物流系统无效或低效，生产资源和劳动力的空间配置、时间衔接、现场管理部经济，技术工艺落后、新技术工艺不成熟等。

E. 会计资料及其支持凭证方面，主要关注资料不实风险，包括各种相关成本费用计算错误、各种相关明细账错误导致错误的生产决策等风险。

F. 其他方面，包括环境污染、产品质量问题的赔偿、生产能力闲置等风险。

二、供应业务的内部控制测试

（一）生产业务的控制目标、关键内部控制与测试的关系

下表列示了供应业务的控制目标、关键内部控制与测试的关系。

表 5-4　供应业务的控制目标、关键内部控制与测试的关系

内部控制目标	关键内部控制	常用的控制测试	常用的实质性测试程序
生产业务的合规性	1. 建立健全物流系统的内部控制制度； 2. 建立健全信息流系统的内部控制制度； 3. 生产具有计划性，并与销售计划、材料采购、物资储备计划相协调； 4. 生产计划经过适当的授权批准； 5. 制定了切实可行的生产作业计划。	1. 检查物流系统内部控制制度的健全性和有效性； 2. 检查信息流系统内部控制制度的健全性和有效性； 3. 检查生产业务是否有计划性，生产计划是否与组织的全面预算计划相一致； 4. 检查计划的批准的标记，计划完成后的注销标记； 5. 检查有无生产作业计划。	1. 通过账实对比，分析物流和信息流的一致性； 2. 检查期末存货变化情况，审查有无产成品超库储存和库存不足的情况，分析生产计划的合理性； 3. 评价生产作业计划的先进性和可行性。
生产业务的经济性	1. 生产作业计划得到认真履行； 2. 重视安全生产，逐步改善劳动条件，减少事故损失； 3. 实施以销定产，减少存货积压； 4. 生产的产品适销对路，减少推销成本。	1. 检查厂部、车间、班组等对生产作业计划履行情况的记录； 2. 审查组织是否有安全生产文件； 3. 审查生产预算是否以销售预算为依据、并结合存货储备预算进行编制； 4. 检查销售预算的完成情况。	1. 实施实质性分析程序： （1）审查生产成本情况，并与组织的历史水平、行业水平进行比较，找出差距； （2）分析存货周转率、主要商品产品毛利率，并与组织的历史水平、行业水平进行比较，结合对采购成本、储存成本的审核，确定生产费用的经济性，以及产品是否适销对路； （3）计算安全事故损失率，并与组织的历史水平、行业水平进行比较，找出差距。 2. 通过询问、检查、观察、重新计算等方式进行细节测试，进一步确定生产业务的经济性。

内部控制目标	关键内部控制	常用的控制测试	常用的实质性测试程序
生产业务的效率性	1. 充分利用人力资源，提高劳动生产率； 2. 充分利用设备，提高利用率； 3. 不断采用新技术，促进企业技术进步； 4. 生产现场管理有效。	1. 检查有无人力资源政策文件，有无工时记录文件； 2. 审查设备使用、保管、保养、维修的政策文件和记录； 3. 检查是否有不断采用新技术，促进企业技术进步的文件和记录； 4. 检查生产现场管理文件，观察生产现场。	1. 计算工时利用率、全员劳动生产率、生产工人劳动生产率等指标，并与组织的历史水平、行业水平进行比较； 2. 计算机器工时生产率、机器开工率、维修保养费用等指标，并与组织的历史水平、行业水平进行比较； 3. 重新计算并审查新技术给组织带来的经济效益，并与组织的历史水平、行业水平进行比较。
供应业务的效果性	1. 生产出的产品符合社会需要； 2. 完成经营目标所规定的任务； 3. 进行严格的生产质量控制； 4. 生产的产品质量合格。	1. 审查有无产品满意度社会调查资料； 2. 检查经营目标完成情况的记录文件； 3. 检查有无生产质量控制文件； 4. 检查有无严格的产品入库质量检验记录，有无生产质量责任追究制度。	1. 审查组织产品的市场占有率，并与上期进行比较； 2. 审查生产的产量计划、产值计划、品种计划的完成情况，并与组织的历史水平、行业水平进行比较； 3. 审查质量成本的各项指标，并与组织的历史水平、行业水平进行比较； 4. 计算合格率、废品率、返修率、产品等级率、平均等级、等级系数等指标，并与组织的历史水平、行业水平进行比较。

（二）生产业务内部控制审查的关注重点

在审查采购业务内部控制情况时，审计人员应当重点关注：

（1）审查企业有关内部控制制度的完整性、科学性、严密性和可行性。主要审查所制定的控制制度有无遗漏，各项制度是否衔接，能否起到相互制约、相互促进的作用；各项制度有无明确的经济业务当事人的责任，是否符合本单位的实际情况。

（2）审查内部控制制度的贯彻执行情况，即审查被审计单位执行内部控制制度时是否严肃认真、按章办事。对执行情况是否实行经常性考核评价，是否根据内外环境的变化及时修订、补充和完善内部控制制度等。

二、生产计划审计的实质性程序

（一）生产计划制订依据的审查

1. 企业制订生产计划必须依据"以销定产、以产促销"的原则

"以销定产"就是企业要按照市场需求来制订计划，按期、按质、按量、按品种地向市场提供所需的产品和劳务。

"以产促销"是在依据市场需求的前提下，充分发挥企业在生产技术上的优势，努力生产出物美价廉的产品以投放市场，或开拓新的市场，不断提高市场占有率，以取得更大的经济效益，它与"以产定销"有着根本的区别。

2. 对计划的编制依据的审查，应该从以下几个方面来进行

（1）检查生产计划是否与市场预测情况相符合，是否符合企业的长期计划对当年提出的任务要求。

（2）检查生产计划是否能有效利用现有资源，实现企业的利润目标。

（3）检查生产计划是否具有弹性，能否灵活应对由于市场变化可能带来的风险。

（4）检查生产计划能否优先保证客户合同的履行。

（5）检查生产计划能否最适当地配置企业的生产能力，包括设备能力、技术能力、员工素质、物资供应、生产组织保障等因素。

（二）生产计划平衡情况的审查

生产活动涉及产、供、销和人、财、物，必须进行综合平衡。①弄清企业内部生产大可能性，即以生产任务为中心，与设备生产能力、技术准备、物资、资金、劳动力等方面进行综合比较；比较的目的是发现存在的不足、困难，从而设法解决。可见，综合平衡的过程是提出矛盾、解决矛盾的过程，也就是说确定的生产计划指标建立在有效措施措施基础上的过程。②弄清生产计划指标与其他指标之间的协调状态，即通过对产品的品种、产量指标同耗费、成本、利润、资金等指标进行综合比较，在统筹兼顾、合理安排的基础上，使确定生产指标产生最优的经济效益。

1. 审查生产能力和生产任务是否平衡

（1）生产能力与生产任务平衡的重要性

合理利用生产能力的途径：①做好订货分析和市场预测，改进企业的计划工作、物资供应与场外协作；②提高设备的粗放性利用率；③提高设备的集约性利用率；④通过计划推动各方面工作的改进，提高生产率。

（2）生产能力的审查

生产能力是指在一定时期内，在一定的技术和组织条件下，企业的生产设备所能生产的一定种类产品的最大产量。

生产能力＝每台机器日生产能力×制度工作日数

（3）生产任务的审查

计划生产量＝计划需要量＋计划期末预计存量－计划期初预计存量

（4）生产任务与生产能力平衡审查

任务大于能力，生产不能完成；任务小于能力，设备闲置。

举例：某企业计划年度准备生产甲、乙两种产品，其有关资料如下：

甲产品单位售价 45 元，单位成本 35 元；乙产品的单位售价 15 元，单位成本 9 元。金工车间加工一件甲产品需要 4 个机器小时，加工一件乙产品需要 1 个机器小时；装配车间加工一件甲产品需要 2 个机器小时，加工一件乙产品需要 3 个机器小时。计划年度金工车间的最大生产能力为 4500 个机器小时；装配车间的最大生产能力为 7500 个机器小时。根据市场预测，甲产品的最大销售量为 1000 件；乙产品的最大销售量为 2500 件，该公司计划生产 600 件甲产品和 1500 件乙产品。

要求：审计人员对此生产计划进行审查。

分析：分两步

A. 审查生产任务与生产能力的平衡情况

金工车间生产能力：4500 机器小时

生产任务为 3900 机器小时（600×4＋1500×1），剩余 600 机器小时

装配车间生产能力：7500 机器小时

生产任务为 5700 机器小时（600×2＋1500×3），剩余 1800 小时

结果：该公司的生产能力与生产任务不平衡，两车间的生产能力均有剩余，并且两种产品的市场需求尚未完全满足，因此建议该公司调整生产计划。

B. 确定最佳的产品结构（采用线性规划法）

设甲产品的产量为 x 件，乙产品的产量为 y 件。

∵甲产品的单位利润＝45－35＝10 元

乙产品的单位利润＝15－9＝6 元

∴目标利润函数 S＝10x＋6y

资源的约束条件：

St：$4x+y \leqslant 4500$

$\qquad 2x+3y \leqslant 7500$

$\qquad x \leqslant 1000$

$\qquad y \leqslant 2500$

SA＝10×0＋6×2500＝15000（元）

SB＝10×600＋6×2100＝18600（元）

SC＝10×1000＋6×500＝15000（元）

SD＝10×1000＋6×0＝10000（元）

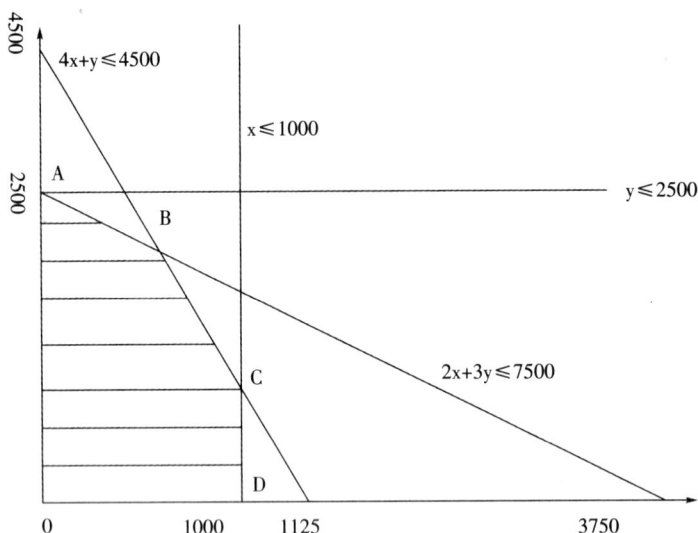

通过计算可知，甲乙两种产品的最佳组合应为 600 件和 2100 件，即当甲产品生产 600 件，既可使公司得到有效利用，又能使企业获取最佳利润 18600 元。可建议该公司按这一产量组合调整原有的生产计划。

2. 劳动力和劳动任务平衡审查

劳动力与生产任务的平衡，就是通过对各部门、各生产环节劳动力的需要进行全面预算，检查劳动力对完成计划的保证程度。

任务工时数＝计划产量×单位产品工时定额

有效生产工时＝生产工人人数×计划期工作天数×出勤率×每天工作小时数×工时利用率

审查时，应该注意任务工时数和有效工时数的计算依据是否可靠，并将二者进行比较，检查其是否平衡，能否实现在保证完成生产任务的前提下，又不浪费劳动力。

3. 物资供应与生产任务平衡的审查

物资供应与生产任务的平衡，即物资库存和生产消费之间的平衡，也就是测算物资对生产任务的保证程度。即生产计划安排的产品品种、规格、质量、数量、交货期，都必须有相应物资的品种、规格、质量、数量、供应期来保证。

审查时，应该注意物资供应是否保证生产，对缺口物资是否及时采取措施落实，如果确实有物资不能满足生产需要的情况，应建议被审计单位调整生产计划。

4. 财务与生产任务的平衡

财务与生产任务平衡的目的是为了保证实现利润目标，并保证生产计划的完成确定资金需要量。

对财务与生产任务平衡的审查，重点应放在营运资金需要量的确定是否既能保证满足生产需要，又能节约资金成本。

（三）生产计划完成情况的审查

企业生产计划指标主要有四类，即产品产量、产品产值、产品品种和产品质量，这些指标从不同的角度反映了企业生产活动的要求，因此对生产计划完成情况也主要从这几个方面来审核。

1. 产量计划完成情况的审查

产品产量是指企业在计划期内生产的可供出售的工业产品的实物数量或工业性劳务数量，通常用实物量来衡量，特殊情况下也可能用劳动量或价值量来衡量。

审查方法是将实际产量与计划产量进行对比，检查是超额完成还是没有完成，并分析其原因。

2. 产值计划完成情况的审查

产值指标，是指用货币表示的产品产量指标，是一种综合反映生产成果的指标，根据产品形态和作用不同，产值指标可以分为商品产值、总产值和净产值指标。

商品产值是指企业在计划期内生产的可供出售的产品与工业性劳务的价值，一般按现行价格计算。

总产值是指企业在计划期内生产的工业产品总价值，一般按不变价格计算，除了商品产值外还包括在产品、半成品、自制工具模具等的期末结存与期初结存的差额价值。

净产值是企业在计划期内新创造的价值，一般是按现行价格计算，主要有生产法和分配法两种计量方法。

（1）生产法

净产值＝现行总产值－物质资料消耗价值

（2）分配法

净产值＝工资＋税金＋员工福利基金＋利息＋其他

当产值计划完成为100％时，存在卖方市场时大于100％，属于完成计划；如果低于100％，属于未完成计划，有问题存在，需要进一步查明原因。

3. 衡量产品品种计划完成程度

产品品种指标是指企业在计划期内应该生产的产品品种、规格的名称和数量。通常用产品计划完成程度指标来衡量。

$$品种计划完成程度 = \frac{各品种完成计划产量百分比之和（超过部分不计）}{百分比之和（超过部分不计）}$$

如果品种计划完成程度未达到100％，说明品种计划没有完成，应进一步查明原因，可能由于品种计划安排不当，也可能是经营策略不正确而导致。

4. 质量计划完成情况的审查

产品质量指标是指企业在计划期内生产的各种产品应该达到的质量指标。通常用下列指标来衡量：合格率、废品率、返修率、产品等级率、平均等级、等级系数等。

这些指标中除等级系数外很好理解，等级系数的计算公式如下：

$$等级系数 = \frac{换算为一等品的产量合计}{合格品的总产量}$$

例：某公司生产一等品1000件，单价100元；二等品3000件，单价80元；三等品50件，单价60元。一、二、三等品均为合格产品。

要求：计算等级系数。

解：二等品换算为一等品的产量＝（80÷100）×3000＝2400（件）

三等品换算为一等品的产量＝（60÷100）×50＝30（件）

等级系数＝（1000＋2400＋30）÷（1000＋3000＋50）＝0.85

四、生产组织与工艺流程审查的实质性程序

（一）了解生产组织情况

在审计过程中，审计人员应当了解生产组织情况，包括：生产空间组织是否合理，生产场地与设备布局是否合理，生产能力与空间是否充分利用，生产单位（车间、工段、班组）的设置是否合理，对生产设备是否长期执行维护保养等防护性措施，生产活动是否安全，生产时间组织是否合理，生产过程中是否存在不连续阶段或环节，生产过程的各阶段、各工序在时间上是否紧密衔接，生产过程的各组成部分和各要素之间比例关系是否合理，生产现场作业方法是否科学、合理，生产现场作业时间是否超过核定的标准等。

（二）生产组织的审查

生产组织是指将各种市场资料和劳动力在时间和空间上的合理安排的过程。

1. 生产过程连续性的审查

生产过程的连续性是指生产过程各阶段、各工序的进行，在时间上是紧密衔接的，不会发生非预期的中断现象；加工对象在生产过程中一直处于运动或被加工的状态（如加工、检查、运输等）；各生产环节的设备、人力总处于工作状态。

（1）生产过程的各个生产单位合理布置：平面布置和空间布置符合工艺流向；相互之间距离尽量短；物流通畅。

（2）上下工序相互衔接以减少各种停留时间；生产现场控制得力，发现问题及时调整；要有科学的设备管理和质量控制体系，生产过程不会由于设备故障和质量问题而中断。

（3）做好生产技术准备和生产服务工作，减少由于等待材料、工具、图纸所带来的时间损失。

2. 生产过程均衡性的审查

生产过程的均衡性包括两个方面的含义：一方面，要求企业必须按照计划规定的品种、质量、数量和交货期，均衡地生产出产品；另一方面，要求企业内部各生产环节做到有节奏的工作，消除"前松后紧，突击赶工"的现象。

（1）企业是否依靠生产作业计划合理安排各生产环节的生产活动，协调好生产与生产技术准备、基本生产与辅助生产之间的关系。

（2）安排各级生产作业时，是否使它们在每一段时间内都充分负荷，并均衡地生产产品，有无"前松后紧"的现象。

（3）生产作业信息的反馈是否及时，管理层能否准确掌握各部门的生产和工作进度，能否及时处置生产过程中出现的各种矛盾和问题，排除各种干扰和破坏

均衡生产的因素，保证各生产环节、各职能部门、个人都能按照计划规定的数量和质量要求，准确的完成自己应该完成的工作。

3. 生产过程适应性的审查

生产过程的适应性又称柔性，是指企业的生产过程对市场的变动应具有较强的应变能力。现在，有许多新理论、新方法，如：成组技术、精益生产、柔性生产系统、准时生产制、物料生产计划、制造资源计划、企业资源计划、敏捷制造等等，审计时应审查其在生产中的应用及其效果。

4. 生产过程及时性的审查

生产过程的及时性是指只在必要的时间，按照必要的数量，生产必要的产品，强调生产的速度和节拍，"节拍"是反映一个产品用多少时间生产出来的指标，可用"每天标准工作时间"除以"日产量"进行计算。

5. 专业分工合理性的审查

（三）生产工艺的审查

生产工艺的审查，主要是分析企业所选择的工艺流程是否使用、合理和可靠，也包括对自制或外购选择的审查，以及自动化程度选择的审查，下面主要以案例的方式介绍后者。

1. 自制或外购选择的审查

例：企业生产需要的 A 部件以前一直是外购，现考虑到锻造车间的剩余生产能力可以自制 A 部件，管理当局决定放弃外购方案，而由锻造车间自制。企业每年需要 A 部件1800件，外购每件 15 元。自制 A 部件相应的加工成本资料如表 5-5：

表 5-5　加工成本资料

项目	金额
直接材料	6
直接人工	4.5
变动制造费用	3
固定制造费用（按量分摊）	3
单位成本	16.5

解：外购总成本＝18000×15＝270000（元）
自制总成本＝18000×（6＋4.5＋3）＝243000 元

结论：选择自制。

2. 自动化程度选择的审查

例：企业生产某种型号的齿轮，可用普通铣床进行加工，也可以用数控铣床进行加工，2006 年市场的齿轮需要量为 5000 个，企业的市场占有率为 20%。企业计划购进数控铣床加工齿轮。问：决策是否正确？

两种铣床的加工成本如下：

表 5-6 加工成本资料

铣床类型	每齿轮加工费 （变动成本）	一次调整成本 （固定成本）
普通铣床	1.80 元	200 元
数控铣床	1.00 元	800 元

解：设普通铣床和数控铣床的成本平衡点为 x 个，普通铣床和数控铣床的预期成本分别为 y_1，y_2 元。

$y_1 = 200 + 1.80x$

$y_2 = 800 + 1.00x$

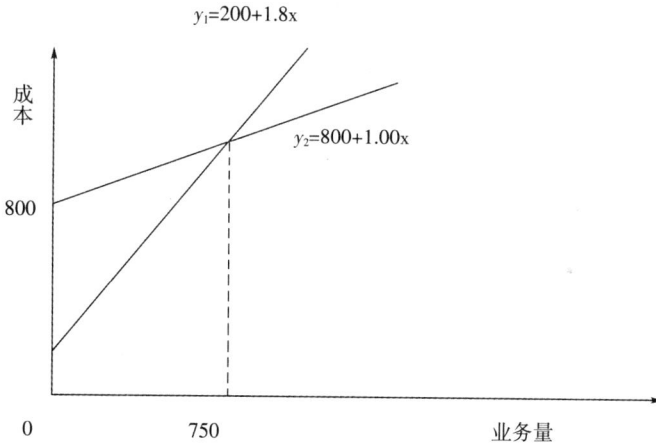

从上图可以看出，当业务量小于 750 时，应当选用普通铣床，当业务量等于 750 时两种铣床是无差异的，当业务量大于 750 时应当选择数控铣床。本企业 2006 年的业务量为 1000，选择数控铣床的决策是正确的。

第四节　成本经济效益审计

一、成本经济效益审计目标和程序

（一）成本经济效益审计的目标

以提高经济效益为目的，对成本预算的可靠性，成本决策和成本计划的先进性和可行性，成本计算的正确性和成本控制的有效性进行审计评价活动。

（二）成本经济效益审计的程序

根据成本核算资料和报表资料，确认：

（1）成本预测和成本决策的可靠性、科学性、可行性。

（2）为实现成本决策和成本计划所实施的成本控制是否有效。

（3）成本计划的完成执行情况和成本效益的实现情况，包括实际成本水平的衡量和实际成本效益指标的测算，以及成本变动差异的分析。

（4）降低产品成本，提高成本效益的途径。

二、成本效益的事前审计

成本效益是前审计的重点，是对成本决策效益进行审查评价，即对目标成本的确定方法的审查和目标成本构成的审查。

（一）目标成本确定方法的审查

目标成本确定方法主要有：

（1）根据目标利润和目标产销量的计算。

（2）根据上年实际成本水平和本年成本降低因素加以调整确定。

（3）根据同行业实际平均成本和本企业条件调整确定。

审查采用的不同方法和标准进行审查，确定其先进性、可行性。

（二）目标成本构成的审查

成本构成是成本中的各项目或各费用要素在成本中所占比重。一般包括料、工、费三个方面。

1. 单位产品直接材料计划（标准成本）的审查

包括材料用料和材料价格两个方面：

单位产品直接材料标准成本＝单位产品的用料标准×单位材料的价格标准

确定直接材料的用料标准，必须考虑三个方面的内容：①构成产品实体的材料；②生产过程中必要的损耗；③不可避免地形成一定废品所需要的材料。

直接材料价格标准是事先确定的购买材料应付的标准价格，直接材料价格标准包括购买价和运杂费。

2. 单位产品直接人工标准成本的审查

应从工资率和产品的工时标准两个方面来考察：

单位产品直接人工标准成本＝单位小时工资率标准×单位产品工时标准

计件工资制实际上已经考虑了上面两个方面的综合，下面我们来看计时工资方面：

工资率标准是每一标准工时应支付的工资数额，它是由企业人力资源部门事先制定的，包括员工的基本工资及规定的附加内容。

产品的工时标准，即工时定额，是指企业在现有的生产技术条件下，生产单位产品需要的工作时间。应该考虑三个方面的内容：①对产品进行直接加工所用的时间；②必要的间歇和停工时间；③在不可避免的废品上所用的时间。

3. 单位产品制造费用标准成本的审查

制造费用标准成本（即制造费用限额）的制定要考虑一下两个因素：分配率和工时标准。对制造费用标准成本的审查应重点关注制作费用分配率标准的确定是否合理。

三、成本效益的事中审计

（一）费用成本内部控制制度的评审

费用成本内部控制制度中与成本效益有关的有：生产计划、料工费消耗定额、生产费用预算、产品生产计划、计划成本指标向生产部门进行分配实施并定期检查的制度，限额领料制度，剩余材料和边角料的退库制度，费用开支的审批报销制度。

（二）成本计划编制情况审计

着重审查是否与生产技术、财务等计划进行综合平衡；主要技术经济指标是否达到历史先进水平；主要产品单位计划措施是否按责任归口进行了层层落实；主要产品的变动成本是否经过价值分析；可比产品降低任务是否达到下达的指标；管理费用是否进行了预算控制；其他产品与新产品是否均有成本计划。

（三）成本日常控制审查评价

1. 成本费用归口分级管理的审查

费用、成本的归口分级管理，是在厂长经理的领导下，以财务部门为主，明确各职能部门和车间等方面的费用、成本管理（控制）中的责任，把厂部、车间、班组和个人岗位的费用与成本管理（控制）结合起来。

（1）该系统是否能全面覆盖企业费用、成本的发生范围。

（2）该系统是否与被审计单位的生产经营特点、费用成本形成过程以及成本管理上的具体要求相适应。

（3）财务部门按各级分解费用成本指标是否合理，能否调动全体人员提高成本效益的积极性。

2. 责任成本核算的审查

责任成本核算，是以生产费用发生的责任（责任中心）作为成本计算对象。

（1）核算哪一级的责任成本。

（2）责任成本的核算是否贯彻可控的原则。

（3）各责任中心之间的内部转移价格是否科学合理。

（4）各责任中心业绩评价是否与利益的分配挂钩。

四、成本效益的事后审计

主要对成本效益的实现情况进行审查评价，分析成本升降的原因，并对成本降低计划指标的完成情况进行分析和评价，并提出改进意见。

（一）成本计划完成情况的审查

1. 全部商品产品成本计划完成率（v）

$$v = \frac{\sum（计划期实际产量×实际单位成本）}{\sum（计划期实际产量×计划单位成本）}$$

2. 可比产品成本降低计划的完成情况

可比产品成本降低额＝计划期实际产量×（上期实际单位成本－计划期实际成本）

$$可比产品成本实际降低率 = \frac{可比产品成本降低额}{实际产量×上期实际单位成本}×100\%$$

$$可比产品成本降低计划完成率 = \frac{1-可比产品成本实际降低率}{1-可比产品成本计划降低率}×100\%$$

（二）成本经济效益实现程度的审计

1. 单位产品费用效益指标

（1）单位产品材料费用 $=\dfrac{\text{某产品应分配的材料费用}}{\text{某产品合格数量}}$

（2）某产品工资费用 $=\dfrac{\text{某产品定额工时（或实际工时）}\times\text{工资分配率}}{\text{某产品合格产品数量}}$

其中：工资分配率 $=\dfrac{\text{生产工人工资总额}}{\sum\text{各种定额工时（或实际工时）}}$

2. 总成本效益指标

（1）产值成本率

百元商品产值成本 $=\dfrac{\text{商品产品总成}}{\text{商品产值}}\times100\%$

（2）销售收入成本率

百元收入的销售成本 $=\dfrac{\text{销售总成本}}{\text{销售总收入}}\times100\%$

（3）成本利润率

$$\text{成本利润率}=\dfrac{\text{产品销售利润}}{\text{产品销售成本}}\times100\%$$

$$=\dfrac{\text{销售量}\times[\text{价格}\times(1-\text{价格销售率})-\text{单位成本}]}{\text{销售量}\times\text{单位成本}}$$

第五节　销售业务经济效益审计

一、企业销售合同的财务审核制度审计

销售合同可分为一般销售合同和特殊销售合同。其中，特殊销售合同又可分为开口合同和合同金额超过规定金额的重大合同。销售合同是企业内部据以确认收入、发出货物、催收账款等的重要文件，为了杜绝违法或者无效的销售合同，防止经济诈骗和经济纠纷案件的发生，降低或避免企业在销售货物或服务过程中承担的经营风险和经济损失，除了由法律部门对销售合同的合法性进行审核外，更重要的是建立财务审核制度，对销售合同将给企业带来的收入、成本、经营风险等问题，进行经济性审核。其具体内容包括：

（1）明确合同审批的权限。设定审批权限时，要考虑合同的类型以及金额大

小，例如，对重大经济合同应实行集体审议制度。此外，还应遵循法律法规对关联交易等特殊情况下合同订立的一些特殊规定，防止发生经营损失。

（2）明确合同审核的业务流程。通过规定审核程序，以及分离不相容职务，实现有效约束和监督。

（3）明确合同签订过程中财务审核的内容和关注重点。如标的数量及价格条件、销售金额是否满足企业盈利的需要，付款条件、期限和方式是否符合控制经营风险的要求，对方企业信誉和信用是否符合企业信用政策的规定，价格外的费用收支是否符合财务规定，等等。

（4）加强合同履行过程中的财务审核，实行财务监控。例如根据合同发货、开具发票、接收货款、记录应收账款明细账时，都要分别进行财务审核，防止出现技术性差错。

（5）明确合同修改和解除、终止的审批权限和流程。合同订立后，不得随意变更和修改。如有特殊情况需变更或修改的，应重新履行财务审核手续。涉及经济赔偿的，赔偿前还应办理相关财务事项。

二、应收账款效益审计

（一）客户信用风险评估过程审核

信用风险是在以信用关系为纽带的交易过程中，交易一方不能履行给付承诺而给另一方造成损失的可能性。在采取信用销售政策的企业，信用风险表现为客户到期不予付款或者到期没有能力付款。客户在没有正当理由的情况下提出修改付款条件，也可认为是信用风险的一种表现形式。

加强信用风险管理，就是要通过制定信用政策，指导和协调各职能部门的业务活动，从客户资信调查、信用风险评估、付款方式的选择、信用限额的授予等环节，实行全面监督和控制。客户信用风险评估过程审核，就是对以上各环节有效性进行审计评价，并发现缺陷，提出改进建议。

（二）应收款项管理制度审计

按照《企业财务通则》以及《财政部关于建立健全企业应收款项管理制度的通知》（财企［2002］513号）等文件的规定，企业应当采取以下措施，加强应收款项的管理。

1. 做好信用管理

企业应当制定可行的信用政策，对客户信用风险进行评估和控制，根据不同的客户实行不同的信用政策。建立健全客户信用档案，实行黑名单制度，是企业实行信用管理的有效措施。做好信用风险评估和控制，是企业合理确定信用销售额度、有效控制坏账损失的基础工作。

2. 建立应收款项台账管理制度

企业应当设立应收款项台账，详细反映内部各业务部门以及各客户应收款项的发生、增减变动、余额及其每笔账龄等财务信息。同时加强合同管理，对债务人执行合同情况进行跟踪分析，防止坏账风险的发生。

企业财务部门应当定期编制应收款项明细表，向企业管理人员和有关业务部门反映应收款项的余额和账龄等信息，及时分析应收款项管理情况，提请有关责任部门采取相应的措施，减少企业坏账损失。

3. 建立应收款项催收责任制度

企业应当依法理财，对到期的应收款项，应当及时提醒客户依约付款；对逾期的应收款项，可以采取多种方式进行催收；对重大的逾期应收款项，可以通过诉讼方式解决。

企业应当落实内部催收款项的责任，将应收款项的回收与内部各业务部门的绩效考核及其奖惩挂钩。对于业务部门和责任人员造成逾期应收款项的，应当在内部以恰当方式予以警示；造成坏账损失的，应当按照内部管理制度扣减其绩效工资。

4. 建立应收款项年度清查制度

年度终了，企业必须组织专人全面清查各项应收款项，并与债务人核对账目，做到债权明确、账实相符、账账相符。需要指出的是，与应收款项相对的是应付款项，清查企业作为债权人的应收款项时，对企业作为债务人的应付款项也应一并清查，将对方（债权人）没有追索并超过诉讼时效的逾期应付款项，予以核销，转入当期收益。

5. 建立坏账核销管理制度

企业在清查核实的基础上，对确实不能收回的各种应收款项应当作为坏账损失，并及时进行处理。对于坏账损失的确认及其处理程序，详见本章第十三部分。

6. 建立应收款项管理的责任追究制度

企业内部管理制度不健全导致应收款项管理混乱的，或者恶意经营导致坏账损失的、通过关联交易转移企业资产的、随意核销应收款项给企业造成重大损失的，或者在资产重组中，逃避应收款项追讨责任导致资产流失的、擅自核销国有资本的，主管财政机关或者投资者有权予以纠正；对于直接责任人员和其他有关责任人员，应当依照国家有关规定和企业内部管理制度追究责任。

三、销售计划审计

（一）销售预测的审查

销售预测是制订销售计划的基础和前提，其准确性直接制约着销售计划的科学性和可靠性。定量预测和定性预测相结合。定量预测包括：趋势预测法、因果预测法、目标销售量确认法；定性预测包括：专家判断法、销售人员意见综合判断法、经理人员意见综合判断法等。

（二）销售计划的审查

1. 销售量计划的审查

（1）检查企业是否进行市场调查，是否根据市场调查结果科学地进行市场预测，并将市场预测结果与每一种产品计划销售量进行核对，检查其是否协调。

（2）计划销售量与生产计划中的计划需要量进行核对，检查其是否一致；

（3）将上期的实际销售额与计划销售额进行比较，评价计划销售额是否先进。

2. 销售收入计划的审查

销售收入取决于销售量和销售价格两个因素。

计划销售价格的审查：①审查产品的计划价格是否遵循物价政策、是否处于最佳水平、是否有利于产品扩大销售量、是否有利于增强竞争力；②审查所确定的计划是否考虑了产品在市场上可能产生的价格波动，并留有适当的余地。

（三）销售计划完成情况的审查

1. 产品销售收入计划完成情况的审查

（1）将销售收入的实际总金额与计划总金额进行比较，检查产品销售收入计划是否完成。

（2）运用因素分析法检查影响计划完成的原因。

销售量变动的影响＝∑［实际销售量－计划销售量×计划销售价格］销售单价变动的影响＝∑［实际销售单价－计划销单价×实际销售量］

2. 销售合同执行情况的审查

评价销售合同执行情况的指标是"销售合同完成率"。为了保证计算指标的计算的正确性，超合同交货的部分不应计算在内，该指标反映一定时期企业履行订货合同的执行情况。如果该指标不足100%，表明已签订的销售合同尚未全部履行，应查明未能履行合同具体原因，即使采取措施，避免或减少因承担违约责任而导致的损失。

$$销售合同完成率＝\frac{本期按合同实际交货额}{本期合同订货额}×100\%$$

3. 产品适销情况审查

评价产品适销情况的指标是"产品适销率"。该指标反映了企业生产入库的产品销售情况如何，如果该指标数值等于100%，意味着企业产销平衡。利用该指标，可以了解和评价企业安排生产的产品是否适销对路，以及间接反映产成品资金积压占用情况。

$$产品适销率＝\frac{产品销售量}{完工产品放库量}×100\%$$

四、销售价格审计

对于销售价格进行审计，可以实现如下审计目标：①准确地对产品进行定价；②随着时间和空间的转移适时地修订产品的价格以适应各种环境和机会的需要；③灵活地调整价格以及对竞争者的价格调整及时作出反应。

（一）定价程序的审查

遵循科学的定价程序，才能实现科学定价的目标。制定产品价格，不仅要考虑在产品生产和销售过程中发生成本费用，还应立足于企业的外部环境，考虑消费者的满意度情况以及竞争对手的反映，并运用适当的定价策略，建立良好的价格形象，使产品价格具有持久的竞争性。

科学的定价程序：在实际进行定价作业时，作业人员根据定价目标，在估计产品的潜在需求量以及预测竞争者对市场的反映的基础上，预计市场占有率；然后选择达成销售目标的价格策略，并制定定价政策；最后取定产品价格。

（二）市场占有率预测的审查

市场占有率预测应该建立在市场潜力预测与竞争者的实力分析的基础上，然后结合企业前期销售额增长率和市场占有率等指标，对计划期内的市场占有率进行合理的推测和估计。

销售额增长率说明产品销售趋势，审查时，应将本期销售增长率与前期销售增长率进行比较，以此来确定产品的销路是否扩大。

市场占有率是本企业产品销售量占同类产品销售总量的比率，它的大小说明本企业产品受欢迎的程度，从而反映出企业产品销路的好坏。审查时，应将本期的市场占有率与前期的市场占有率以及同行业先进水平进行比较，看其是否增长及增长速度，以此来判断市场占有率有无提高的可能以及提高的程度。

（三）定价策略的审查

定价策略的确定，除了需借助数学模型进行定量分析外，还需要依靠自身的实践经验和判断能力进行定性分析，并遵循"灵活多样、随机应变"的原则，以达到克敌制胜的目的。对定价策略的审查，主要检查企业是否考虑顾客需求、竞争对手、经营目标、产品类型的不同，以采取适当的定价策略。

（四）定价方法的审查

1. 调查定价依据的成本、需求信息

企业定价时，必须依据需求的价格弹性，即了解市场需求对价格变动的反映。价格变动对需求影响小，这种情况称为需求无弹性；价格变动对需求影响大，则叫做需求有弹性。

在以下条件下，需求可能缺乏弹性：①代用品很少或没有，且没有竞争者；②买者对价格不敏感；③购买者改变购买习惯较慢，寻找较低价格时表现迟缓；④买者认为产品价格有所提高，或认为存在通货膨胀，价格较高是应该的。

$$需求的价格弹性 = \frac{需求量变动百分比}{价格变动百分比} = \frac{\Delta Q/Q}{\Delta P/P}$$

2. 判断定价方法的先进合理性

需求在很大程度上为企业确定了最高价格限度，而成本则决定着价格的底数。

（1）完全成本加成定价法

产品价格 = 预计单位全部成本 × （1＋加成率）

例：某企业的甲产品需要进行定价，假定加成率为 40%，有关成本资料如下：

表 5-7　成本资料表

项目	单位成本（元）	总成本（产量 100000 件）
直接材料	10	1000000
直接人工	7	700000
变动制造费用	7	700000
固定制造费用	10	1000000
变动销售及管理费用	4	400000
固定销售及管理费用	1	100000

表 5-8　定价估计表——完全成本加成定价法

项目	单位成本
直接材料	10
直接人工	7
变动制造费用	7

项目	单位成本
固定制造费用	10
单位生产成本	34
加成率（40%）	13.60
目标价格	47.60

注：在完全成本加成定价法中，完全成本是指完全制造成本，而不包括管理费用和销售费用。

（2）变动成本加成定价法

变动成本加成定价法是以每生产一个单位产品的变动成本为基础，该成本基础不仅包括变动生产成本，还包括变动销售及管理费用在内。

以前例，如果公司规定的加成率为100%，试帮助该公司定价。

表5-9　定价估计表——变动成本加成定价法

项目	单位成本
直接材料	10
直接人工	7
变动制造费用	7
变动销售及管理费用	4
单位生产成本	28
加成率（40%）	28
目标价格	56

在对成本加成定价进行审计时，关键是审查加成率确定的合理性进行审核，审计人员可以利用如下公式进行来进行审核：

（1）若产品成本采用完全成本法计算，则：

$$加成率 = \frac{投资总额 \times 预期的投资报酬率 + 非制造成本总额}{产品的制造成本总额} \times 100\%$$

（2）若产品成本采用变动成本法计算，则：

$$加成率 = \frac{投资总额 \times 预期的投资报酬率 + 全部固定成本总额}{产品的变动成本总额} \times 100\%$$

（3）最优售价确定法

公式：边际收入＝边际成本

其中：边际收入（Marginal Revenue），是指在一定的销售量的基础上，每增加一个单位的销售量所增加的销售总收入；边际成本（Marginal Cost），是指在一定的销售量的基础上，每增加一个单位的销售量所增加的总成本。

例：企业生产的丙产品单价20元，单位变动成本5元，固定成本总额1000元。现在每月销售量为200件。如果单价逐步下降，预计销售量将逐步上升。具体资料如下：

表 5-10　边际分析资料

单价（元）	销售量（件）	单价（元）	销售量（件）
20	200	16	400
19	250	15	450
18	300	14	500
17	350	13	550

表 5-11　确定最优价格分析表

单价	预计销量	销售收入	边际收入	变动成本	固定成本	边际成本	边际利润	利润
20	200	4000		1000	1000			2000
19	250	4750	750	1250	1000	250	500	2500
18	300	5400	650	1500	1000	250	400	2900
17	350	5950	550	1750	1000	250	300	3200
16	400	6400	450	2000	1000	250	200	3400
15	450	6750	350	2250	1000	250	100	3500
14	500	7000	250	2500	1000	250	0	3500
13	550	7150	150	2750	1000	250	－100	3400

从上表可以看出，单价15元和14都能获得3500元的利润，从"边际收入＝边际成本"的公式可以得知定价14元是公司的最优选择，这时候公司的利润最大，同时生产工人的工资收入也高于定价15元的时候。

（4）销售的比价审计

四川维尼纶厂产品销售比价审计

四川维尼纶厂先后在华东、华西等地建立若干销售中心，实施片区销售战略。厂价格决策领导小组通过对因特网、集团公司资源市场信息网以及片区销售信息的综合分析，实施产品销售权限管理。同时，应对其定价依据、价格管理权限、市场当期价格信息以及实际销售价格进行比价审计，审查是否存在越权行为和价格不到位的问题，以便及时发现和纠正存在的问题，促进销售目标的实现。如该厂审计部门根据厂领导批示，对企业甲醇、PVA 等主要产品的市场分布、销售价格及片区经营等情况进行审计，通过对同一市场、同一品种、同一时间的销售价格实施比价审计，发现少数客户的价格低于均价 300 元左右，总体价格水平低于市场水平，分析原因主要是综合直销率过低（仅为 31.78%）。为此，厂部及时采取了有效措施，加大直销力度，修订和完善产品价格权限管理，根据市场变化适时制定产品销售最低价格，实行销售绩效与奖金挂钩的激励措施和加强审计监督等，此后，产品直销率成倍增长，产销率及货币资金回收率、销售产品收益率大幅提高。

五、销售利润审计

（一）目标利润的审查

目标利润是企业计划期要实现的利润目标，可以按照如下公式来计算：

目标利润＝商品产值－总变动费用－总固定费用

对目标利润进行审查，应确认商品产值、变动费用和固定费用的确定是否合理准确。

商品产值：企业在计划期内生产的可供销售的产品与工业性劳务的价值，它应该包括用自备材料生产的产成品与对外出售的半成品价值、用订货者原材料生产的产成品的加工价值、对外承做的已完工的工业性劳务的价值。

（一）利润完成情况的审查

产品销售利润在企业利润总额中占最大比重，应以产品销售利润计划的完成情况为重点。审查时，可以采用比较分析的方法，将产品销售利润的实际数值与计划数值进行比较；也可以计算"利润变动率"。审查时，还应比较实际利润变动率和计划利润变动率，分析利润增长幅度或下降幅度是否达到计划要求。

$$利润变动率 = \frac{实际销售利润 - 计划销售利润}{计划销售利润} \times 100\%$$

（二）产品销售利润变动的审查

产品销售利润受销售量、销售价格、销售生产成本、销售费用、销售税率、品种结构等因素的影响。如果本期的销售利润与计划销售利润相比较，有较大差异，应该审查分析产品销售利润变动的具体原因，并采取有效措施，促使产品销售利润呈现上升趋势，不断提高企业的经济效益。

例：某厂生产 A、B 两种产品，2008 年 10 的有关资料见表 5 - 12。

要求：审查该厂 2008 年 10 月的产品销售计划是否完成？分析产品销售利润实际较计划发生变动的原因有哪些？

表 5 - 12　有关资料

产品名称	销售量		单价		税率		单位生产成本		单位产品销售费用	
	计划	实际	计划	实际	计划	实际	计划	实际	计划	实际
A 产品	1800	1600	110	120	5%	5%	40	35	10	11
B 产品	200	600	60	50	5%	5%	40	25	8	9

第一步，计算两种产品的计划销售利润与实际销售利润。

A 产品计划销售利润总额 $= 1800 \times (110 - 40 - 10 - 110 \times 5\%) = 98100$（元）

A 产品实际销售利润总额 $= 1600 \times (120 - 35 - 11 - 120 \times 5\%) = 108800$（元）

B 产品计划销售利润总额 $= 200 \times (60 - 40 - 8 - 60 \times \%) = 1800$（元）

B 产品实际销售利润总额 $= 600 \times (50 - 25 - 9 - 50 \times \%) = 8100$（元）

计划销售利润总额 $= 98100 + 1800 = 99900$（元）

实际销售利润总额 $= 108800 + 8100 = 116000$（元）

利润增加额 $= 116000 - 99900 = 17000$（元）

结论：2008 年 10 月份的利润计划超额完成。

第二步，各因素的变动对利润的影响分析

销售量变动的影响 $= 99900 \times [(1600 \times 110 + 600 \times 60) \div (1800 \times 110 + 200 \times 60) - 1] = 951$（元）

结论：销售量变动使销售利润增加 951 元。

单价变动的影响＝［1600×（120－110）＋600×（50－60）］×（1－5％）
＝9500（元）

结论：销售价格变动，使销售利润增加 9500 元。

税率变动的影响＝（1600×120＋600×50）×（5％－5％）＝0

结论：税率没有变动，对利润没有影响。

销售生产成本变动的影响＝（1600×35＋600×25）－（1600×40＋600×40）＝－17000（元）

结论：生产成本降低，使销售利润上升 17000 元。

销售费用变动的影响＝（1600×11＋600×9）－（1600×10＋600×8）＝2200（元）

结论：销售费用增加，导致销售利润下降 2200 元。

品种结构变动的影响＝（1600×54.5＋600×9）－｛（1800×54.5＋600×9）×［（1600×110＋600×60）÷（1800×110＋200×60）］｝＝－8251（元）

结论：产品结构变动，使销售利润减少 8251 元。

第三步，综合分析各因素对销售利润的影响

1. 销售数量变动使利润增加	951
2. 销售单价变动使利润增加	9500
3. 销售税率变动是利润增加	0
4. 生产成本变动使利润增加	17000
5. 销售费用变动使利润增加	－2200
6. 销售品种结构变动使利润增加	－8251
合计	17000

具体原因：还应进一步审查，特别要关注企业主观因素影响的销售量、销售品种结构以及销售成本三者变动的原因。

案例

利用作业成本法进行企业经营效益审计

某电子设备公司生产、销售打印机，目前有两种产品、三个不同的供应商、六个不同的固定客户。随着公司业务规模的扩大，公司管理层发现虽然近几年来产品的档次、质量等都有所提高，但机器设备的利用率以及经济效益指标却达不到管理要求。公司领导请求集团公司对其进行经营活动经济效益审计。

有关资料如下：

资料一：在供应方面，公司主要有三个供应商 A、B、C，他们所提供商品的价格分别为 100 元、98 元和 103 元，公司购买数量为 5000 件，分 100 次购买。由于 B 的价格最低，公司拟以 B 为最佳供应商。

集团公司内部审计人员通过对历史资料的审计，发现以下信息：

1. 三个供应商都存在送货不及时、送货数量短缺、产品质量问题三类公司额外作业，具体表现如下：

表 1　供应商表现

供应商	A	B	C
送货不及时	5 次	5 次	3 次
数量问题	3 次	8 次	6 次
质量问题	100 件	130 件	80 件

2. 供应商行为可能引起的公司的额外作业的种类、作业成本动因及成本动因率如下：

表 2　额外作业作业成本动因及成本动因率

作业	作业成本动因	成本动因率
生产计划	生产订单数量	600 元/件
接收货物	送货次数	500 元/次
停止生产	生产停止次数	250 元/次
调整机器设备	调整次数	1250 元/次
行政管理	发票数	300 元/张

3. 供应商行为引起的作业数量如下：

表 3　供应商行为引起的作业数量

供应商行为	供应商行为引起的作业数量
送货不及时	1 次计划作业 2 次机器设备
数量问题	1 次计划作业 1 次接受作业 2 次机器设备
质量问题	1 次管理作业 1 次生产停止

资料二：在生产成本方面，公司生产两种打印机，有关财务和成本数据如下：豪华型和普通型的产品产量分别为 5000 件和 15000 件；售价分别为 400 元/

件和200元/件；单位直接材料和人工成本分别为200元和80元；直接人工工时数分别为25000小时和75000小时；制造费用等间接成本为2000000元。据公司财务部门计算：单位工程作业时间间接成本为2000000÷（25000＋75000）＝20（元）；豪华型分配的间接成本为20×25000＝500000（元），每一件豪华型产品的间接成本为500000÷5000＝100（元）；普通型分配的间接成本为20×75000＝1500000（元），每一件普通型产品的间接成本为1500000÷15000＝100（元）。盈利能力为：豪华型产品单位利润＝400－（200＋100）＝100（元）；普通型产品单位利润＝200－（80＋100）＝20（元）。

集团内审人员经过审查，发现：

1. 生产打印机的整个流程可以分为工程、调整、包装、机器运行4个作业中心，其作业动因分别为工程作业时间、调整次数、包装单数量和机器小时。内审人员将应付职工薪酬、折旧、机物料消耗、修理费、动力费、劳保费、差旅费的费用进行重组，得到如下数据（成本池）：

表4　额外作业作业成本动因及成本动因率

作业	成本池	作业动因
工程	125000	工程作业时间
调整	300000	调整次数
机器运转	1500000	机器小时
包装	75000	包装单数量
合计	2000000	

2. 经过测算，两种产品的实际作业消耗或交易量如下：

表5　额外作业作业成本动因及成本动因率

作业动因	豪华型	普通型	合计
工程作业时间	5000	7500	12500
调整次数	200	100	300
机器小时	50000	100000	150000
包装单数量	5000	10000	15000

资料三：公司现有客户在作业链上存在较大差别，具体体现在订单处理、特殊包装、发货服务、客户交际、客户信息等方面。"订单处理"的成本差别主要表现在每次订购的数量不同，导致每张订单的处理成本不同；"特殊包装"成本差异是因客户有特殊要求而产生的，是一种因客户而异的成本；"发货服务"差异主要表现在是客户自行提货还是企业安排送货，以及发货时间上的不同，因发

货方式和发货时间而导致的运输成本、保险费用以及仓储费用等均会有较大差异；"客户交际"是指客户招待费、赠送客户纪念品等项支出；"客户信息"则是指收集和分析客户相关信息所花费的代价。

表 6　客户盈利能力分析　　　　　　　　单位：元

	客户	1	2	3	4	5	6
	销售额	1 550	68 910	2 088	6 778	87 865	1 274
	基本成本	1 054	58 900	1 350	3 876	47 581	641
特定成本	订单处理	72	250	80	72	240	72
	特殊包装	150	12 780	0	0	5 750	1 340
	发货服务	120	3 575	1 200	0	1 050	0
	客户交际	30	554	60	30	1 100	50
	客户信息	30	120	50	30	225	20
	经营利润	94	−7 269	−652	2 770	31 919	−879
	利润率%	6	−11	−31	41	36	−69

要求：

1. 根据资料一，如果公司拟选择一家供应商作为长期合作伙伴，应当选择哪一家？为什么？

2. 根据资料二，利用作业成本法重新计算两种类型的打印机成本，如果企业产能和市场容量均有剩余，应当优先生产哪种打印机？为什么？

3. 根据资料三，请分析客户的类型（如高价格高服务、高价格低服务、低价格高服务、低价格低服务或没有明显特征），并针对公司具体情况提出进一步的销售战略。

思考题

1. 什么是经营效益审计？

2. 经营效益审计的目标是什么？

3. 对供应业务的内部控制进行了解时，应该调查哪些主要内容？

4. 如何进行生产业务的经济效益审计？审查的主要内容有哪些？

5. 如何进行销售利润审查？

6. 如何利用需求弹性进行产品定价？

7. 最佳订货批量如何确定？

8. 如何进行信用风险评估？

9. 成本效益审计时，事前、事中、事后审查的内容有何不同？

第六章　金融工具风险管理审计

金融工具在企业的经营管理过程中无处不在，而衍生金融工具的高风险性在国内外一系列金融事件中得到了充分的体现。我国作为一个新兴的资本市场，金融工具正属于高速发展阶段，相关风险也愈行愈近。中航油新加坡公司、中信泰富等一系列重大衍生金融工具损失案例，一次又一次敲响了金融工具风险的警钟。全方位地构建并不断加强我国金融工具风险管理的审计体系，已迫在眉睫。本章的相关内容可供国家审计机构对国有金融机构审计的参考，也可用于注册会计师、内部审计等进行金融工具风险管理审计的参考。

第一节　金融工具风险管理审计基础

一、金融工具风险管理审计的对象

（一）金融工具

金融工具又称信用工具，通常是以一定格式做成，用以证明或创设金融交易各方权利和义务的书面凭证，这些书面凭证，会形成一个企业的金融资产，并形成其他单位的金融负债或权益工具。

金融工具大致可分为基本金融工具、衍生金融工具两个最基本的类别。

基本金融工具包括：现金、应收账款、应付账款、应付票据、借款、贷款、应收债券、应付债券、普通股等。

衍生工具包括远期合同、期货合同、互换和期权，以及具有远期合同、期货合同、互换和期权中一种或一种以上特征的工具。

衍生金融工具交易非常复杂，原因在于衍生金融工具交易的条件随时可能因市场因素（如市场利率、股票指数等）的变化而发生变化，变化的结果对交易双方的影响也随之不同，可能有利，也可能不利。而所有这些，又必然影响衍生金融工具交易的结果。

（二）金融风险

风险有两种定义：一种定义强调了风险表现为不确定性，说明风险产生的结果可能带来损失、获利或是无获利也无获利，属于广义风险；而另一种定义则强调风险表现为损失的不确定性，没有从风险中获利的可能性，属于狭义风险。

一般而言，审计界采用的多为狭义风险，金融界采用的多为广义风险。

与金融工具相关的主要财务风险包括：

（1）市场风险，是指因权益价格、利率、汇率、商品价格或其他市场因素的变动导致衍生金融工具公允价值的不利变动而引起损失的风险，包括价格风险、流动性风险、模型风险、基准风险等。

（2）信用风险，是指客户或交易对方在到期时或之后期间内没有全额履行义务的风险以及由于其信用评级和履约能力的变化导致其债务的市场价值变动而引起损失的可能性。

（3）操作风险，是指由不完善或有问题的内部程序、员工和信息科技系统，以及外部事件所造成损失的风险，包括法律风险。

（三）金融工具风险管理审计的对象

一般意义上，金融工具风险管理的审计对象当然是各种不同的金融工具。

实际上，由于金融工具本身的类别比较庞杂，按照不同的分类标准，可以区分为许多不同的类别。各种不同分类标准下的不同金融工具类别，面临的风险及其相关的风险防范措施当然也不尽相同。金融工具风险管理的具体对象还要做进一步的细分。

按照金融工具持有目的的不同，可以将其分为经营工具和投融资工具两大类别。前者指主要作为经营工具一部分而应用的应收应付款项类；后者指应用于各种长短期投资和融资的金融工具。

投融资类金融工具按其是否存在活跃市场，可以再分为证券类和非证券类金融工具。

因作为经营工具的应收应付款项已在本书管理审计和经营审计相关章节中讲述，故本章主要讲述投融资金融工具的风险管理审计。又因为投融资金融工具中，相对而言，风险更大，控制更为复杂的是证券类金融工具，故实际讲述内容，主要围绕证券投融资展开，非证券类金融工具可以参照。

从财务角度看，证券类金融工具股票、债券、基金等有价证券以及这些有价证券的衍生品（金融衍生工具），从会计角度看，证券类金融工具通过交易性金融资产、交易性金融负债、持有至到期投资、可供出售金融资产、长期股权投资、衍生工具等一系列会计科目核算。为了有效把握证券类金融工具的风险控制特点，并在操作层次上更好地对不同证券投资对象的效益进行量化比较，得出审计结论，我们认为证券投资管理风险审计的对象应为企业所进行的证券投融资活动，具体表现为股票、债券、基金等有价证券以及这些有价证券的衍生品的交易过程。

二、金融工具风险管理审计的目标

金融工具风险管理审计的总体目标，是对被审单位金融工具风险管理的全部过程做出评价，并针对其重大缺陷提出改进建议。金融工具风险管理审计的具体目标体系，如下列所示。其核心审计目标，是对被审单位各种风险管理模型的设置与运用做出全面评价。

表6-1 金融工具风险管理审计目标体系

风险	控制	测试
1. 独立性 前台可能篡改报告的头寸价值。 使用的模型无法提供正确的市价重估。 未能及时确认市价重估	a. 从独立于前台的信息来源取得市场参数 b. 在估算头寸价值时，使用得到独立验证的模型。 模型测试和核算的书面证据。至少每月对所有头寸进行一次随机检查。	a. 对照估价系统，检查各个费率（包括利率、汇率、价格等）和信息来源的书面凭证。 b. 检查模型的核准状况与控制环境 c. 财务控制应该能够确认所使用的模型是经过核准的版本。 检查模型的各种文件。 检查月度检查的完整性，确保检查的随机性和风险导向。
2. 人员 无效的独立估价审查。 未得到确认的风险事项。	各业务经理应确保所有报告人员均了解其职责、矩阵关系以及与地域、功能和金融工具相关的复杂性。审查人员是否具备足够的经验和金融工具知识。	和参与估价审查的人员和管理层讨论。 检查服务交付的质量。

风险	控制	测试
3. 估价模型 使用的模型无法提供准确的市价重估。	每年独立检测使用的模型。 对"模型变更"程序的控制。	利用包括压力测试、最佳实务评估和使用限制等方法对估价模型作独立检查。复杂的案例甚至可请外部专家提供意见。 确保估价方法与已核准或文件上规定的方法相一致。检查对 IT 变更的控制。
4. 报告系统 管理层不能及时获知发生的重大事件。	对重大差异、重要性水平和报告的及时性的判定制定书面程序。	确认有恰当的程序以追踪估价差异。
5. 准备金计提和损益调整 准备金计提不足或过多。 损益不实。	对以下各项制定获得一致认可的准备金计提政策并编制文件。a. 不具流动性的头寸。 b. 大额和/或复杂的头寸。 c. 市场参数不确定。 d. 操作成本。 e. 模型风险。 f. 剩余风险。 管理层须确认所有损益调整项目均已入账。	将准备金计提政策和市场上的最佳实务作比较。必要时可寻求外部机构的专业意见。 检查管理层是否对所有调整项目均一一签署确认过。
6. 完整性 并非所有头寸均接受独立的估价审查。 并非所有市场参数均接受独立的估价审查。	独立确认前台的估价 模型或金融工具文件和管理层的审查。	检查调节市价重估流程。 确认管理层的审查。
7. 审查 审查并非有效。	审计能够揭示出企业和金融工具的真实情况。	至少每年对抽样金融工具的市价重估进行一次审计。

三、内部审计的工作与外部专家的利用

（一）内部审计的工作

可能与金融工具风险管理审计相关的内部审计工作包括：

（1）编制金融工具使用范围的概况。

（2）复核政策和程序的适当性及管理层的遵守情况。

（3）复核控制程序的有效性。

（4）复核用以处理金融工具交易的会计信息系统。

（5）复核与衍生活动相关的系统。

（6）确保被审计单位所有部门及人员，尤其是最有可能产生风险敞口的经营部门，完全了解金融工具的管理目标。

（7）评价与金融工具相关的新风险是否能够被即时识别、评估和管理。

（8）评价金融工具的会计处理是否符合适用的会计准则和相关会计制度的规定，包括采用套期会计处理的衍生金融工具是否满足套期关系的条件。

（9）进行定期复核，以向管理层提供金融交易得到恰当控制的保证，并确保新风险及为管理这些风险使用的衍生金融工具被即时识别、评估和管理。

拟利用内部审计的特定工作时，应当评价和测试其适当性，以确定能否满足审计目标。

（二）外部专家的利用

在下列情形下，应当考虑利用专家的工作：

（1）衍生金融工具本身非常复杂。

（2）简单的衍生金融工具应用于复杂的情形。

（3）衍生金融工具交易活跃。

（4）衍生金融工具的估值基于复杂的定价模型。

第二节　金融工具定量模型审计

一、模型审计基础

（一）了解与分析模型的意义

与金融工具相关的"模型"一词，是指从金融工具定价或避险（套期保值）

的角度，将各金融变量的习性及彼此间的关系以数学公式表达出来。

从审计分析的角度，可以将模型分成估价与非估价模型两大类。

估价模型用在证券定价（估值）上，也可为作为定价对象的金融工具提供相关风险数据（套期保值参数）。《财务管理》等课程中已经学过的债券定价模型，股票定价模型、期权定价模型等都属于这个类型。

估价模型虽然有着相应的理论基础，以及专门的方法论，用以描述决定衍生产品价格的标的资产的动态变化，明确特定类型的支付额或现金流，甚至还能导出关键的风险数据，但在本质上只是一个公式或计算器。

非估价模型这类模型包含所有在估价模型之外的其他数学与统计工具，这些工具可用于收集或处理在确定参数时所必需的数据并常常与估价模型相关。

对模型风险的测试程序，包含交易行为中用到的所有模型类型。

由于部分模型的假设条件与市场情况有所不同，数据模型计算的结果可能造成定价的偏差，当这些结果与买入和卖出直接挂钩时，定价的偏差可能造成较大的模型风险。因此，需要对权证定价模型、VaR 模型等模型进行测试选择，使用中不断回测、吸收新的研究成果对模型进行调整优化，提高模型的适用性和可靠性。

（二）了解与分析模型的应用

随着金融工具创新步伐的加快，模型开发和模型强化也得到了爆炸式的增长。看起来极其相似的金融工具，却往往采用不同的模型进行交易和风险管理。因此，存在着员工盲目套用、单纯追新以及不当开发模型和技术的风险。

审计人员应当充分了解被审单位运用各种金融工具模型的具体情况，一般包括：

（1）运用了哪些模型？模型运用环节、地区是否适应？

（2）谁在使用模型？他们为什么要使用该模型？涉及的风险有多大？

（3）是否存在一个模型开发团队？模型开发的具体机制如何？

（4）是否存在一个模型矩阵，以监控模型的开发与使用？

如果存在这样一个矩阵，且该矩阵能够指明模型已被其他有关控制单位（如产品控制人员、市场风险管理单位）进行测试或详审的程度，即可由此确立与以风险为基础的审计框架相一致的模型审计、验证工作。

二、运用金融工具定量模型的定性标准检查

模型的有效运用有赖于理论上稳健的、在实施上可靠的市场风险管理系统。因而，必须达到某些定性标准之后才能使用基于模型的方法。定量模型的审计当然应以定量模型的定性检查为前提。

（一）模型运用的一般定性标准

模型运用的一般定性标准包括：

（1）应有独立的风险控制部门来负责风险管理系统的设计和实施。该部门应每天撰写和分析风险计量模型输出结果的报告，包括评估风险暴露计量和交易限额之间的关系。这个部门必须独立于业务交易部门，且应该直接向高级管理层汇报。

（2）该部门还应进行定期的返回检验。如对较长时期内模型得到的风险估计值与实际每日资产组合的价值变化进行事后比较，以及基于静态头寸的假设改变。

（3）该部门还应对内部模型进行初始验证和持续验证。

（4）董事会和高级管理层应该积极参与风险控制流程并且必须将风险控制视为业务活动中需要大力投入资源的重要方面。由独立的风险控制部门撰写的日报必须由足够高级别的高级管理人员审阅，该高级管理人员必须有权在必要时能够减少个别交易员头寸和银行总体风险暴露。

（5）内部风险计量模型应融入日常风险管理程序。模型输出结果应该成为计划、监督和控制风险体系的一个有机组成部分。

（6）风险计量系统应同内部交易及风险暴露限额共同使用。为此，交易限额管理应与风险计量系统保持稳定的联系，并被交易人员和高级管理人员充分理解。

（7）应建立常规的且严格的压力测试方案以补充基于每天风险模型输出所进行的风险分析。压力测试的结果应该由高级管理层定期核查，并反映在由董事会和管理层制定的政策和限额上。当压力测试表明在某种情况下存在明显的风险时，应该尽快采取恰当手段去管理这些风险。

（8）应建立日常管理流程并确保其与风险计量系统操作的内部政策、控制及程序标准相符。风险计量管理系统必须形成完整的文档，如通过风险管理手册，描述风险管理体系的基本原则，并提供用于计量市场风险的实证技术的一些解释。

（9）对风险计量系统进行独立的审核应在内部审计程序中定期进行。审核应既包括业务部门的活动，还包括独立的风险控制部门的活动。总体风险管理程序的评估应定期进行（理想情况下不少于每年一次），并且应至少包含下面内容：①风险管理体系和程序的文档的完整性；②风险管理部门的组成；③市场风险计量与日常风险管理的整合程度；④风险定价模型和估值系统的审批流程；⑤风险计量过程重大变化的验证；⑥风险计量模型计量的风险范围；⑦管理信息系统的完整性；⑧头寸数据的精确性和完整性；⑨用于运行内部模型的数据源的一致性、及时性和可靠性的验证，包括这些数据源的独立性；⑩波动率和相关性假设的准确性和适当性；⑪估值和风险转换计算的准确性；⑫通过经常地返回检验，确认模型的准确性。

（二）使用内部模型的特殊标准

使用内部模型必须得到监管当局明确地批准并至少要达到下述要求：

（1）风险管理系统在理论上是稳健的，并且得到可靠的实施。

（2）从监管角度上讲，应具备足够多的能够使用复杂模型的人员，不仅包括交易部门，而且包括风险控制、审计部门，必要时还应包括后台部门。

（3）监管当局确定，模型在计量风险方面有合理准确的记录。

（4）定期地按照要求进行压力测试。

这里的压力测试是指：透过情境设定或历史资讯，根据可能的风险因子变动情形，重新评估金融工具或投资组合的价值，以作为判断企业蒙受不利影响时能否承受风险因子变动的参考。

三、模型审计程序

（一）模型审计测试的一般流程

为审计目的所进行的模型测试流程，是一种"重新执行"的过程，即通过独立进行的分析工作（参照基本理论和数值解决方法）和独立的编程，精确复制出被测试模型。

重新执行的目的，是发现模型发生错误的可能原因，具体包括模型不正确、执行偏差和编程错误等不同情况。

任何模型建立都是通过舍弃被认为不重要的条件，保留最重要的条件建立的。在不同的应用情境中，原先可能并不重要的某一个或几个条件会被"放大"，从而导致模型失败。因此，模型的正确仅仅是指概率意义上的正确。在严格的意义上，任何模型都是错误的。

这里须注意审计人员应慎做"模型不正确"的结论，要能够区分出富有创意的新方法和本质上有缺陷的理论，以避免不必要的审计风险。

模型测试程序一般涉及以下四个阶段：

（1）了解对模型的分析即模型的理论背景，检查相关文献，因为该模型可能是一个内部理论。

（2）找到独立的建模方法，从理论和合适的数值解决方法中寻找。

（3）建立独立模型，包括编程，以及最后通过平行使用所进行的测试。

（4）对测试的记录，包括结果、评论、来自模型开发人员的反馈，以及对所采用的独立方法的相关分析。

在上面四阶段模型测试程序的第二阶段中，独立模型的构建既然使用的是独立的编程，因此该独立模型也能得到测试。在灵活性、应用性、输入参数和输出结果类型各方面，独立模型应具有业务线模型的所有特点。

一般而言，在模型测试程序中，应同时对独立模型和被测试模型进行情境测试，测试情境包括输入参数的合理值与极端值。完成测试后，应仔细解释测试结果。一般来讲，在独立模型和被测试模型之间所存在的任何差异都应做出解释。同时，还应确认所有差异来源并进行跟踪和分析。

（二）模型风险的再评估

模型风险最常见的来源在于对有效模型的不恰当使用。因此，完成模型一般测试后，应抽取使用该模型的不同业务线的实际交易样本，对该样本再作检查。这种检查工作可作为正式审计的一部分或独立于正式审计。对选出来的交易样本要进行独立评估，同时还需验证其风险数据。这一做法可以强化模型的测试。

再评估一般可进一步测试：

1. 经交易双方的一致确认，对交易的正确记录

这是要确保交易已经过双方的一致确认，以及交易细节已确定无误地输进系统的相关记录。交易确认涉及许多细节，即使最简单的交易工具类型，在这一环节上也可能出错，比如不正确的天数计算惯例、错误的名义本金、错误的金融工具类别、对原始交易的修改未在记录中做出更新等等。

这里要注意对衍生金融工具，尤其是创新的衍生产品的确认与记录过程，因为这些金融工具可能缺乏规则或惯例可供参照。

这里还要注意组合金融工具，总互换协议，混合金融工具等业务过程的确认和记录，因为这些业务可能涉及不同的业务系统，即可能发生顾此失彼造成的相关风险。

2. 正确的估价

即使模型都是恰当的，但该交易的估价方式并非必然合理，如对于创新金融工具采用现有模型对其进行估价，即须十分谨慎。

在许多情况下，为对交易进行估价，多个模型必须一起使用，交易人员可能会出于不当理由而忽视须遵循的特定程序或特定的条件。

3. 输入参数的有效性，是否经过外部的独立验证

这里需要注意输入参数本身可能有问题，以及将输入参数放入估价模型中的方式也可能会有问题。输入参数的验证和独立估价应同时进行。随着许多灾难性事件的发生，业界已充分认识到独立监控账簿、记录所使用的模型输入参数的必要性。数据输入的权限，以及上传不同收益率曲线、波动率曲线、相关系数和其

他参数的机制，都应经过严密的评估。

尽管验证信息的类型和数量可能都很有限，但在大部分情况下，基本的重要参数应可以通过权威的数据库得到独立验证。

4. 正确的风险数据和信用风险流程

人为操纵输入参数会严重扭曲交易的实质，结果风险数据的可靠性也不能得到保证，因此需要进一步确定模型应用过程对信用风险管理流程的最终影响。

第三节 市场风险量化评估审计

一、市场风险量化评估的主要方法

（一）VaR 的起源与现状

所谓 VaR（Value at Risk），按字面意思解释就是"基于风险的估价"，简称"风险价值"或"在险值"，其实质是指在一定的置信度内，由于市场波动而导致整个资产组合在给定的时间段内可能出现的最大价值损失的一种统计测度。

自 20 世纪 70 年代初布雷顿森林体系崩溃以来，浮动汇率制下汇率、利率等金融产品价格的变动日益趋向频繁和无序。由于分散金融风险的需要，金融衍生工具应运而生并得到极大的发展。但随着这些衍生工具越来越多地被用于投机，如何有效地控制金融衍生工具的市场风险，成为企业所面临的重大问题。VaR 概念是 1980 年代时任 J. P. 摩根银行的全球研究部总经理蒂尔·古尔迪曼首次提出的，他认为"价值风险"要比"收益风险"更重要。

1993 年一个由工业国家的高层银行家、金融家和学术界人士组成的 30 人小组（G30）发表了一个关于金融衍生工具的报告《衍生工具：实践和原则》，建议引入"风险价值系统"（Value at Risk System）来评估金融风险。1994 年 J. P. Morgan 提出风险管理理念。此后 VaR 被越来越广泛地应用于市场风险的度量和监管。

VaR 方法以系统的概率统计理论作依托，能简单清晰地表示市场风险的大小，因而得到了国际金融界的广泛认可。国际掉期交易商协会、国际清算银行及巴塞尔委员会等团体一致推荐，将 VaR 方法作为市场风险测量和控制的最佳工具。美联储、SEC 及欧盟也都出台了类似的规定。

（二）VaR 的计算方法

1. 参数法（亦称方差—协方差法）

参数法是计算 VaR 时常用的方法。这种方法的核心是基于对资产报酬的方差一协方差矩阵进行估计。它的重要假设是线性假设和正态分布假设。这样通过样本估计出均值与方差．对某个给定的概率，就可计算出相应的 VaR 值。

获取标准差可以通过两种方式，一种是等权重方式，它度量的是无条件波动。另一种是指数权重计算方式，它度量的是有条件波动。

在对工作日内的风险及隔夜风险进行分析与估计时，正态性假定是很有效的。但对非经常事件，正态性假定是不恰当的。事实已经证明，实际的收益率数据分布尾部概率分布概率要比正态分布大，即存在厚尾现象。因而正态性的假定会导致对极端事件的 VaR 值的严重低估。

2. 历史模拟法

历史模拟法是借助于计算过去一段时间内的资产组合风险收益的频率分布，通过找到历史上一段时间内的平均收益，以及既定置信水平下的最低收益水平，推算 VaR 的值。因历史模拟法是基于历史数据的经验分布，故不需对资产组合价值变化及收益率的分布作特定的假设。

使用历史模拟法要有大量的历史资料，才有办法精确的叙述在极端状况下（如 99％的信赖水准）的风险值。历史资料中能捕捉到的极端损失的几率低于正常损益的几率，量多而且具有代表性的资料的取得就相形重要。

历史模拟法更可以勾勒出资产报酬分配常见的厚尾、偏态、峰态等现象，计算历史价格的时间（与资料的多寡有关）是影响风险值的一个重点。

3. 蒙特卡洛模拟法

蒙特卡洛模拟法与历史模拟方法十分类似，区别在于利用统计方法估计历史上市场因子运动的参数，然后模拟市场因子未来的变化，从中推出 VaR 值。

蒙特卡洛模拟法它需要算出几千个不同的情景作为分析的基础，解释风险的范围随之扩大，能较好地处理非线性问题，估算精度较好。随着计算机软硬件技术的飞速发展，该方法越来越成为计算 VaR 的主流方法。

4. 情境分析

情境分析也是一个可在 VAR 框架中使用的有效工具。具体操作流程是将先前发生过的真实情境套用于目前的投资组合，以检查倘若市场风险头寸发生类似事件时可能导致的潜在损失。

二、市场风险量化评估审计

（一）审计人员的一般职责

当进行市场风险的量化评估时，审计人员的职责大致包括：

（1）测试和审查所有内部市场风险模型，这通常要求审查模型的所有支持技术文件，并确保审查工作得到了正确施行。

（2）评估 VAR 模型应用在金融工具或投资组合上的妥当性。

（3）了解 VAR 模型的不足；检查市场风险管理流程，确保其与公司的政策相一致并满足监管机构的要求。

（4）确认在市场风险管理流程中与控制相关的问题。

（二）相关模型的适用性与局限性审查

审计人员在评估 VAR 模型对特定公司或特定目的的适用性时，需考虑以下重要因素：

1. 使用方差或协方差法的考虑因素

（1）因为个别的 VAR 必须针对每一项资产单独计算，所以要算出增量 VAR 会相当耗费时间。

（2）实证显示，正态分布的假设往往低估了极端事件发生的可能性，因此必须给予更精确的描述才会较符合真实情况。有鉴于此，对这种厚尾问题已努力在尝试解决。

（3）在处理大型投资组合时，方差或协方差矩阵不容易使用，且计算上不是很有效率。

（4）当所处理的头寸风险呈线性且基本不包含期权头寸时，此法非常容易处理且十分准确。

（5）对于非线性和包含大量期权的头寸，此方法所得出的 VAR 估计值往往不准，应采用一定方法修正，且注意所得到的估计值在应用上会有所限制。

2. 使用历史模拟法的考虑因素

（1）准确掌握 Gamma 风险、Vega 风险、基本风险及多重相关性风险

Gamma 表示正股价格每变化 1 个价格单位导致 Delta 的变化量。Delta 表示正股价格每变化 1 个价格单位引起权证价值的变化量。因此 Gamma 衡量的是权证价格相对正股价格的二阶非线性变化关系。Gamma 对冲是权证风险管理的重要内容。在中国香港市场中，一般通过购买 OTC 期权、上市期权对权证的 Gamma 风险进行对冲。境内市场由于缺乏 OTC 期权以及上市期权等金融产品，Gamma 风险管理成为难题。一种可选的办法是购买其他发行机构发行的权证来进行 Gamma 对冲。

Vega 表示波动率每增加 0.01 引起权证价值的变化量。与 Gamma 相同的是一般可以通过购买 OTC 期权、上市期权来对冲 Vega 风险。境内由于缺乏有效的对冲工具，Vega 风险管理也是一难题，可行的办法是购买其他发行机构的权证来进行 Vega 对冲。

（2）注意时间长度的筛选

历史模拟法所得到的结果的质量，主要取决于历史期间的长度。

计算历史价格的时间（与资料的多寡有关）是影响风险值的一个重点。庞大历史资料的储存、校对、除错等工作都需要庞大的人力与资金来处理，如果使用者对于部位大小与价格等信息处理、储存不当，都会产生垃圾进，垃圾出的不利结果。

若某些风险因子并无市场资料或历史资料的天数太少时，模拟的结果可能不具代表性，容易有所误差。

虽然资料笔数要够多才有代表性，但是太多久远的资料会丧失预测能力，过少的时间资料又可能会遗失过去曾发生过的重要信息，两者的极端情况都会使历史模拟法所得到的风险值可信度偏低，造成两难的窘境。到底要选用多长的选样期间，只有仰赖对市场的认知与资产的特性，再加上一点主观的判断来决定了。

（3）注意非线性和非正态分布的情况

历史模拟法下，假定市场因子的未来变化与历史变化完全一致，服从独立同分布，概率密度函数不随时间而变化（或明显变化），收益分布在整个样本时限内是固定不变的。这与经常出现突然变化和极端事件的实际金融市场的变化不一致。如果历史趋势发生逆转时，基于原有数据的 Var 值会与预期最大损失产生较大偏离，因此历史模拟法不能提供比所观察样本中最小收益还要坏的预期损失，不能作极端情景下的敏感性测试。

（4）注意波动性暂时的升高

未来风险因子的变动会与过去表现相同的假设，不一定可以反映现实状况。涨跌幅比例的改变、交易时段延长、最小跳动单位改变等，都会使得未来的评估期间的市场的结构可能会产生改变，而跟过去历史模拟法选样的期间不同，甚至从未在选样期间发生的事件，其损益分配是无从反映在评估期间的风险值计算上。

（5）注意对大型投资组合的应用局限

对大型投资组合，该方法使用起来过于繁琐。为了提高计算效率，可能需要将类似的产品归组或打包，但这样做可能会削弱全面评价所具有的好处。

（6）注意置信水平的合理区间

置信水平太大时（例如99%以上），估算精确度较差。

3. 使用蒙特卡罗模拟法的考虑因素

（1）蒙特卡罗模拟使用了许多样本路径，所以接近真实的随机行为。

（2）该方法在计算上耗成本且耗时。

（3）此法允许包含非线性价格风险、波动性风险和模型风险等各种广泛的风险类别。

（4）此法结合了波动性的时间变异、厚尾（意指偏离正态分布）以及极端情境。

（5）该方法有一潜在的缺点，即太依赖标的风险因子的随机模型，以及衍生产品或抵押贷款产品的定价模型，这样就会导致模型本身错误的风险。

4. 使用情境分析

（1）因为对某个群体是重大损失的事件反而可能有利于另外一个群体，使得用情境分析法导出的标准差可能会低估。

（2）与历史模拟法相比，情境分析法有一个优点，即其中包含了历史数据中未出现的极端情况。

（3）情境分析很难指出最坏情况发生的可能性大小。

（4）如果说历史模拟侧重于对历史一般情况的复制，情境模拟则侧重于对极端情况，如金融危机的模拟，二者具有互补性。就 VAR 分析而言，情境分析是目前所用方法的一个很好的补充工具。

三、巴塞尔委员会资本协议市场风险框架的有关规定

（一）关于市场风险管理的一般规定

（1）"风险价值"必须每日计算。

（2）计算风险价值时，使用 99％的单尾置信区间。

（3）计算风险价值时，使用等同于 10 天价格变化的即时价格突变。最小"持有期限"为 10 个交易日。

（4）使用历史观察期（样本期）计算风险价值最短观察期为 1 年。

（5）必须每个月定期更新一次数据集且只要市场价格有重大变化时就要重新评估。更新的程序必须足够灵活以适用于更加频繁的更新。如果监管当局判断价格波动率在显著上升时，监管当局可以要求使用更短的观察期计算其风险价值。

（6）对于模型方法没有特殊的规定。只要使用的模型体现了所有重要风险，就可以自由地使用模型，比如基于方差协方差矩阵、历史模拟或者蒙特卡罗模拟的模型。

（7）可以认可各类风险（如利率、汇率、股价、商品价格等，包括每个风险因子类别中的期权波动率）之间的实证相关性。如果监管当局对相关性计量和实施可靠性满意，也可以在更大风险因子种类层面认可相关性的实证结果。

（二）关于期权风险的特殊规定

（1）模型必须体现期权头寸的非线性价格特征。

（2）应最终能对期权头寸或表现出与期权有相似特征的头寸应用完整的 10 天价格突变方法。

（3）风险管理系统都必须有一套风险因子用来体现期权头寸的价格和利率波

动率，比如 vega 风险。具有相对较大和复杂的期权资产组合的企业应该有关于相关波动率的详细说明。

这表明应按照不同的到期日分类计量期权头寸的波动率。

此外，企业应计算现有的资产组合的压力状态下的风险价值，即在计算通常的 10 天持有期、99％单尾置信区间的风险价值基础上，根据资产组合，使用经过前期显著金融压力情景下的历史数据校准后的数据，输入风险价值模型进行计算。对于大多数资产组合，委员会认为应将 2007 至 2008 年间经受重大损失的 12 个月作为压力期间。经监管当局认可，可以使用其他的压力期间。压力状态下的风险价值至少每周计算一次。

第四节　信用风险管理审计

信用风险的三个要素包括风险敞口（Exposure at Default）、违约损失率（LGD）以及违约概率（Probability of Default）。如果考虑信用等级会降低风险，还应加上一个要素：信用价差（Credit Spread），并将违约概率改为评级变动概率（Rating Migration）。

在审计金融工具的信用风险方面，有许多方法可供采用。各个组织应根据自身的具体情况，选择最适合自己的工具和手段以解决所面临的特定信用控制问题，因此在金融工具信用风险的审计上存在诸多差异．以下阐述的是信用风险管理审计的一般内容。

一、初步评估

金融工具信用风险的审计，可先对整个组织层面上的信用风险管理进行初步评估，发现某些基本控制流程存在重大缺陷后，再采用实质性测试等审计程序。

在实施初步评估时，应当选取适当规模的交易样本，重点对下列方面进行评价：

（1）信用评估和随后的核准是否与交易活动独立进行？

（2）交易对方是否具有适当的信用风险等级？

（3）信用核准是否有相关分析文件支持而据以进行决策？

（4）被审计单位对其已经建立的市场和信用风险机制是否遵守了一贯性原则，当出现了与其规定政策相违背的情况时，被审计单位是否能够及时的加以处理。

（5）是否设有适当的信用限额，以限制最大风险敞口？

（6）是否定期度量实际的信用风险敞口，并与信用限额作比较？

（7）信用实务是否简洁、明确并制定了相关的程序性文件？

关于信用风险的计量分析机制。巴塞尔委员会提出了两种基本方法。第一种是标准法，第二种是内部评级法。内部评级法又分为初级法和高级法。对于风险管理水平较低一些的银行，新协议建议其采用标准法来计量风险。根据标准法的要求，银行将采用外部信用评级机构的评级结果来确定各项资产的信用风险权利。当银行的内部风险管理系统和信息披露达到一系列严格的标准后，银行可采用内部评级法。内部评级法允许银行使用自己测算的风险要素计算法定资本要求。其中，初级法仅允许银行测算与每个借款人相关的违约概率，其他数值由监管部门提供；高级法则允许银行测算其他必需的数值。

对问题1—4的否定回答表明在信用控制流程上有严重缺失，在建立及执行交易对手信用品质的独立分析机制方面急需改进。

对问题5和6的否定回答，表明管理层对实际的信用风险敞口不够了解，因此需对组织所面临的敞口水平进行审计调查。

对问题7的否定回答，则意味着缺乏正式的政策程序。一般而言，信用控制实务对金融服务机构的运作是不可或缺的，相关的方法与责任应清楚编成完整的信用政策与程序手册。然而，各个组织因其理念的不同，信用政策与程序的细化程度也会有很大差异。有些企业认为应提供详尽的程序描述，而其他公司则采用较为宽松的做法，仅制定原则性的规范，未就具体的施行制定明确的程序。成文的信用政策能方便审计流程的进行。正式的书面程序文件也能作为董事会和高级管理层的媒介，传达他们对可接受的实务流程的正式核准。

尽管如此，组织完善和连贯一致的信用流程，即使没有正式的书面程序文件也依然能正常运作。如果缺失正式的书面文件，这时不能在未对基本的信用风险管理流程作进一步分析的情况下，就妄自推断组织的信用风险控制不健全。若没有正式、书面的文件与程序，审计人员就需通过询问和观察，确定控制信用风险所使用的方法。

二、信用风险审计实务

审计信用评估流程的最终目的，在于确定有恰当的控制措施以对交易对手的信用品质做出精确且无偏的估计。由于完善的信用评估流程应涵盖所有信用产品，而不只是衍生金融工具，因此对金融工具信用评估流程的审计可以纳入整个组织层面上的范围更大的信用风险审计框架中。不论采用何种方法，为就信用评估流程的质量给出一个审计上的结论，有必要对许多因素做出评估。

（一）独立性与评级质量

1. 独立性与人员素质

首先必须确定信用评估及最终的级别核准工作，由不参与金融工具交易的人员担任。这是降低信用评级工作中舞弊可能性的基本措施。信用评估中主观判定方面的工作，必须由了解信用品质评估实务的人担任，因此另一个审计重点，在于对执行信用评估的人员的经验与培训的审查，以保证模型输出结果的评估。

2. 信用评级系统的质量

第二项必须评估的领域，是信用评级系统的质量。这里所使用的审计方法主要取决于信用评级系统的复杂性。对评级系统的一个简单的总体检查，是将对某交易对手的内部信用评级结果与外部评级机构所发布的结果作比较。若有明显差异，则表示内部评级方法有问题，可能须对评级系统做更深入地检查，这就需要更具体的信用理论知识。

如果评级系统主要依赖基本分析，这一步的审计就需要对信用品质的确定中所考虑到的诸多要素进行整体的评估。就审计人员而言，一般可以参照类似企业的标准或套用一般性的衡量标准。在界定内部评级系统的各项标准上，使用与大型评级机构相一致的评级系统也很有用。

（二）实质性测试

当信用核准工作未和交易职能相独立时，表明在信用评估流程中有缺陷，这时可能就有必要采用实质性测试。从审计的角度来讲，做这项工作自然需要大量的培训与经验。

实质性测试的主要环节包括以下几个方面：

1. 风险敞口度量审计

审计敞口度量的目的，在于确定信用风险敞口得到了正确的计算和恰当的汇总，以评定敞口度量的正确性与完整性。

（1）风险敞口的度量方法审计

审计人员应从了解信用风险敞口的度量方法着手。相关度量方法应当满足可将风险敞口与限额作比较的需要，并能按交易对手合计总的风险敞口。

风险敞口可能采用名义本金的一定百分比估算敞口大小的做法计出，但这种静态度量无法反映金融工具信用风险真实的变动特征。

对潜在的未来敞口作因素分解时，要考虑具体情况的差异，即应与金融工具的规模与复杂性相一致。

巴塞尔委员会曾经推荐的计算风险敞口的附加因子法，依然是业界普遍接受的实务做法。该方法的基本公式如下：

信用等价风险敞口＝Max（0，当前盯市价值）＋净附加因子×名义本金

其中，净附加因子＝（$1-a$）＋a×NGR×总附加因子，NGR 表示抵消之后的净重置成本（net replacement cost）与总的重置成本（total replacement cost）的比值，巴塞尔协会的建议取为 0.6；总附加因子也由巴塞尔协会的扩展

附加矩阵给出。

附加因子法对统计方法（如历史模拟法）和概率方法（如蒙特卡罗模拟）的改变却缺乏快速适应能力。对衍生交易自营商和较积极的最终使用者而言，附加因子法并不被认为是一项最佳实务。

一个可做重要参考的计算信用风险最大值的方法是：

信用等价风险敞口＝Max（0，当前盯市价值）＋一定置信度下的在险值

（2）敞口度量的准确性审计

一旦决定采用某个合理的度量方法，就应选择一个衍生交易的代表性案例，确认其市价重估的准确性，并进一步追踪经过独立验证的价格，确保该价格已纳入敞口的计算之中。如果使用附加因子，也应验证其计算的准确性。

另外，也有必要确定输入模型中的数据的准确性、时效性和完整性。这一工作可通过将传统的操作审计与对敞口度量流程的审计相结合来实现。

2. 风险内控流程审计

审计风险内控流程的目的，在于确认信用风险敞口数据能及时报告给相关人员，供其复核超出限额的情况及异常事项。风险内控流程审计的主要测试包括：

（1）复核的独立性

评估敞口监控流程，应从确认负责监督遵从限额规定的个人或团队的独立性着手。有效的监督，必须由不参与交易活动或投资组合管理等工作的人员或团队来执行。这样就可降低因一味考虑盈利而超出信用限额的可能性。

（2）敞口报告的质量

对敞口报告的质量也应做出评估。完善的系统应能对相关信息作及时报告和有效陈述。对信用风险敞口最好能实现在线监控，这样就可以在第一时间防止信用过度扩张的发生。如果这一点在实务上暂时不可行，那么至少应在下一个交易程序之前提供敞口报告。应检查报告格式，确保它能明确提供交易对手的限额信息和相关敞口数据，并能突出超过限额的情况（通常使用一份独立的例外报告）以方便追踪。完备的报告，也应能对濒临限额的敞口数据提出警告。

如果在计算敞口时采用了净额结算，那么应追踪恰当签署的轧差结算协议。有关合约有效性引起的争议，应征求法律顾问的意见。

（3）超出限额的核准与解决

在评估风险监控流程的有效性时，可从超出限额的次数和在发生超出限额的情况时能否得到迅速解决这两个角度入手。对信用风险的审计，应分析超出限额的情况，以及超出限额后问题没有得到解决这一状态所持续的时间。比较历史趋势、业界标准及专家判断，如果超出限额发生得过于频繁，这可能意味着限额设定得不合理，或更危险的，也可能是交易员根本不理会管理政策的要求。而且，对超出限额的情况未能予以及时解决可能反映了对信用风险敞口的监管不力。

对超出限额的情况应追踪至所负责的交易核准人。当超出金额重大，应向更高层的管理人员正式沟通问题交易的水平与特征。超出金额越大、问题未得到解决的时间越长，与之沟通的管理人员的层级也应越高。

超出限额的核准与解决的层级关系一般是发现部门（交易部、财务部、客户部、稽核部）——风险管理小组——风险管理部——风险管理委员会——董事会。超额事件的严重性主要取决于管理层设置限额的方法及各单个限额相对于公司风险承受能力而言的实际规模，

但任何情况下各层级之间都应有明确的金额界限与处理时间限定。

最后还应进行分析，以确认超出限额是否归因于特定的交易人员。交易人员在进行交易之前可能并未关注相关的信用限额。在进行审计时，这一点可通过询问和观察交易活动而得到评估。

（三）其他审计问题

视机构和其金融工具投资组合的特征之不同，可能需要许多其他的审计程序。

1. 担保品

应评估担保品相对于所报告的风险敞口的充分性。有关担保品的其他审计程序可能包括：

（1）对再评估程序的审计。

（2）担保品的独立重新计价。

（3）存在性检查，如实地盘点和向担保品保管人确认。

（4）担保品法定所有权的检查（涉及资产法定权利的完整性）。

2. 交易架构

对信用品质不太可靠的交易对手，应从往来交易之中筛选出一笔样本，以评定相关的风险敞口。合约中订定的风险缓解因素，比如终止条款和期中结算条款等应予以确认，并会同合适的法律顾问评议这些条款的有效性。

金融工具交易中所产生的信用风险是一个动态的敞口，随着标的资产价值的变动而变化。对其的有效管理，需要一个发展完善的控制系统，以从源头上阻止过大的信用风险（信用品质评估和信用限额），并就相关风险水平提供持续的反馈（敞口度量和持续的监控）。审计人员最大的挑战在于不仅需要了解信用理论和敞口度量的技术问题，而且需设计有效的审计战略，以满足整个组织范围内的信用风险管理的需要。

第五节　操作风险管理审计

一、操作风险概述

（一）操作风险的定义和类型

巴塞尔银行监管委员会对操作风险的正式定义是：由于内部程序、人员和系统的不完备或失效，或由于外部事件造成损失的风险。

按照发生的频率和损失大小，巴塞尔委员会将操作风险分为七类：

（1）内部欺诈，指有机构内部人员参与的诈骗、盗用资产、违犯法律以及公司的规章制度的行为。

（2）外部欺诈，指第三方的诈骗、盗用资产、违犯法律的行为。

（3）雇用合同以及工作状况带来的风险事件，指由于不履行合同，或者不符合劳动健康、安全法规所引起的赔偿要求。

（4）客户、产品以及商业行为引起的风险事件，指有意或无意造成的无法满足某一顾客的特定需求，或者是由于产品的性质、设计问题造成的失误可能造成的损失。

（5）有形资产的损失，指由于灾难性事件或其他事件引起的有形资产的损坏或损失。

（6）经营中断和系统出错，指软件或者硬件错误、通信问题以及设备老化等可能造成的损失。

（7）涉及执行、交割以及交易过程管理的风险事件，指交易失败、与合作伙伴的合作失败、交易数据输入错误、不完备的法律文件、未经批准访问客户账户，以及卖方纠纷等可能造成的损失。

（二）操作风险的特点

与信用风险、市场风险相比，操作风险具有以下特点：

（1）操作风险中的风险因素很大比例上来源于业务操作，属于可控范围内的内生风险。单个操作风险因素与操作损失之间并不存在清晰的、可以界定的数量关系。

（2）从覆盖范围看，操作风险管理几乎覆盖了金融工具交易过程所有方面的不同风险。既包括发生频率高、但损失相对较低的日常业务流程处理上的小纰漏，也包括发生频率低、但一旦发生就会造成极大损失，甚至危及组织存亡的自然灾害、大规模舞弊等。因此，试图用一种方法来覆盖操作风险的所有领域几乎是不可能的。

（3）对于信用风险和市场风险而言，风险与报酬存在一一映射关系，但这种关系并不一定适用于操作风险。

（4）业务规模大、交易量大、结构变化迅速的业务领域，受操作风险冲击的可能性最大。

（5）操作风险是一个涉及面非常广的范畴，操作风险管理几乎涉及组织内部的所有部门。因此，操作风险管理不仅仅是风险管理部门和内部审计部门的事情。

（三）度量操作风险的困难

度量操作风险在实际操作中存在极大的困难，主要体现在三方面：

（1）界定操作风险事件，这种界定必须全面，覆盖所有业务类型和风险来源，并为此建立日常的报告程序、报告标准和数据系统。作为参考，巴塞尔银行监管委员会规定了八种业务类型和七种操作风险来源。只有准确地记录了事件，而且事件足够多，样本数据才具有统计意义。

（2）即便金融机构具备采集数据的能力，但在相对较短的时间段内，操作风险的数据往往集中在高频率低损失的事件当中，那种低频率但是损失巨大的事件往往少见，这样会造成样本数据的不全面。

（3）在操作风险事件数据很难采集或者存在缺陷的情况下，金融机构也无法完全依赖外部数据，这一点与市场风险和信用风险不同。原因在于，金融机构发生大规模的损失事件后，往往不会主动向外界透露，因此不会被充实到外部数据当中，从而影响到数据的真实性分布。

尽管对操作风险进行比较好的模型化客观上存在更多的困难，但是也出现了一定的进展，最全面最被普遍遵循的是巴塞尔委员会提出的一整套由简到繁的方法：基本指标法（Basic Indicator Approach，BIA）、标准法（Standardized Approach，SA）和高级度量法（Advanced Measurement Approach，AMA）。遗憾的是，这里的前两种方法主要用于计算资本充足率，而后一种严格说来只是建立操作风险度量方法的理论框架，可操作性方面还有明显不足。

二、操作风险管理职责体系审计

与业务性质、规模和复杂程度相适应的操作风险管理体系，是有效地识别、评估、监测和控制或缓释操作风险的必要前提。操作风险管理体系的具体形式并不可能统一，审计过程主要是对于以下基本要素具体状态的判断评析：

（一）董事会监督控制职责

董事会应将操作风险作为一项主要风险，并承担监控操作风险管理有效性的最终责任。主要职责应当包括：

（1）制定与组织战略目标相一致且全面适用的操作风险管理战略和总体政策。

（2）通过审批及检查高级管理层有关操作风险的职责、权限及报告制度，确保操作风险管理决策体系的有效性，并尽可能地确保将各项业务面临的操作风险控制在可以承受的范围内。

（3）定期审阅高级管理层提交的操作风险报告，充分了解操作风险管理的总体情况、高级管理层处理重大操作风险事件的有效性以及监控和评价日常操作风险管理的有效性。

（4）确保高级管理层采取必要的措施有效地识别、评估、监测和控制或缓释操作风险。

（5）确保本企业操作风险管理体系接受内审部门的有效审查与监督。

（6）制定适当的奖惩制度，有效地推动操作风险管理体系地建设。

（二）高级管理层的职责

（1）在操作风险的日常管理方面，对董事会负最终责任。

（2）根据董事会制定的操作风险管理战略及总体政策，负责制定、定期审查和监督执行操作风险管理的政策、程序和具体的操作规程，并定期向董事会提交操作风险总体情况的报告。

（3）全面掌握操作风险管理的总体状况，特别是各项重大的操作风险事件或项目。

（4）明确界定各部门的操作风险管理职责以及操作风险报告的路径、频率、内容，督促各部门切实履行操作风险管理职责，以确保操作风险管理体系的正常运行。

（5）为操作风险管理配备适当的资源，包括但不限于提供必要的经费、设置必要的岗位、配备合格的人员、为操作风险管理人员提供培训、赋予操作风险管理人员履行职务所必需的权限等。

（6）及时对操作风险管理体系进行检查和修订，以便有效地应对内部程序、产品、业务活动、信息科技系统、员工及外部事件和其他因素发生变化所造成的操作风险损失事件。

（三）风险管理部门职责

企业应指定部门专门负责操作风险管理体系的建立和实施。该部门与其他部门应保持独立，确保操作风险管理的一致性和有效性。主要职责包括：

（1）拟定操作风险管理政策、程序和具体的操作规程，提交高级管理层和董事会审批。

（2）协助其他部门识别、评估、监测、控制及缓释操作风险。

（3）建立并组织实施操作风险识别、评估、缓释（包括内部控制措施）和监测方法以及全企业的操作风险报告程序。

（4）建立适用全企业的操作风险基本控制标准，并指导和协调全企业范围内的操作风险管理。

（5）为各部门提供操作风险管理方面的培训，协助各部门提高操作风险管理水平、履行操作风险管理的各项职责。

（6）定期检查并分析业务部门和其他部门操作风险的管理情况。

（7）定期向高级管理层提交操作风险报告。

（8）确保操作风险制度和措施得到遵守。

（四）相关业务部门职责

（1）指定专人负责操作风险管理，其中包括遵守操作风险管理的政策、程序和具体的操作规程。

（2）根据统一的操作风险管理评估方法，识别、评估本部门的操作风险，并建立持续、有效的操作风险监测、控制或缓释及报告程序，并组织实施。

（3）在制定本部门业务流程和相关业务政策时，充分考虑操作风险管理和内部控制的要求，应保证各级操作风险管理人员参与各项重要的程序、控制措施和政策的审批，以确保与操作风险管理总体政策的一致性。

（4）监测关键风险指标，定期向负责操作风险管理的部门或牵头部门通报本部门操作风险管理的总体状况，并及时通报重大操作风险事件。

这里的关键风险指标是指代表某一风险领域变化情况并可定期监控的统计指标。关键风险指标可用于监测可能造成损失事件的各项风险及控制措施，并作为反映风险变化情况的早期预警指标（高级管理层可据此迅速采取措施），具体指标例如：每亿元资产损失率、每万人案件发生率、百万元以上案件发生比率、超过一定期限尚未确认的交易数量、失败交易占总交易数量的比例、客户投诉次数、错误和遗漏的频率以及严重程度等。

（五）其他部门职责

法律、信息科技、安全保卫、人力资源等部门在管理好本部门操作风险的同时，应在涉及其职责分工及专业特长的范围内为其他部门管理操作风险提供相关资源和支持。

内审部门不直接负责或参与其他部门的操作风险管理，但应定期检查评估本行的操作风险管理体系运作情况，监督操作风险管理政策的执行情况，对新出台的操作风险管理政策、程序和具体的操作规程进行独立评估，并向董事会报告操作风险管理体系运行效果的评估情况。

三、操作风险控制措施审计

（一）内控措施的审查

加强内部控制仍然是操作风险管理的有效手段，与此相关的内部措施至少应当包括：

（1）部门之间具有明确的职责分工以及相关职能的适当分离，以避免潜在的利益冲突。

（2）密切监测遵守指定风险限额或权限的情况。

（3）对接触和使用资产的记录进行安全监控。

（4）员工具有与其从事业务相适应的业务能力并接受相关培训。

（5）识别与合理预期收益不符及存在隐患的业务或产品。

（6）定期对交易和账户进行复核和对账。

（7）主管及关键岗位轮岗轮调、强制性休假制度和离岗审计制度。

（8）重要岗位或敏感环节员工8小时内外行为规范。

（9）建立基层员工署名揭发违法违规问题的激励和保护制度。

（10）查案、破案与处分适时、到位的双重考核制度。

（11）案件查处和相应的信息披露制度。

（12）对基层操作风险管控奖惩兼顾的激励约束机制。

（二）其他操作风险管理措施的审查

1. 操作风险管理方法选择的审查

操作风险管理的具体方法可包括：评估操作风险和内部控制、损失事件的报告和数据收集、关键风险指标的监测、新产品和新业务的风险评估、内部控制的测试和审查以及操作风险的报告。

考虑到操作风险管理的"成本或效益"问题，业务的复杂程度不同，规模不同，操作风险管理的具体方法可以有各种不同。在条件具备时，可鼓励采用更加先进的风险管理方法，如使用量化方法对各部门的操作风险进行评估，收集操作风险损失数据，并根据各业务线操作风险的特点有针对性地进行管理。业务不太复杂，规模较小时，也可采用有效的简易方法。

2. 信息传递与预警机制检查

企业应当制定有效的程序，定期监测并报告操作风险状况和重大损失情况。

应针对潜在损失不断增大的风险，建立早期的操作风险预警机制，以便及时采取措施控制、降低风险，降低损失事件的发生频率及损失程度。

重大操作风险事件应当根据操作风险管理政策的规定及时向董事会、高级管理层和相关管理人员报告。

为有效地识别、评估、监测、控制和报告操作风险，企业应当建立并逐步完善操作风险管理信息系统。管理信息系统至少应当记录和存储与操作风险损失相关的数据和操作风险事件信息，支持操作风险和控制措施的自我评估，监测关键风险指标，并可提供操作风险报告的有关内容。

3. 操作风险减损机制检查

企业应当制定与其业务规模和复杂性相适应的应急和业务连续方案，建立恢复服务和保证业务连续运行的备用机制，并应当定期检查、测试其灾难恢复和业务连续机制，确保在出现灾难和业务严重中断时这些方案和机制的正常执行。

企业可通过购买保险或与第三方签订合同，并将其作为缓释操作风险的一种方法，但不应因此忽视控制措施的重要作用。

企业应建立重大操作风险减损措施预案，确定不同金额、不同性质操作风险损失发生时的应急措施，包括但不限于向公安机关报案，向证券监管机构和行业监管机构报告，向外部相关利益人等各种相关减损措施。

案例

从中信泰富衍生工具巨亏看内部控制[①]

2008 年 10 月，中信泰富公司因为从事澳元杠杆式远期交易而发生巨额损失，成为又一起衍生工具灾难。从表面看来，导致中信泰富巨额损失的原因是由于澳元兑美元汇率发生异常波动而导致的市场风险，但事实上，乃是由于该公司内部控制失控而产生的操作风险。在现实中，操作风险往往是衍生工具的核心风险。要有效地管理衍生工具的风险，必须要建立健全相关的内部控制。

据披露，中信泰富在 2008 年 7 月与多家外资银行签署了多份每月累计外汇远期合约，合约杠杆倍数绝大多数为 2.5 倍，行权价格为 0.87 美元。这意味着，中信泰富以 0.87 美元的价格购买一个澳元兑美元的看涨期权需支付 2.5 个看跌期权。当澳元汇率高于 0.87 时，中信泰富以低于市场价的 0.87 美元每天买入 1 个单位外汇而获利，但当汇率下降到 0.87 以下时，中信泰富必须每天以 0.87 美

---

① 杨荣华，李明辉. 中信泰富衍生工具损失案分析. 财会学习，2009.

元的高价买入 2.5 个单位外汇。据中信泰富的公告称，该公司之所以要签订这些累计外汇远期合约，是因为其在澳大利亚建一个铁矿石项目，为了支付从澳大利亚和欧洲购买的设备和原材料，中信泰富需要澳元和欧元，因此，财务董事张立宪达成了一笔外汇衍生交易。只要美元兑澳元继续走弱，这项交易就能获利。然而现实是，由于受金融危机影响，澳元兑美元不但没有走强，还大幅走弱，2008年 7 月到 10 月闻，澳元兑美元下跌了约 29%，从而造成公司巨额亏损。因此，中信泰富管理人员对澳元汇率的错误估计，是导致巨额亏损的直接原因。然而，从目前已披露出来的信息来看，中信泰富内部控制不完善，乃是导致这次事件的根本原因。

具体而言，中信泰富在衍生工具内部控制方面存在以下问题：

1. 缺乏明确的授权

据中信泰富审核委员会的调查结果，此事是由于财务董事未遵守集团对冲风险政策，且在进行交易前未按规定取得主席批准，超越其权限所为而导致的。然而，作为一个具有相当规模的上市公司，为何一个财务董事在未取得主席批准的情况下竟能签署如此巨额的合约？此外，在衍生工具交易中，前台、中台、后台部门必须相互牵制，而不能由少数人掌控整个交易过程，尽管目前案件尚没有完整的调查结果，但据称交易的原始材料上签名只有张立宪和另外一个交易员。这是否表明，中信泰富内部缺乏起码的授权与职责分离机制呢？

2. 为投机目的盲目从事杠杆式衍生工具交易

(1) 交易金额远远超过套期保值需要，投机成分重过套期保值

按照中信泰富的说法，签订相关合约是为了套期保值。但如果仅是套期保值，衍生品的合约头寸应与实际的业务头寸相接近，这样，当澳元汇率出现波动时，一边盈利、一边亏损，两相总计最终应相差不大，不可能出现巨额亏损。实际情况是，中信泰富通过签订杠杆式合约所得到的澳元远远超过其澳洲铁矿项目所需澳元资金。据披露，预计铁矿项目直至 2010 年的资本开支，对澳元的需求为 16 亿澳元，而每年营运开支估计需要 10 亿澳元。因此，中信泰富合计对澳元的需求为 26 亿，然而，在澳元累计目标可赎回远期合约、每日累计澳元远期合约及双货币累计目标可赎回远期合约下（假设澳元为较疲弱货币），公司须接取最高总金额为 94.4 亿澳元。中信泰富现时预计铁矿项目之资本开支对欧元的需求为 8500 万欧元，而在双货币累计目标可赎回远期合约下（假设欧元为较疲弱货币），公司须接取的最高总金额达 1.604 亿欧元。因此，这一交易明显带有很强的投机性，绝非为套期保值目的而交易。

(2) 交易品种选择错误

Accumulator 是一个高风险的投机产品，而不是用来套期保值的。中信泰富选择这样一个奇异衍生工具来套期保值（姑且认为该公司确实是为套期保值目的

而签订这些合约），加之对外汇的走势判断失误，无异于自寻死路。事实上，中信泰富完全可以利用一般的外汇远期等衍生工具来达到套期保值目的。

（3）合约条款明显不利于公司

根据合约，在澳元兑美元汇率高于 0.87 时，该公司可以以 0.87 美元的价格买入澳元，从而赚取差价。但这些合约每份都规定有最高利润上限，当每份合约达到最高利润（150 万美元～700 万美元之间）时，合约将终止。中信泰富手中所有的澳元合约加起来，理论上的最高利润总额仅为 5150 万美元，约合 4 亿港元。但是，如果该汇率低于 0.87 时，却没有规定自动终止协议。根据合约，中信泰富的澳元合约所需要接受的澳元总额高达 90.5 亿澳元（超过 485 亿港元）。这意味着，只要澳元兑美元不断贬值，中信泰富就必须不断高位接货，直到接货总量达 90.5 亿澳元为止。有人利用蒙特卡罗方法、按汇率历史波动率模拟发现，中信泰富在签订这笔外汇合约当时就亏损了 667 万美元。其原因在于中信泰富得到的 1 个看涨敲出期权的价值远远小于其送给交易对手的 2.5 个看跌敲出期权的价值。之所以会签下这样的条款，可能的原因是当时澳元兑美元的汇率坚挺，导致交易人员只考虑对冲相关外币升值影响，而未考虑相关外币的贬值可能。从这一点上，可以反映出交易人员风险意识的缺乏和从事衍生工具交易专业能力的不足。

3. 没有制定严格的限额控制

一方面，在签订的合约中，只规定有盈利的上限，却没有规定止损点；另一方面，该公司没有对衍生工具头寸及其风险限额进行严格的限制，从而为巨额损失埋下了隐患。如果该公司规定有严格的交易限额，即便存在杠杆效应，损失也不会如此巨大。

4. 没有及时止损

在衍生工具交易中，投资者需要随时关注市场因子的变化，并及时采取风险应对措施（包括终止合约、重组合约等）来控制风险。澳元自 2008 年 7 月中下旬便开始下跌，在以后长达 3 个月里，中信泰富一直没有及时制止进一步亏损。即便在事件发生后，中信泰富也没有及时平仓，其原因可能是寄希望于澳元兑美元出现回升。根据敏感性分析，事件发生时，澳元兑美元每贬值 1 美分，中信泰富就亏损 9400 万美元，每股就亏损 0.33 港元。如果澳元兑美元汇率进一步下滑，中信泰富的亏损还将继续扩大。

5. 缺乏有效的风险识别与评估机制

（1）在交易之前缺乏风险识别与评估

企业在进行衍生工具交易前，务必要识别相关的风险并对其损失进行评估。尤其是，杠杆式外汇交易属于高风险品种，更要对其风险进行完整的评估，以确信其处于自身可接受范围之内。必要时，还需要聘请专业人士来帮助企业进行风险识别与评估。而据该公司审核委员会及荣智健的相关公告，由于早前澳元汇率急升，相关人员在交易之前没有评估澳元贬值所构成的风险。另据披露，张立宪和另外一个交易员在签订合约时，有事出差在外地，边打电话边下单，而没有详细检查和评估合同风险，也未请财务顾问和法律顾问查看合同详情。也在一定程度上反映该公司整个企业风险理念的缺乏。此外，中信泰富签订的合约条款表明该公司交易人员只预期澳元汇率会涨，根本没有考虑澳元汇率会跌，在做出如此巨额的投资决策之前不考虑潜在的风险，对于一个担任重要财务职位的高级管理人员来说，幼稚至此，是不可想象的。

另外，中信集团事后披露，在中信泰富以往的有关交易中，一些银行存在误导可能，银行在推销产品时，没有将风险彻底向中信泰富解释清楚，无合适警示。但对企业而言，从事衍生工具交易之前不详细了解该交易品种的相关风险，而一味听信交易对手的推销，只能怪自己风险意识的缺乏。

（2）在合约持续期间，未能持续关注风险因素并对其概率和损失额进行评估

就此项交易而言，企业必须要关注影响澳元兑美元汇率的各种政治、经济、法律事项。在金融危机已经波及众多国家、澳元汇率不可避免地要下行的时候，企业交易人员以及相关的机构一直没有采取措施，而是赌博澳元汇率会上升，充分说明该公司风险识别与评估机制的缺乏。

6. 风险管理机制不健全

即便是如中信泰富所言，该交易是少数管理人员越权所为，但这些合约在澳元汇率低于 0.87 时，必须要定期进行结算，也就是说，公司的相关部门应当能够很快知悉此项交易。那么，公司的内部审计、风险管理机构在较长时间内为何一直没有发现此项交易的风险并采取相应的措施？这在很大程度上表明公司的风险管理机制没有发挥应有的作用。

7. 信息披露不透明

（1）内部信息不畅

据披露，中信集团事前对此交易并不知情。据称，这与中信集团采用分散式风险管理模式有关。但即使这样并不等于集团（母公司）可以不关注子公司的风险事项，这在一定程度上说明该公司乃至整个中信集团内部信息与沟通机制不健全。

（2）对外信息披露不透明

中信泰富在公告中宣称，2008 年 9 月初，公司即已察觉到合约的风险所在，并中止部分合约，实时损失 8 亿港元。但直到 10 月 20 日，公司才披露巨额损失。在半年报中，也没有提及这项业务。中信泰富将推迟披露归因于金融海啸导致公司没能及时将部分合约平仓以及需要进行内部调查。

思考题

1. 何谓金融工具？与金融工具有关的主要财务风险有哪些？

2. 对金融工具风险管理审计时，哪些情形下应当考虑利用专家工作？

3. 金融工具模型运用的定性标准有哪些？

4. 金融工具定量模型审计步骤包括哪些？

5. 市场风险量化评估 VaR 的计算方法有哪些？

6. 审计人员运用 VaR 的计算方法时应考虑哪些重要因素？

7. 巴塞尔委员会资本协议市场风险框架对市场风险管理有何规定？

8. 简述风险风险管理审计的一般内容。

9. 操作风险管理审计的主要内容有哪些？

10. 结合本章案例，分析中信泰富金融工具风险管理还有哪些可能需要改进的地方。

第七章　企业项目投资效益审计

第一节　企业项目投资经济效益审计概述

一、固定资产投资项目的经济效益和审计内容

根据投资项目的发展周期，固定资产投资项目可以分为可行性研究、投资方案决策、方案实施和项目终结四个阶段，这四个阶段经济效益的表现方式和效益审计的内容都有所不同。

（一）可行性研究阶段

可行性研究阶段的主要目的是投资项目的合理性和可行性。合理性是该投资项目要达到的目标效果是否明确，这种目标效果对投资主体或项目当事人来说是否必要；可行性是针对项目方案而言的，即项目方案一旦实施，能否实现预期的目标效果。投资项目的合理性和项目方案的可行性也就是这一阶段经济效益的具体表现。

由于可行性研究阶段的主要工作是大量的调查研究和计算，因此，此阶段的审计内容，也应该以可行性研究报告为核心，对项目方案必要性和可行性提供依据的调查研究和计算进行审核和复核，包括调查范围的完整性、资料来源的可靠性、计算方法的科学性以及调研结果的正确性等。

（二）投资方案决策阶段

投资方案决策阶段应该以经过批准的可行性研究报告为基础，其目的是通过决策过程选择达到投资项目目标的最优方案，该最优方案也就是本阶段可交付的成果。所谓最优方案，应该是在相对节约资源投入的前提下，能够最大限度地实现该项目的各项目标和约束条件的方案，或者说是投入、产出关系最佳的方案。在若干个可行方案中间，正确地选择最优方案，这就是本阶段经济效益的表现方式。最优方案的选择过程，事实上是指标的选择、测算、评价的过程。

因此，该阶段效益审计的主要内容应该是对决策指标的选择、测算和评价进行审核和复核，包括所选择的指标体系的适当性（是否符合该投资项目的项目目标要求），指标测算数据来源的可靠性，指标计算和评价方法的科学性等。

（三）方案实施阶段

方案实施阶段的主要目的足以经过选择的最优方案为基础，按照该方案所规定的设计规模、投资标准、工期进度、质量、成本对该项目实施，以实现项目的预期目标和效果。该阶段的经济效益主要表现为对规模、标准、进度、质量和成本（造价）的控制程度。

因此，该阶段的效益审计内容，也应该以最优方案执行过程中有关规定（上述诸要素）的控制程度和效果，其中包括有关内部控制的健全、有效。

（四）项目终结阶段

上述实施阶段的可交付成果，体现为实际实现的项目目标和效果。在项目终结阶段的审计中，主要应该将实际提供的项目效果与已经确定的项目目标进行比较，以确认既定项目目标的实现程度。如果两者之间存在差异，应分析这种差异的发生原因，明确责任和可以采取的必要措施。

二、固定资产投资项目经济效益审计应该考虑的因素

由于固定资产投资具有一次性、投入金额大、投资期限较长等特点，所以进行固定资产投资项目审计应该考虑以下因素：

（一）货币时间价值或资金成本

货币时间价值是放弃货币现在的使用机会，所取得的无风险报酬率。在测算投资项目经济效益指标时，把项目各年的现金流入量折算为现值与现金流出量进行比较。资金成本是进行货币时间价值计算时确定折算率的依据，资金成本应该根据项目投资的筹措情况加以确定，应注意资金成本（折算率）的偏差往往会影响项目效益审计的最后结论。

（二）风险报酬和通货膨胀贴水

投资项目风险是指投资项目不能达到预期目标的可能性。一般认为购买国债和银行存款收取利息是无风险的。在我国，商业银行仍有破产、倒闭之可能，投资于银行从理论上讲不无风险。风险报酬是由于投资存在较高风险，而期望得到的高于货币时间价值的额外报酬。项目的风险越高，要求的风险报酬率也越高。在通货膨胀程度达到一定的水平以上，投资项目的折算率应该包含通货膨胀贴水

率，即在货币随时间而贬值的前提下，未来取得的现金流入能够合理补偿现在（过去）发生的现金流出。根据以上所述内容，投资项目的期望报酬率即所用的折算率由三部分组成：

投资项目期望报酬率＝货币时间价值＋通货膨胀率＋风险报酬率

（三）现金净流量（NCF）

现金净流量是投资项目建设和运行各年所发生的现金流入量和现金流出量之差。

现金净流量
＝现金流入量－现金流出量
＝项目运营收入－项目运营成本（不包括折旧）
＝项目运营净利润＋折旧

现金净流量是计算项目经济效益指标的主要依据，一个项目的现金流量可以用现金流量表的形式来表达，它可以清晰地反映项目各年现金流入和现金流出的变动情况，以及项目投资回收的时间。

（四）机会成本

因为选择最优方案，而放弃次优方案所丧失的次优方案潜在收益，称为最优方案的机会成本。固定资产投资决策，往往是在两个或两个以上的可行方案之间进行选择最优方案，所以对投资项目的审计必须考虑机会成本。

（五）技术进步和市场竞争

固定资产投资项目在一定的技术水平上形成或增加了生产的能力，但是如果同行业或同类产品的生产技术进步的速度很快，可能会导致该固定资产投资项目的成果如设备、生产线等在技术上陷于陈旧落后，过早地被淘汰报废，直接影响该投资项目的寿命年限和经济效益。同样，市场的激烈竞争也会导致运营费用的提高或收入的减少，甚至减少项目的运营年限和经济效益。

第二节　投资项目可行性研究的审计

投资项目可行性研究阶段的经济效益，主要体现在投资项目的必要性和项目方案的可行性。因此，这一阶段的经济效益审计应以可行性研究报告为核心，对投资项目的必要性和项目方案的可行性进行审核。

一、可行性研究报告内容

可行性研究是根据研究的对象性质、规模和复杂性，所进行的投资机会研究、初步可行性研究、详细可行性研究及项目评估的结果。可行性研究报告中应明确做出项目是否可行的结论或建议。

可行性研究报告的内容和编写格式随项目的不同有所差异。研究内容根据不同项目的不同特点可有所侧重。联合国工业发展组织（INIDO）编写的《工业可行性研究手册》提供了一般工业项目可行性研究的内容和报告的编写格式。主要包括如下几个方面：

（一）实施要点

扼要叙述可行性研究的结论和建议，应归纳研究报告的各个关键方面的实施要点，并提出项目的主要优点和主要缺点及执行的可能性。

（二）项目背景和历史

说明项目的背景，主持单位（或人）的姓名和通讯处，对项目感兴趣的理由，支持该项目的经济和工业政策、销售方向（包括国内或出口）。

（三）市场和工厂生产能力

（1）社会的需求和市场分析。

（2）销售预测和经销。

（3）工厂生产能力和生产计划。

（四）原材料及其他物资的投入

（1）原料、辅助材料、燃料的种类、数量、来源和供应渠道。

（2）所需公用设施的数量、供应方式和供应条件。

（五）坐落地点和厂址

（1）说明工厂所在地理区域的选择及合适厂址的确定。

（2）当地经济、地理、气象、水文、地质条件及交通运输电气供应等条件。

（3）对环境、生态平衡的影响。

（六）项目设计

（1）项目的布局和范围。

（2）说明最终选定的技术。

（3）说明选用的设备。

（4）说明所需的土木工程。

（七）工厂的组织与管理

（1）工厂的组织机构。

（2）企业的经费。

（八）人员

（1）工人的种类、数量和来源。

（2）技术和管理人员的种类、数量和来源。

（3）各类人员的培训内容、时间和计划等。

（九）实施计划

（1）工厂建设进度和工期。

（2）试车投产期限。

（十）财务和经济评估

（1）总投资费用的估算。

（2）资金筹措情况。

（3）逐年的总生产成本和单位产品成本的预测。

（4）财务评估。

（5）国民经济评估。

二、企业固定资产投资项目可行性研究报告审查的内容

固定资产投资项目的可行性研究是固定资产投资决策的依据，该研究是对投资项目建议书提出的项目方案从技术、经济方面进行科学论证的过程。固定资产投资项目可行性研究报告的内容主要包括：①总论；②需求预测和拟建规模；③资源、原材料、燃料和公用设施情况；④建厂条件和厂址选择；⑤设计方案；⑥环境保护；⑦企业组织、劳动定员和人员培训；⑧实施进度建议；⑨投资估算和资金筹措；⑩社会和经济效果评价。

可行性研究报告的审查就是按照该报告所列示的内容，对可行性研究的可靠性程度逐一加以审核，审查的主要内容包括投资必要性的审查、市场预测可靠性审查、项目规模和技术配套审查、外部供应和公用设施的审查、设计方案合理性审查、财务预测可靠件审查和项目经济效益、社会效益测算分析正确性审查。

（一）投资项目的必要性审查

投资项目必要性审查是指审查投资项目是否有利于宏观经济效益的提高，是否存在盲目引进、重复建设的问题以及项目背景和必要性等。

1. 是否有利于宏观经济效益的提高

固定资产投资项目的经济效益，包含两个层次：

（1）微观层次上的效益，如能够降低生产成本，或者增加销售收入、增加利润等；

（2）宏观层次上的效益，如符合国家当前的产业政策，符合地方经济发展和社会进步的客观需要等。

项目如果仅对投资项目当事人的微观经济效益有利，但却不符合国家产业政策和地方经济发展的客观需要，从理论上讲可以直接下"不必要"或"不可行"的审计结论。作为内部审计来说，遇到这种情况一般应该提出建议，尽可能使项目的投资方向既符合微观经济效益的提高，又符合宏观经济效益提高的要求。

2. 是否存在盲目引进、重复建设的问题

盲目引进主要针对固定资产投资项目中包含的新技术、设备工艺等引进项目；重复建设主要是针对投资项目成果的主要功能是否与本单位、本地区、本部门的已建或在建固定资产相重复。

3. 项目背景和必要性

项目背景是指项目建议是在什么背景下提出的，它能够解决项目当事人生产、经营、事业、发展中的什么问题，能够满足项目当事人的哪些需要等；项目必要性是指项目成果的功能能够给项目当事人带来的利益是否必要。

（二）供销市场预测的审查

市场预测是可行性研究的基础，一方面它对项目投资必要性从定量分析角度加以说明，另一方面市场能力大小的预测结果将决定项目投资的规模。当然，市场预测的结果也可能直接决定项目的可行性。

1. 市场预测方法科学性审查

在可行性研究中的市场预测，通常包括项目运行所需要生产要素的供应市场和项目产品的销售市场两种预测。供应市场的预测方法比较简单，一般可以根据所需的生产要素生产企业的现有生产能力和拟建、扩建中的生产能力进行测算。但也应该注意，有些必要的生产要素并不是以企业化的方式生产出来的，如专门技术、人力资源等；有些要受到国家政府的管制，如土地使用权等。上述的预测方法对这些要素的供应就不适当。

项目产品销售市场的预测的方法，按照预测期的远近可以分为"市场潜量预测"和"市场趋势预测"两种：

（1）市场潜量预测着重分析产品当前的潜在需求量，预测方法有抽样调查法、相关产品分析法和购买力估算法等。

（2）市场趋势预测法是预测项目产品在今后一段时期需求发展趋势的方法，包括历史资料外推法、回归分析法、产品寿命周期分析法等。

对市场预测方法进行审查时，主要应注意所用方法与预测的内容是否相适用，方法的选择是否符合预测目的的要求等。

2. 审查市场预测所用的数据来源是否可靠

市场预测所用的数据来源主要有历史资料、市场调查资料和由政府和上级部门机构（如行业主管部门、统计部门、商业和外贸部门等）提供的资料，对数据来源可靠性的审查，除了审查其来源是否正规、有据可查外，还要审查数据是否具有代表性和现实意义等。

3. 审查市场预测的范围是否适当和完整

项目运营生产要素的供应市场和项目产品的销售市场，很可能涉及当地市场和外地市场、国内市场和国外市场．特别是发展出口产品和进口替代产品时，预测范围是否完整对确定项目的规模有很大影响。注意在对国际市场预测时，应注意企业的供销预测与国家的进出口能力是否相适应，其中销售预测主要是预测有多少产品可以打入国际市场；供应预测主要是预测我国可能进口的产品数量，而不是世界各国对该产品的总供应量。

4. 审查市场预测项目的适当性与完整性

项目的供销市场预测不仅是对可以得到的供应数量和可以实现的销售数量的预测，同时还应该包括对供应和销售有关的重要条件进行预测，包括：①在各种不同市场供应和销售的价格；②在各种不同市场交纳的税金和费用；③未来同类产品的竞争情况；④运输方式和运输费用；⑤为了供应和销售而可能引起的各种附加条件等。

5. 形成项目的市场能力

所谓项目的市场能力是指由生产要素的市场供应和项目产品的市场销售而形成的对项目规模的约束。市场能力是项目供销市场预测的工作成果，它为可行性研究的以后备阶段工作提供了基础。审计人员通过以上各项审查以后，可以判断市场预测所形成的项目市场能力是否适当。

（三）项目规模和工艺方案的审查

对于企业投资项目来说，项目规模是指一定时期内能够生产的产品数量，通常称为生产能力，在可行性研究报告中反映为设计生产能力。项目的规模主要受两方面的约束：一是项目市场能力的约束；二是受规模经济的约束。所谓规模经济是指生产规模多大时，投资最节约，利润最大。项目的市场能力决定了项目规模的最大可能性；而规模经济却决定了项目的最优化。项目规模确定以后方可选择项目相关的工艺方案，出于各个工艺方案的投入与产出不同，经济效益也不同，这样，已经确定的项目规模就成为判断哪个方案最优的重要依据了。

1. 项目规模确定合理性的审查

一般要确定项目的经济规模，首先应确定该项目获得预期利润的起始规模，在此基础上根据项目市场能力提出多种被选方案进行分析比较，找出经济规模即最优方案。所以审查方法包括：

（1）用规模经济方法如本量利分析法，测试所确定的项目规模是否能够实现项目预期利润的要求；

（2）对照项目的市场能力，判断所确定的项目规模是否符合市场能力的约束条件。

2. 项目工艺方案先进合理性审查

工艺技术的先进程度经常受项目规模的限制，项目规模越大，工艺技术可能越先进。工艺技术的先进程度还应适应国情和企业的实际情况，并不是任何投资项目都是工艺越先进越好。先进的工艺需要其他相关因素与之相配合，如原材料、设备、操作技术和管理水平等，任何一个因素不配合都会导致整体水平的下降。项目工艺方案先进合理性的审查应该包括：

（1）审查项目最优工艺方案。不同的工艺方案，其投资规模、能源消耗量、劳动力需求量、产品成本等都有所不同，这就要求除了审查工艺方案的技术先进、合理性外，还要审查其经济上的合理性。

（2）审查设备的选择是否与工艺要求相协调。工艺与设备是密切相关的，先进的工艺要求有先进的设备。

（3）审查设备的购置决策是否经济有效。设备投资经常是项目投资中极为重要的部分，任何组织设备购置对项目经济效益影响均较大。因此应该审查：①在设备购置决策时是否比较了自制、国内采购、国外引进等多种途径，最优途径的确定是否以先进、适用、经济为依据；②采购设备是否使用最有效的方式，例如实地考察价格调查和招标投标等，使设备的采购最符合经济原则；③引进的设备与原行的其他设备是否配套协调；④引进设备与备品备件、维修保养等关系是否兼顾。

（4）审查设备的可靠性和技术资料的完整性。应该审查选择的设备是否有技术鉴定，尤其是引进的设备特别应该注意技术鉴定的可靠性，还应注意所采购的设备有关安装、调试、维护等方面的技术资料是否完整，设备的有效使用有无保障。

（四）项目设计方案的审查

投资项目的设计方案除了工艺技术和设备外，还包括项目选址、三废处理设计和建筑安装工程设计等。

1. 项目选址的审查

对于一个新建项目，恰当的选址是一个重要的问题。它不仅涉及自然资源、水文地质、交通运输和社会基础设施等问题，而且还涉及国家和地方经济发展政策。例如对三废比较严重的项目，国家经常规定应建造在限定的区域内。审查项目选址，应当检查项目的选址是否考虑了上述因素，是否符合国家的有关经济政策。

2. 审查三废处理设计的合规性

三废的处理设计是设计方案审查的重点内容，首先要调查项目建成运行会产生哪些废气、废水和固体污染物，对环境有什么不良影响；然后检查项目设计方案对这些问题采取了什么有效措施，能否达到国家规定的排放标准；最后应该审查三废治理工程与项目主体工程能否同时设比同时施工、同时交付使用。

（五）财务预测的审查

固定资产投资项目可行性研究中的财务预测，包括两部分；一是与投资支出有关的财务预测，另一部分是与项目完工运行有关的财务预测。这两部分预测所生成的财务数据是计算项目经济效益指标的重要依据，也是可行性研究报告审查的重点。

1. 与项目投资支出有关的财务预测审查

这部分审查包括对投资概预算合理性的审查、投资资金来源的审查以及资金筹措方案优化的审查。

（1）投资概预算合理性审查。所谓投资概预算的合理性，应指与投资活动发生当时取得等量同类生产能力或使用价值的平均成本相当。例如基本建设投资项目的概预算，应该与投资当时单位建筑面积的实际平均造价相当。评价可行性研究中投资概预算的合理性，一般的非专业基建审计人员可以来用以下方法：①先选择一项已经完工并办理竣工决算的参照项目，该参照项目必须经过审计得出真实的、不含水分的实际成本；其形成的使用价值或生产能力必须与被审计项目相同或同类。②根据这一参照项目的决算成本和实际形成的使用价值（生产能力）计算其单位使用价值的投资额。③根据以上计算的单位使用价值投资额和被审项目的设计生产能力（经审查优化的项目设计规模），计算被审计项目的社会平均投资额。

上述方法可以用如下公式表示：

$$被审计项目社会平均投资成本 = \frac{参照项目决算成本}{参照项目实际形成使用价值} \times 被审项目设计$$
生产能力

（2）投资资金来源及筹资方案优化的审查。确认了项目投资概预算的合理性以后，应审查投资资金来源的落实和合法性情况。审计人员可以检查与项目有关的投资协议、贷款合同以及项目当事人单位的会计资料，检查投资所需要的资金是否有合法而充裕的资金来源，资金的及时到位是否有保障。

在市场经济条件下，筹措资金的渠道往往有很多种，所以在一般情况下、某一固定资产投资项目的投资资金，是由若干种不同资金来源组成的"拼盘"。在这种情况下，还应该审查"拼盘"投资项目的筹资方案是否经过优化。所谓优化在这里有两个含义：①筹资方案的综合资金成本最低；②各项不同资金的占用时间与项目进度以及资金使用回收的现金流量相一致。

2. 与项目投产运行有关的财务预测审查

项目投产运行过程中发生的各项费用、成本、税金、收入也是可行性研究报告中财务预测的重要内容，这部分预测的结果形成投资项目的未来现金流量，是计算项目经济效益指标的重要数据来源，所以应该重点审查其可靠性。审查时应该注意：

（1）成本费用、税金和收入的预算审查，应该以经过审计被确认为优化的项目规模为基础，未来的销售量、产量等都不应超越项目规模的界限。

（2）注意项目运行的年限预计是否合理，可以参照固定资产的使用年限或项目产品的寿命年限加以评价。

（3）由于项目运行的年限一般比较长，运行风险比较高，应注意各种不确定因素对成本费用、税金和收入的影响。

项目财务预测经过审查如果确认为不可靠，在审计结论中应提出更新预测的建议，或者审计师通过自己的预测来建议修正原先可行性研究报告中的预测结果。如果可以确认原财务预测的可靠性，那么以此为基础进行投资项目经济效益的测算。

（六）项目经济效益和社会效益的测算评价

项目的经济效益和社会效益是判断投资项目是否可行的一个重要的组成部分，它一方面反映投资项目经过实施所带来的最终效果，另一方面也为投资决策，即在若干个可行方案小选择较优方案提供指标数据方面的基础。

1. 项目经济效益指标的测算

在本书第一章中我们已经提到，由于投入和产出之间的比较存在不同的方法，比较的结果也分别具有不同的优缺点。因此我们主张对一个单位或一个项目的评价，应该采用不同的比较方法形成不同的指标进行测算，以反映经济效益的不同侧面。反映固定资产投资项目经济效益的指标，主要包括：

（1）净现值（NPV）＝项目未来报酬总现值－项目原投资额

（2）现值指数（PVI）＝项目未来报酬总现值÷项目原投资额

（3）内涵报酬率（IRR）＝相当于使项目净现值计算等于零所用的折现率

（4）投资回收期（N）＝项目原投资额÷每年相等的现金净流量现值

2. 项目的社会效益评价

项目的社会效益平评价一般用定性方法为多，包括对贯彻国家经济政策的影响、对地方经济建设的影响、对地方社会进步和生态环境改善的影响、对缩小城乡差别和贫富差别的影响、对提高我国某领域的科学技术水平和国民健康文化水平的影响等。

3. 注意对项目的宏观经济效益的评价

宏观经济效益评价是指从国民经济的角度评价投资项目对国家和社会所产生的效益。应注意宏观经济效益评价的特点：

（1）宏观经济效益衡量的价值标准是利税之和，而不是利润。

（2）对投入和产出的价格计量应该以国际市场价格为基础。

（3）不仅应该计算项目的直接经济效益，而且还应该评价项目所带来的间接效果。

（七）可行性研究报告可靠性的审计结论

审计结论的主要目的，是就被审项目可行性研究的结论可靠性发表审计意见。但在经济效益审计中，这种审计意见不仅仅是一种意见类型，更重要的是指出影响可行性研究可靠性的问题，并提出有效的审计建议。例如：建议在符合国家产业政策、地方经济建设需要的前提下，选择提高本单位微观经济效益的投资方向；指出在对某项市场预测内容进行预测所用的方法不适用，而应改用另一种方法；指出被审项目原设计生产能力（项目规模）超越了市场能力的约束范围，建议由设计机构重新设计；指出被审项目原概预算与社会平均投资成本水平差距很大，建议由专业基建审计人员进行进一步审查取证；指出被审项目可行性研究中财务预测所依据的项目运行寿命周期不恰当，建议重新确定寿命周期并进行财务预测等。

三、企业固定资产投资项目可行性研究报告审查流程

对可行性研究报告进行审计，从项目必要性审查开始，到做出审计结论为止，经过若干个审查的步骤，形成一整套的审计实务流程（如图7-1所示）。这

一实务流程的主要特点是审查的各步骤环节顺序不可颠倒，前一步骤的工作成果是后一步骤的前提和依据，而后一步骤的工作内容又是前一步骤的继续。

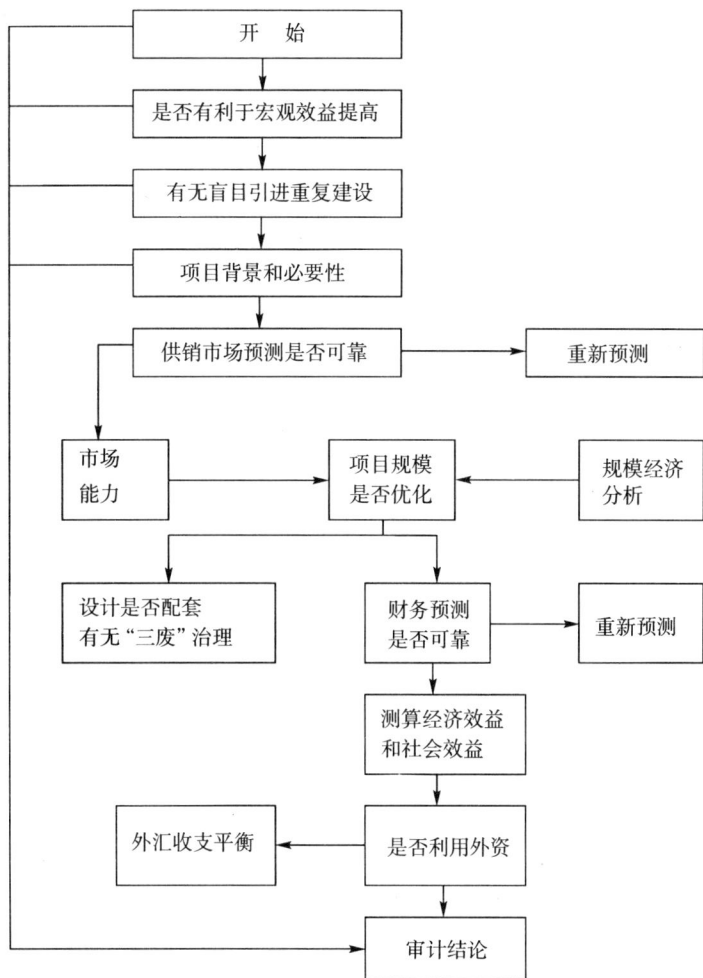

```
                      ┌──────────────┐
                      │   开  始      │
                      └──────┬───────┘
                             │
                      ┌──────┴───────────┐
                      │ 是否有利于宏观效益提高 │
                      └──────┬───────────┘
                             │
                      ┌──────┴───────────┐
                      │ 有无盲目引进重复建设  │
                      └──────┬───────────┘
                             │
                      ┌──────┴───────────┐
                      │  项目背景和必要性   │
                      └──────┬───────────┘
                             │
              ┌──────────────┴──────┐       ┌──────────┐
              │  供销市场预测是否可靠    ├──────→│ 重新预测  │
              └──────┬──────────────┘       └──────────┘
                     │
        ┌──────┐   ┌──┴────────┐   ┌──────────┐
        │市场  │←──│ 项目规模    │←──│ 规模经济  │
        │能力  │   │ 是否优化    │   │ 分析      │
        └──────┘   └──┬─────┬──┘   └──────────┘
                      │     │
        ┌─────────────┴┐  ┌─┴──────────┐   ┌──────────┐
        │ 设计是否配套   │  │ 财务预测     ├──→│ 重新预测  │
        │ 有无"三废"治理 │  │ 是否可靠     │   └──────────┘
        └──────────────┘  └─────┬──────┘
                                │
                          ┌─────┴──────┐
                          │ 测算经济效益  │
                          │ 和社会效益    │
                          └─────┬──────┘
                                │
        ┌──────────┐      ┌─────┴──────┐
        │ 外汇收支平衡 │←────│ 是否利用外资  │
        └──────────┘      └─────┬──────┘
                                │
                          ┌─────┴──────┐
                          │  审计结论    │
                          └────────────┘
```

图 7-1 项目可行性研究报告审计实务流程图

第三节 项目投资决策审计

当我们遇到同时存在两个或两个以上可行方案时，选择最优方案至关重要。选择决策是一种管理行为，对决策所进行的审计属于管理审计的一种，一般是属于内向型管理审计，即经过对项目投资决策诸要素的审查，向投资项目当事人或项目管理层提供改善决策质量的信息。

一、固定资产投资项目投资决策原理

在一组投资方案中选择最优方案，是通过决策指标体系的测算和比较来完成的。投资决策指标体系是由上节所讲到的项目经济效益指标所组成的，现在我们介绍这些指标在可行性和决策中的应用原理。

1. 净现值（NPV）指标

净现值＝项目未来报酬总现值－项目原投资

项目的未来报酬是指项目运行、终结过程中的现金净流量，包括运行各年的现金净流量和项目固定资产报废时的变价收入。未来报酬总现值是通过货币时间价值的计算，将运行各年所取得的现金净流量折算为项目第一年的现值，然后进行加总的结果，其性质是投资项目的产出。项目原投资额在可行性研究和投资决策中用的是投资概预算，其性质是投资项目分得投入。净现值指标反映的就是上述投资项目投入与项目产出在同一个时间基础上以相减方式进行的比较，它以绝对数的形式表示投资项目经济效益的规模。

在可行性研究中，只要净现值指标数值大于 0，也就是项目的产出大于投入，就表明投资方案可行；在投资决策中，如果在若干个投资规模相同的方案之间进行选优，那么净现值较高者为较优方案。但是如果在投资规模不等的方案之间。不能仅仅根据净现值的高低来判断其中的最优方案。

2. 现值指数（PVI）指标

$$现值指数＝\frac{项目未来报酬总现值}{项目原投资额}$$

该指标反映项目的产出与投入以相除的方式所进行的比较。在可行性研究中，该指标数值大于 1，即项目产出大于投入，表明方案可行；在投资决策中，现值指数越高，说明方案较优。该指标是相对数指标，不能表明项目经济效益的规模，但可以在不同规模的投资方案之间进行直接比较，得出较优方案。

3. 内含报酬率（IRR）指标

内含报酬率指标是使方案净现值等于 0 时所用的折现率，该指标反映项目的实际收益能力。在可行性研究中，当该指标数值大于投资资金的资金成本时，方案可行；在投资决策时，内含报酬率高者，为较优方案。内含报酬率没有统一的计算公式，它实际上是按照计算净现值的方法推算出来的，因此该指标的影响因素与净现值相同。

4. 投资回收期（N）指标

$$投资回收期＝\frac{项目原投资额}{各年取得的现金净流量}$$

上述公式只能在各年现金净流量相等的情况下，如果各年的现金净流量不等，只有用编制现金流量表的方法来确定投资回收期。该指标并不是一个经济效益指标，而是反映投资方案风险大小的指标，当各决策方案的经济效益指标水平基本相当时，可以根据该指标所反映的风险大小来选择较优方案。投资回收期越长（指标数值越大），说明方案的风险越高。

二、投资决策审计的内容

投资决策审计一般都包括决策组织、决策程序、决策依据可靠性、决策方法适用性、决策结果正确性等方面的审计，这部分我们在管理审计中已经说明。作为固定资产投资项目的决策，除了以上一般的审计内容外，还应包括以下的特殊内容，这些内容主要与决策指标的测算有关，都是上述决策指标测算的依据或数据来源。如果决策程序和方法都对，而数据来源却是不可靠、不正确的，将可能使决策得出不正确的结论，进而给投资当事人带来损失。

1. 原投资额的审查

在投资决策中，原投资额就是项目的概预算。对项目概预算的审查方法，在上节可行性研究报告的审查中已经介绍，应该注意的是上节所介绍的方法仅仅是一种分析性复核的方法，在审计中只能起到初步评价的作用，真正要说明项目概预算中存在问题，必须要通过专业基建审计另行取证。审查时应注意：

（1）原投资额是一项投资方案的资金投入量。它的确定必须以经过审计优化的项目规模为依据，应该将确定概预算所依据的设计生产能力与经过审计优化的项目规模进行对照，判断其是否相违背。

（2）投资方案的投入量计算与产出量计算应该具有相同的基础，即相同的项目规模，审查时应该对它们进行核对测试。

（3）注意投资方案的概预算与同时、同类固定资产投资的社会平均成本之间是否相适应，这一测试方法上已经介绍。

2. 项目各年现金净流量的审查

项目各年的现金净流量是计算项目产出的基础，在投资项目经济效益指标和投资风险指标的计算中处处要用到。审查现金净流量应注意：

（1）确定各年现金净流量的依据是项目投资运行中各年的成本费用、收入、税金等要素，而这些要素的数值都会受到设计生产能力即假设业务量的影响，应该核对所假设的业务量与确定概预算所用的设计生产能力之间的一致性，以及与经过审计优化的项目规模的一致性。

（2）是否考虑到国家经济政策变动对成本费用、收入和税金的影响，包括银行存贷款利率的变动，与项目产品经营有关的税率、税种的变化，以及国家或行业、部门的会计政策的变化等。

（3）是否考虑到项目相关年限内经济形势的变化影响，例如通货膨胀或通货紧缩的影响等。

3. 折现率的审查

计算项目各年现金流量的现值时，需要确定所用的折现率。如果折现率确定得不准确，将会影响现金流量现值的计算结果，从而影响整个方案决策的结果。折现率本身的影响因素又比较复杂，这使它的估计出现错误的可能性即固有风险增大。因此，在对投资决策进行审查时特别要注意对折现率的正确性加以审查。审查时应该注意：

（1）折现率确定的基础是项目投资的资金成本，应该注意决策时所用的折现率与可行性研究中财务预测所确定的投资资金的筹措方案是否相一致，审计人员可以根据资金筹措方案测算加权平均的资金成本，然后与投资决策所用的折现率进行对照，测试其相符的程度。

（2）资金成本仅仅是无风险的报酬率，在投资风险较高或通货膨胀较严重的条件下，还应审查折现率的确定是否考虑了风险报酬率和通货膨胀贴水率，以完整地反映项目投资者所期望的报酬水平。

4. 项目年限的审查

项目年限一方面是测算各年现金净流量的依据，另一方面也是折算现金流量现值的依据，所以项目年限估计出现错误对决策结果的影响也非常大。审查时应该注意：

（1）将决策所用的项目年限，与项目固定资产的使用年限和项目产品的寿命周期中的孰短者进行比较，测试项目年限有无超过以上两个指标，造成盲目乐观导致决策失误的问题。

（2）项目固定资产的使用年限可以用现制度规定的折旧年限为准，但要考虑该项固定资产所处的具体使用条件和使用强度，使用年限分为物理使用年限和经济使用年限两种，如果项目固定资产的技术更新很快，或者属于专用设备，则应该考虑无形损耗因素和提前报废的可能，采用经济使用年限为准。

（3）项目产品的寿命周期，应该考虑到在技术进步日益加快的时代，产品更新换代的速度也越来越快，产品寿命周期越来越短的趋势。

5. 应用指标进行项目投资决策的方法是否科学的审查

应避免使用某一单个的指标进行投资项目的决策，而应该使用一整套指标体系来进行决策；构成指标体系的各个指标之间应该具有相互补充的关系，而不应该是相互重复的；审计人员应该对一些重要的具有代表性的指标数值进行复算审核。

第四节　投资项目中后期经济效益审计

投资项目中期，是指项目工程从开工到竣工投产前的阶段，这一阶段的经济效益审计的主要内容是项目建设进度工期和项目建设质量的审查。投资项目后期，是指项目固定资产达到预计可使用状态，竣工交付使用阶段，这一阶段的经济效益审计主要内容是项目的预期经济效益的实现情况审查。

一、投资项目工期进度的审查

投资项目的工期跨度因项目规模和其他条件而各异。在工期较长的项目中，应在项目建设的一定阶段对工期进度进行审查。审查的目标是实际进度与方案的设计进度是否符合，揭示影响项目进度完成的主要原因并提出改进的建议。在对项目的工期进度进行审查时，可以适当运用一些辅助性评价指标，它们包括：

$$单项工程设计工期完成率 = \frac{单项工程实际竣工时间}{单项工程设计竣工时间}$$

$$房屋建筑物面积竣工率 = \frac{审定的房屋建筑物竣工面积}{设计的房屋建筑物施工面积}$$

$$未完工程投资占用率 = \frac{审定的在建工程累计投资完成额}{审定的投资项目实际完成额}$$

二、投资项目完成质量的审查

固定资产投资项目一般要形成一定的固定资产。所形成固定资产的质量，也就是该项目能够满足生产经营或社会生活一定需要的自然属性或技术特征。在经济效益审计中，不仅要将投入与产出的数量进行比较，而且还要将投入与产出的质量进行比较，因此，在固定资产投资项目的中期，必须开展对项目的完成质量的审计。

（一）检查项目建设中质量管理制度和质量内部控制制度的健全、有效程度

根据质量管理的理论、ISO9000 质量管理和认证体系以及内部控制的基本要求，来对照、评价被审项目建设的质量控制和管理的强弱，判断项目质量风险的高低。

（二）检查项目工程的质量等级

项目工程质量等级的审查，是以单位工程为对象，按国家标准划分为"优

良"、"合格"两个等级，审查时通过测算优良品率和合格品率指标，评价项目工程质量高低及其变动情况：

$$优良品率 = \frac{评为优良品的单位工程个数}{进行验收鉴定的单位工程个数}$$

$$合格品率 = \frac{评为合格的单位工程个数}{时行验收鉴定的单位工程个数}$$

（三）检查项目工程质量事故

为了全面评价项目工程质量对项目经济效益的影响，在审查工程质量等级的同时，还应对工程质量事故造成的经济损失进行评价。质量事故造成的经济损失可以用返工损失额和返工损失率表示：

$$返工损失额 = 损失的材料费和人工费 - 可利用的材料价值$$

$$返工损失率 = \frac{项目工程返工损失额}{项目工程累计完成投资额}$$

三、达到设计能力状况的审查

投资项目建成投产后，不仅要迅速形成生产能力，而且要位实际形成的生产能力尽快达到设计要求，从而取得最好的经济效益。对达到设计能力状况的审查，包括达到设计能力的时间和达到设计能力的水平审查两个方面。

（一）达到设计能力时间的审查

将实际达到设计生产能力的时间，与设计文件所规定的时间进行比较评价。一般来说，提前达到设计生产能力，意味着能够提前投产，增加项目的产出，使项目的经济效益有所提高。延缓达到设计生产能力，则不利与项目经济效益的提高，应该检查延缓的原因以及由此带来的经济损失。因延缓达到设计生产能力带来的经济损失计算如下：

$$F = T(P_1 - P_2)(1 + I) + n(P_2 - P_1)(1 + I)$$

其中：F——从投产到达到设计生产能力的年损失额

T——从投产到达到设计生产能力的年限

P_2——达到设计生产能人时年平均利润

P_1——达到设计生产能力前年平均利润

I——投资项目资金成本率

N——推迟投资偿还的年数

（二）达到设计能力水平的审查

对新建项目投产后的实际产量、成本、质量进行核实，并与项目设计文件中规定的指标进行比较，评价设计能力达到的程度。对未达到设计生产能力要求的，应该查找原因，督促有关的项目当事人尽快采取措施，使其真正达到设计要求的生产能力和水平。

案例

ABC 集团经济效益审计的内容

2006 年 3 月 1 日至 2006 年 4 月 28 日，ABC 集团审计部派出审计组，对 ABC 股份公司及其所属 7 个控股企业进行了效益审计，并出具了效益审计报告。

ABC 集团审计部派出审计组，对 ABC 股份公司及其所属 7 个控股企业固定资产投资项目效益审计的主要工作如下：

一、审前调查计划

（一）2006 年 4 月 12 日，到集团财务处收集有关财务资料，并初步掌握 ABC 股份公司的整体规模和基本情况、财务会计核算情况及财务会计有关文件、报表、资料等。

（二）2006 年 4 月 13 日至 15 日，在已掌握资料的基础上，了解其组织机构、股权机构、资产结构、经营范围、投资子公司的规模、资产总额等情况。

（三）2006 年 4 月 16 至 17 日，收集并分析与审计事项有关的经济责任、经济合同等文件。资料。

（四）2006 年 4 月 18 日，收集相关的内部控制制度、重要会议记录，被审计单位前次接受审计、检查情况，其他与编制审计项目工作方案相关的重要情况、资料。

（五）2006 年 4 月 19 日至 20 日，在了解和掌握的情况基础上制定和修改审计方案。

二、审计通知书

ABC 集团审计部在接到 ABC 股份公司固定资产投资项目效益审计组的审前调查计划后，下发审计通知书。

三、审计方案

ABC 股份公司固定资产投资项目效益审计方案

（一）被审计单位名称

ABC 股份公司

（二）审计项目名称

固定资产投资项目效益审计

（三）审计立项依据

ABC 集团审计局××文件

（四）审计方式与方法

1. 审计方式：就地方式

2. 审计方法：全面审计与重点抽查想结合，利用计算机审计软件进行辅助审计

（五）审计目的

通过对 ABC 股份公司固定资产投资项目建设状况的审计调查，了解 ABC 股份公司固定资产投资项目效益情况，审查固定资产投资项目效益、提出审计建议，为促进企业加强经营管理、提高效益服务。

（六）审计范围

对 ABC 股份公司 2005 年度的固定资产投资项目效益实施审计，重大问题可追溯到以前年度或延伸至审计日。

（七）审计内容

1. 固定资产投资项目必要性审查

2. 供销市场预测

3. 固定资产投资项目规模和工艺方案的审查

4. 固定资产投资项目财务预测的审查

5. 固定资产投资项目设计方案的审查

6. 固定资产投资项目经济效益和社会效益的测算评价

7. 可行性研究报告可靠性的审计结论

8. 固定资产投资项目原投资额的审查

9. 固定资产投资项目各年现金净流量的审查

10. 固定资产投资项目折现率的审查

11. 固定资产投资项目年限的审查

12. 应用指标进行固定资产投资项目投资决策的方法是否科学的审查

13. 固定资产投资项目工期进度的审计

14. 固定资产投资项目完成质量的审计

15. 达到设计能力状况的审计

（八）审计时间安排

2006 年 4 月 22 日至 2006 年 4 月 28 日

（九）审计要求

参审人员按照审计方案的要求，对规定的审计范围和审计内容进行审计，并按规定时间完成审计任务。在审计过程中，保守商业秘密，及时反馈审计信息。查处的问题，要求实施清楚，定性准确，数字无误，依据充分。

相关审计人员 2006 年 4 月 22 日开始按照审计计划进行了适当的审计工作。

思考题

1. 固定资产投资项目的经济效益表现在哪些方面？

2. 效益审计包括什么内容？

3. 固定资产投资项目效益审计应考虑哪些因素？

4. 简述可行性研究报告审计的具体内容和实务流程。

5. 固定资产投资项目的投资决策原理是什么？如何对投资决策进行审计？

6. 固定资产投资项目的中后期如何开展效益审计？

第八章 企业经济效益综合评价

第一节 企业基本经济活动及其运行风险

一、企业经济效益综合评价的目的

（一）企业经济效益综合评价的概念

评价是为实现一定的目的，按照某种程序和方法，对某一客观经济现象进行整体描述，据以判断其基本状况和变化趋势，以使人们对该种现象达到某种基本的认识的过程。

综合评价是相对单项评价而言的，是指对某些复杂现象或综合现象的评价，就是将一个复杂系统的各个子系统的状况加以合成，用以描述整个系统的基本特征，使人们获得整体的认识。

综合评价的步骤包括：

（1）对被评价对象深入进行理论分析，正确划分被评价对象所构成的各个子系统，借以划分评价的各个侧面。

（2）建立科学的评价指标体系，借以描述被评价对象各个侧面的特征，其中既要有定量指标，以反映被评价对象的各种数量特征，又要有定性指标以说明各项活动侧面的影响。

（3）对各项当量指标进行无量纲化，以便于合成，对各项定性指标则通过一定的方法加以量化。

（4）选择评价标准，作为评价依据。

（5）制定评价权数体系，以估计各项评价指标的地位和作用，选择合成方法，以反映复杂现象的综合特征。

（二）企业经济效益综合评价的目的

随着我国社会主义市场经济体制的确立和完善、现代企业制度的建立和规范，国家对国有企业的管理已由直接管理与控制向间接管理和宏观调控转化，企业已不再是政府机构的附属物，而逐渐成为市场的主体。企业要面向市场，自主决策，自主经营，自负盈亏。开展企业经济效益综合评价，对于企业更好地适应市场，对于国家政府健全宏观经济管理都具有重要的意义。

企业经济效益综合评价有以下主要目的：

（1）以内部审计为主体，对企业进行自我解剖分析，改善经营管理，增强企业的竞争优势。市场经济体制下的企业，要面对市场，在激烈的市场竞争中求生存，求发展。面对市场就要研究市场，适应市场。为此，企业就必须认真分析研究其生产经营的品种是否符合市场的需要，企业的经营决策和经营管理是否适应市场的变化，企业的经营服务是否适应顾客的需要。对企业经济效益的综合评价就是从企业经济效益的现状和发展后劲上解剖分析企业的生产、经营、管理工作成功的经验和失败的教训，以增强企业的竞争优势。

企业经济效益综合评价的直接目的在于：①描述企业经营工作的状况，横向比较企业经济效益的水平和差距；②深入研究企业经济效益差距存在的原因，提出有针对性的改进措施和建议，以缩小和减少差距；③将评价结果作为企业诊断的起点，把评价与诊断结合起来，有效提高企业的经济效益。

（2）以国家审计机关为主体，对企业经济效益进行综合评价，以实现国家对企业的间接管理和宏观控制，是国家审计监督微观经济运行的重要工具。

对企业的经济效益进行综合评价，从主体上可以分为企业自行评价（内部审计为主体）、国家评价和社会评价三种。国家评价的主体主要有企业的上级主管部门和政府监管部门，包括国家审计机关。从评价的功能来看，一般认为有判断功能、预测功能和导向功能，国家审计机关所进行的经济效益综合评价更侧重于导向功能。

（3）以社会中介组织为主体，接受有关单位或个人的委托，对企业的生产经营管理活动提供诊断服务，其目的是帮助企业改善经营管理，降低经济活动运行风险，提高经济效益。

（三）企业经济效益综合评价的原则

（1）全面性原则。企业经济效益综合评价应当通过建立综合的指标体系，对影响企业绩效水平的各种因素进行多层次、多角度的分析和综合评判。

（2）客观性原则。企业经济效益综合评价应当充分体现市场竞争环境特征，依据统一测算的、同一期间的国内行业标准或者国际行业标准，客观公正地评判企业经营成果及管理状况。

（3）效益性原则。企业经济效益综合评价应当以考察投资回报水平为重点，运用投入产出分析基本方法，真实反映企业资产运营效率和资本保值增值水平。

（4）发展性原则。企业经济效益综合评价应当在综合反映企业年度财务状况和经营成果的基础上，客观分析企业年度之间的增长状况及发展水平，科学预测企业的未来发展能力。

二、企业基本经济活动及其运行风险

企业在市场经济中出于生存和发展的需要，必须要从事一系列基本的经济活动，只有这些基本经济活动达到各自具体的效果和目标时，企业才得以生存和发展。但是，这些基本经济活动是在各种不同的内外条件中进行的，而这些内外条件在不停地变化，具有极大的不确定性，使得必须达到的具体效果或目标不能实现或完全实现，给企业的生存和发展带来一定的风险。经济效益审计中对企业综合评价的目的，就在于发现揭示这种风险，描述和分析风险发生的因素，从而向企业管理当局或宏观经济管理部门提供有关的审计信息，帮助这些部门采取措施控制或减少、消除这些风险。

企业基本经济活动及其运行风险可以做以下归纳：

（一）获取利润

市场经济体制下企业追求的是利润最大化。企业能否盈利或盈利多少，是企业赖以生存或发展的基础，是企业经济效益的重要体现。在价值规律的作用下，企业努力增加产出，减少投入，使产出与投入之比最大化。但在市场经济条件下，企业能否获取利润或获取多少利润是不确定的，可能会由于生产要素价格变化导致成本上升，或者由于市场需求发生变化而产品销售量减少，这些因素都可能导致获取利润减少或利润不能按计划实现。在经济效益综合评价时，将企业利润额与各种投入或产出指标进行比较，测算各种利润率指标，评价其变动的趋势，分析其变动的原因，形成相关的审计信息加以提供。

（二）参与市场竞争

在市场经济条件下，企业是市场的主体，市场是企业赖以生存和活动的空间。企业必须适应市场，在激烈的竞争中求生存，求发展，必须占领、扩大和巩固自己的市场，提高企业产品的市场占有率和市场覆盖率。为此，企业必须根据市场竞争的格局和主要竞争对手的特点，正确制定企业的市场竞争策略，或是以新取胜，或是以质量取胜，或者以服务取胜，或者以廉取胜等。只有在市场竞争中取胜，企业才能生存和发展，才能获得盈利。

但是，市场是在不断地变化的，包含着极大的不确定因素，企业在市场竞争中存在很多风险。可能由于企业的产品或服务结构不再符合变化着的市场需求，可能因为新的竞争对手的崛起，也可能由于企业产品质量下降、价格提高，使企业的市场份额下降，原有的市场丧失，在市场竞争中处于劣势，影响企业的经济效益。在经济效益综合评价时，应该通过测算与市场销售有关的各项指标，分析其变动趋势和影响因素，形成相关的信息向审计信息的使用者提供。

（三）开展资产运营活动

在市场经济体制下，企业还必须加强资产的经营，提高资产的运营能力。但是，在资产运营过程中也充满着风险，诸如投资缺乏可行性分析导致投资无法收回或不能达到预期效果；选择错误的筹资方式或融资组合，致使资金成本提高，加大企业经营风险；资产处置或重组决策失误，致使企业资本发生流失等，都会引起经济效益的不利变化。企业经济效益审计的综合评价应和事前审计结合起来，揭示资产运营过程中的各种风险，使企业管理当局得以采取措施控制或消除这种风险。

（四）从事经营管理活动

企业的经济效益提高，一半靠工程技术，一半靠经营管理，考察企业的经济效益不能无视它的管理水平和管理效率。企业通过管理可以达到经济资源的优化配置，可以提高广大员工的积极性和创造力，可以提高企业对外部环境变化的适应能力，可以加强企业的内部控制健全与有效性，促使企业的经营目标顺利实现。

但是，企业管理是一项科学性很强，又发展变化很快的工作，很容易受到人为因素和技术性因素的不利影响。所以，企业经济效益审计也应该对管理领域中存在的各种风险进行检查，将各种风险因素及其后果反馈给企业领导，帮助他们采取措施加以控制。

（五）增强企业的发展能力

企业的发展能力也就是企业的成长性，要求在一定时期企业的经济活动，不仅在提高当期经济效益方面有所成就，而且要为企业的可持续发展，取得长远经济利益打好基础。但是，企业可能为了贪图暂时的利益，而忽视乃至牺牲企业长远的利益，这会给企业未来经济效益的提高带来很大的风险。另外，企业的成长性也受到外部环境和行业的影响。因此，在经济效益审计中开展企业综合评价，应该对被审单位的成长性加以评估，对公司企业披露的未来财务信息，尤其是盈利预测加以审核，揭露影响未来经济效益提高的风险，形成审计结果信息予以提供。

综上所述，企业的基本经济活动及其运行风险主要包括五个方面，每个方面都形成企业经济效益审计的某种特定的目标，需要使用特定的评价指标体系，从特定的角度来反映企业的综合经济效益。

第二节　企业经济效益综合评价方案设计

在经济效益审计中对企业经济效益开展综合评价，其审计范围较大，审计内容也复杂，消耗和占用大量的审计资源，因此需要十分讲究其组织方式。审计组织方式的核心在于审计方案，下面我们讨论综合经济效益评价的方案。

一、方案设计的指导原则

审计评价方案是否科学可行，不但关系到能否全面、正确地反映企业经济效益状况，而且关系到能否正确引导企业提高经济效益的努力方向。因此，设计企业经济效益综合评价审计方案必须遵循正确的指导原则。

（1）围绕评价审计目的，抓住关键问题开展评价。综合评价的审计目的不同，其评价审计方案的内容、重点和审计资源的配置也不同。这种评价一般可分为两类：①企业或所在部门内部审计所进行的评价，其目的主要在于实现企业经营发展战略，综合审计评价方案要求围绕企业发展战略进行设计，评价的具体内容具有相当的个体特征和灵活性。不同行业、不同企业的发展战略不同，选择的评价指标和内容也不同。②外部审计包括国家审计机关对其管辖范围内的企业开展的经济效益综合评价，这类评价带有考核的性质，其目的在于指导企业的改革、发展方向，规划、引导企业经济活动向一定的目标发展。在这样的目的下，评价方案强调的是企业经济效益的共性，评价指标多为具有综合性的通用指标，行业特殊性只作适当考虑。

（2）按照系统论观点，将企业综合经济效益划分为若干个系统，进行分级审计评价。企业综合经济效益形成过程是一个复杂的系统，受到各种不同因素的影响。对它进行评价时，需要将这个复杂的系统划分为若干个子系统，每一个子系统构成一个相对独立的反映综合经济的侧面。将各个子系统加以综合，就可以完整地反映被审单位经济效益的全貌。这种分级审查评价的方法，不但易于选择评价指标，易于概括和综合，而且便于分析经济效益变化的影响因素，找出不利于企业经济效益提高的薄弱环节，对企业的生产经营活动进行诊断。

（3）财务指标和非财务指标相结合，定量指标和定性指标相结合。是因为存在以下两个原因：①财务指标只能说明企业经济效益的过去，而不能说明它的未来；②以财务指标为基础，以盈利目标为核心的评价体系，促使企业只注意当期利润的最大化，对企业的长远发展是不利的。但是，不论是财务指标还是非财务指标，在测算评价时必须首先要保证其数据来源的真实性，合法性。将定量指标和定性指标相结合，可以把死的数字和活的情况结合起来，更深刻更全面地评价企业的经济效益状况。

二、审计评价指标体系设计

我国企业经济效益综合评价指标体系的设计，既要汲取外国有益的做法，也要总结我国的历史经验，兼顾当前和长远，把即期盈利和长远利润最大化有机地结合起来，着重提高企业在激烈市场竞争中的生存能力和发展能力，尽快形成和加大企业在市场竞争中的优势。根据本章第一节的分析，我国企业经济效益综合评价时可以采用的指标体系，一般可以由 22 个财务绩效定量评价指标和 8 个管理绩效定性评价指标组成。见表 8－1。

表 8－1　企业经济效益综合评价指标体系

评价内容与权数		财务绩效（70%）				管理绩效（30%）	
		基本指标	权数	修正指标	权数	评议指标	权数
盈利能力状况	34	净资产收益率 总资产报酬率	20 14	销售（营业）利润率 盈余现金保障倍数 成本费用利润率 资本收益率	10 9 8 7	战略管理 发展创新 经营决策 风险控制 基础管理 人力资源 行业影响 社会贡献	18 15 16 13 14 8 8 8
资产质量状况	22	总资产周转率 应收账款周转率	10 12	不良资产比率 流动资产周转率 资产现金回收率	9 7 6		
债务风险状况	22	资产负债率 已获利息倍数	12 10	速动比率 现金流动负债比率 带息负债比率 或有负债比率	6 6 5 5		
经营增长状况	22	销售（营业）增长率 资本保值增值率	12 10	销售（营业）利润增长率 总资产增长率 技术投入比率	10 7 5		

企业经济效益综合评价指标权重实行百分制，指标权重依据评价指标的重要性和各指标的引导功能，通过征求咨询专家意见和组织必要的测试进行确定。

财务绩效定量评价指标权重确定为 70%，管理绩效定性评价指标权重确定为 30%。在实际评价过程中，财务绩效定量评价指标和管理绩效定性评价指标的权数均按百分制设定，分别计算分项指标的分值，然后按 70∶30 折算（各评价指标权重见表 8-1)。

财务绩效定量评价指标由反映企业盈利能力状况、资产质量状况、债务风险状况和经营增长状况等 4 个方面的 8 个基本指标和 14 个修正指标构成，用于综合评价企业财务会计报表所反映的经营绩效状况。

1. 企业盈利能力状况指标

（1）净资产（资本）收益率

净资产（资本）收益率＝净利润/平均净资产×100％

平均净资产＝（年初所有者权益＋年末所有者权益）/2

该指标用来衡量企业运用投资者投入的资本获得收益的能力。一般认为，企业净资产收益率越高，企业自有资本获取收益的能力越强，运营效益越好，对企业投资人、债权人的保证程度越高。该指标在上市公司中又表现为每股收益率，可以用于评价投资决策方案，计算公式如下：

每股收益率＝净利润/股票发行数

（2）总资产报酬率

总资产报酬率＝（利润总额＋利息支出）/平均资产总额×100％

平均资产总额＝（年初资产总额＋年末资产总额）/2

总资产报酬率表示企业全部资产获取收益的水平，全面反映了企业的获利能力和投入产出状况。通过对该指标的深入分析，可以增强各方面利益关系人对企业资产经营状况的关注，促进企业提高单位资产的收益水平。一般情况下，企业可据此指标与市场资本利率进行比较，如果该指标大于市场利率，则表明企业可以充分利用财务杠杆，进行负债经营，获取尽可能多的收益。该指标越高，表明企业投入产出的水平越好，企业全部资产的总体运营效益越高。

（3）销售利润率

销售利润率＝利润总额/产品销售收入×100％

其中，产品销售收入指扣除销售折让、销售折扣和销售退回之后的净额。该指标反映企业销售收入的获利水平。修正后：

销售利润率＝销售利润（主营业务利润）/销售收入（主营业务收入）×100％

因为：销售利润＝销售收入－销售成本－销售费用－销售税金及附加。所以，销售利润率的大小受此公式中各因素的影响，审计的目的就是分析该指标变动的影响因素。

（4）盈余现金保障倍数

盈余现金保障倍数是企业一定时期经营现金净流量同净利润的比值。盈余现金保障倍数指标反映了企业当期净利润中现金收益的保障程度，真实地反映了企业盈余的质量。

盈余现金保障倍数＝经营现金净流量／（净利润＋少数股东损益）

盈余现金保障倍数是从现金流入和流出的动态角度，对企业收益的质量进行评价，对企业的实际收益能力进行再次修正。盈余现金保障倍数在收付实现制基础上，充分反映出企业当期净收益中有多少是有现金保障的，挤掉了收益中的水分，体现出企业当期收益的质量状况，同时，减少了权责发生制会计对收益的操纵。

一般而言，当企业当期净利润大于 0 时，该指标应当大于 1。该指标越大，表明企业经营活动产生的净利润对现金的贡献越大。但是，由于指标分母变动较大，致使该指标的数值变动也比较大，所以，对该指标应根据企业实际效益状况有针对性地进行分析。

（5）成本费用利润率

该指标有两种计算方法：

成本费用利润率＝营业利润额／成本费用总额

或

成本费用利润率＝利润总额／成本费用总额

两种方法比较而言，第一种更科学。因为利润总额中的投资收益并不是企业自身经营，它基本不消耗企业的劳动；营业外收支净额是与企业经营无关的因素。企业的营业利润与企业的成本费用基本相对应，反映企业全部劳动消耗的收益水平。

成本费用收益率是从企业内部管理等方面，对资本收益状况的进一步修正。该指标通过企业收益与支出的直接比较，客观地评价了企业的获利能力。该指标从消耗角度补充评价了企业收益状况，有利于促进企业加强内部管理，节约支出，提高经济效益。该指标越高，表明企业为取得收益所付出的代价越小，企业成本费用控制得越好，企业的获利能力越强。

（6）资本收益率

资本收益率＝净利润／平均资本×100％

该指标用来衡量企业运用投资者投入的资本获得收益的能力。一般认为，企业资本收益率越高，企业自有资本获取收益的能力越强，运营效益越好，对企业投资人、债权人的保证程度越高。该指标在上市公司中又表现为每股收益率，可以用于评价投资决策方案，计算公式如下：

每股收益率＝净利润/股票发行数

2. 企业资产质量状况指标

（1）总资产周转率

总资产周转率（次）＝主营业务收入净额/平均资产总额

总资产周转率是指企业一定时期主营业务收入净额同平均资产总额的比值。总资产周转率是综合评价企业全部资产经营质量和利用效率的重要指标。体现了企业经营期间全部资产从投入到产出周而复始的流转速度，反映了企业全部资产的管理质量和利用效率。由于该指标是一个包容性较强的综合指标，因此，从因素分析的角度来看，它要受到流动资产周转率、应收账款周转率和存货周转率等指标的影响。

该指标通过当年已实现的营业价值与全部资产进行比较，反映出企业一定时期的实际产出质量以及对每单位资产实现的价值补偿。通过该指标的对比分析，不但能够反映出企业本年度及以前年度总资产的运营效率及其变化，而且能发现企业与同类企业在资产利用上存在的差距，促进企业挖掘潜力、积极创收、提高产品市场占有率、提高资产利用效率。

一般情况下，该指标数值越高，周转速度越快，资产利用效率越高。

（2）应收账款周转率

应收账款周转率＝主营业务收入净额/平均应收账款余额

主营业务收入净额＝销售收入－现销收入－销售退回（折让或折扣）

平均应收账款余额＝（年初应收账款余额＋年末应收账款余额）/2

该指标也称为收账比率，用于衡量企业应收账款周转速度的快慢。应收账款的存在是企业的一大弊端：由于无现金流入量，会影响企业经营的周转速度，增加贷款，进而增加了利息支出（财务费用），降低了利润，还可能发生坏账损失，会加剧社会上"三角债现象"。因此，企业应严格控制应收账款的占用，以降低控制风险。

（3）不良资产比率

不良资产比率＝（资产减值准备余额＋应提未提和应摊未摊的潜亏挂账＋未处理资产损失）/（资产总额＋资产减值准备余额）×100%

不良资产包括周转或变现受阻的商品或产品，已发生减值的各种资产，未处置的闲置固定资产和材料，收不回的债权，因变质或使用价值下降而不能按原有价值使用的物资储备等。

用该指标进行评价，可以揭示企业在资产管理和使用上存在的问题，有利于发现企业自身的不足，改善管理，提高资产利用效率。一般情况下，该指标越高，表明企业沉积下来、不能正常参加经营运转的资金越多，资金利用率也就越差。该指标越小越好，0是最优水平。

（4）流动资产周转率

流动资产周转率（次）＝主营业务收入净额/平均流动资产总额

平均流动资产总额是指企业流动资产总额的年初数与年末数的平均值，平均流动资产总额＝（流动资产年初数十流动资产年末数）/2。

流动资产周转率是指企业一定时期主营业务收入净额同平均流动资产总额的比值。流动资产周转率是评价企业资产利用效率的另一主要指标。流动资产周转率反映了企业流动资产的周转速度，是从企业全部资产中流动性最强的流动资产角度对企业资产的利用效率进行分析，以进一步揭示影响企业资产质量的主要因素。该指标将主营业务收入净额与企业资产中最具活力的流动资产相比较，既能反映企业一定时期流动资产的周转速度和使用效率，又能进一步体现每单位流动资产实现价值补偿的高与低，以及补偿速度的快与慢。

要实现该指标的良性变动，应以主营业务收入增幅高于流动资产增幅作保证。在企业内部，通过对该指标的分析对比，一方面可以促进企业加强内部管理，充分有效地利用其流动资产，如降低成本、调动暂时闲置的货币资金用于短期投资创造收益等；另一方面也可以促进企业采取措施扩大销售，提高流动资产的综合使用效率。

一般情况下，该指标越高，表明企业流动资产周转速度越快，利用越好。在较快的周转速度下，流动资产会相对节约，其意义相当于流动资产投入的扩大，在某种程度上增强了企业的盈利能力；而周转速度慢，则需补充流动资金参加周转，形成资金浪费，降低企业盈利能力。

（5）资产现金回收率

资产现金回收率＝经营现金净流量/平均资产总额×100％

该指标旨在考评企业全部资产产生现金的能力，该比值越大越好。比值越大说明资产利用效果越好，利用资产创造的现金流入越多，整个企业获取现金能力越强，经营管理水平越高。反之，则经营管理水平越低，经营者有待提高管理水平，进而提高企业的经济效益。

3. 企业债务风险状况指标

（1）资产负债率

资产负债率＝负债总额/资产总额×100％

该指标用于衡量企业负债水平的高低，表明了企业的资本结构。国际标准以50％为度，我国一般正常在60％～70％之间。如果某企业资产负债率为20％，是否应建议它提高负债？应该比较一下该企业的总资产报酬率与预计的负债利率，如果总资产报酬率大于预计的负债利率，则可以建议其提高负债，以增值资产；如果总资产报酬率小于预计的负债利率，则不能建议其提高负债，因为这可能会引起资产流失。

（2）已获利息倍数

已获利息倍数＝（利润总额＋利息支出）/利息支出

该指标反映企业的经营收益为所需支付利息的多少倍。一般来说，该倍数足够大，企业就有充足能力偿付利息。一般情况下，该指标如果大于1，则表明企业负债经营能够赚取比资金成本更高的利润，但这仅仅表明企业能够维持经营，还远远不够；如果小于1，则表明企业无力赚取大于资金成本的利润，企业债务风险很大。因企业所处的行业不同，已获利息倍数的标准也有所不同。国际上公认的已获利息倍数为3。

（3）速动比率

速动比率＝速动资产/流动负债×100％

速动资产＝流动资产－存货

该指标是对流动比率的补充，该指标越高，表明企业偿还流动负债的能力越强。国际上公认的标准比率是100％，我国目前较好的比率是90％左右。在实际操作时，也应该将该指标与行业的平均水平进行分析比较。

（4）现金流动负债比率

现金流动负债比率＝经营现金净流量/流动负债×100％

该指标从现金流入和流出的动态角度对企业的实际偿债能力进行考察，反映本期经营活动所产生的现金净流量足以抵付流动负债的倍数。

式中年经营现金净流量是指一定时期内，有企业经营活动所产生的现金及现金等价物的流入量与流出量的差额。该指标是从现金流入和流出的动态角度对企业实际偿债能力进行考察。

现金流动负债比率越大，表明企业经营活动产生的现金净流量越多，越能保障企业按期偿还到期债务。但是，该指标也不是越大越好，指标过大表明企业流动资金利用不充分，获利能力不强。

由于净利润与经营活动产生的现金净流量有可能背离，有利润的年份不一定有足够的现金（含现金等价物）来偿还债务，所以利用以收付实现制为基础计量的现金流动负债比率指标，能充分体现企业经营活动所产生的现金净流量，可以在多大程度上保证当期流动负债的偿还，直观地反映出企业偿还流动负债的实际能力。

一般该指标大于1，表示企业流动负债的偿还有可靠保证。该指标越大，表明企业经营活动产生的现金净流量越多，越能保障企业按期偿还到期债务，但也并不是越大越好，该指标过大则表明企业流动资金利用不充分，盈利能力不强。

（5）带息负债比率

带息负债比率＝（短期借款＋一年内到期的长期负债＋长期借款＋应付债券＋应付利息）/负债总额×100%

是指企业某一时点的带息负债总额与负债总额的比率，反映企业负债中带息负债的比重，在一定程度上体现了企业未来的偿债（尤其是偿还利息）压力。

（6）或有负债比率

或有负债比率＝或有负债余额/（所有者权益＋少数股东权益）×100%

或有负债余额＝已贴现承兑汇票＋担保余额＋贴现与担保外的被诉事项金额＋其他或有负债

一般情况下，或有负债比率越低，表明企业的长期偿债能力越强，所有者权益应对或有负债的保障程度越高；或有负债比率越高，表明企业承担的相关风险越大。

4. 企业经营增长状况指标

（1）产品销售增长率

销售（营业）增长率＝（本年主营业务收入总额－上年主营业务收入总额）/上年主营业务收入总额×100%

企业的销售收入是指在一定时期内通过销售商品、提供劳务等主要经营活动所取得的收入。销售收入有两个指标：产品销售收入额和产品销售收入净额。二者之差为销售折扣与折让。在计算销售收入增长率时，是用哪一个销售额？在评价企业经营业绩时，选用这个指标的目的，在于它能间接反映企业的市场占有份额。销售折扣与折让是企业销售产品所付出的代价，并不真正构成企业的销售收入。只有销售收入净额才是企业真实的销售收入。因此，在计算这个指标时应当用企业销售收入净额。企业销售收入净额可以从企业损益表中取得。

该指标是衡量企业经营状况和市场占有能力、预测企业经营业务拓展趋势的重要标志，也是企业扩张增量和存量资本的重要前提。该指标若大于0，则表明企业本年的销售收入有所增长，指标数值越大，表明增长速度越快，企业市场前景越好；若该指标小于0，则表明企业的产品不适销对路、质次价高，或是在售后服务等方面存在问题，产品销不出去，市场份额萎缩。该指标在实际运用时，应结合企业以前年度的实际情况做出趋势性的分析判断。

（2）资本保值增值率

资本保值增值率＝期末所有者权益/期初所有者权益×100%

该指标主要反映投资者投入企业的资本的完整性和保全性。评价时，如果资本保值增值率等于100%，为资本保值；资本保值增值率大于100%，为资本增值；小于100%则表示资产流失。

资本保值增值率指标是根据"资本保全"原则设计的指标，更加稳健地反映了企业资本保全和增值状况。它充分体现了对所有者权益的保护，能够及时、有效地发现侵蚀所有者权益的现象。该指标反映了投资者投入企业资本的保全性和增长性，该指标越高，表明企业的资本保全状况越好，所有者的权益增长越快，债权人的债务越有保障，企业发展后劲越强。修正后：

资本保值增值率＝（期末所有者权益＋－客观因素）/期初所有者权益×100%

其中，根据职业判断，一般公认的客观因素有：追加投资额（减项）、严重自然灾害净损失（增加项）、接受捐赠（减项）、法定重估增（减）值、利润分配方案的改变、企业重组等。

（3）销售（营业）利润增长率

销售（营业）利润增长率＝（本年主营业务利润总额－上年主营业务利润总额）/上年主营业务利润总额×100%

利润是企业积累和发展的基础，该指标越高，表明企业积累越多，可持续发展能力越强，发展的潜力越大。利用三年利润平均增长率指标，能够反映企业利润增长趋势和效益稳定程度，较好地体现了企业发展状况和发展能力，避免因少数年份利润不正常而对企业发展潜力的错误判断。

三年利润平均增长率＝$\sqrt[3]{第三年利润总额/三年前利润总额}-1$

（4）总资产增长率

总资产增长率＝（年末资产总额－年初资产总额）/年初资产总额×100%

总资产增长率越高，表明企业一定时期内资产经营规模扩张的速度越快。但在分析时，需要关注资产规模扩张的质和量的关系，以及企业的后续发展能力，避免盲目扩张。

三年平均资产增长率指标消除了资产短期波动的影响，反映了企业较长时期内的资产增长情况。

（5）技术投入比率

技术投入比率是指企业当年技术转让费支出与研究开发的实际投入与当年主营业务收入的比率。技术投入比率从企业的技术创新方面反映了企业的发展潜力和可持续发展能力。

技术投入比率＝（当年技术转让费支出与研发投入/当年主营业务收入净额）×100%

当年技术转让费支出与研发投入是指企业当年研究开发新技术、新工艺等具有创新性质项目的实际支出，以及购买新技术实际支出列入当年管理费用的部分。

技术创新是企业在市场竞争中保持竞争优势、不断发展壮大的前提。技术投入比率集中体现了企业对技术创新的重视程度和投入情况，是评价企业持续发展能力的重要指标。该指标越高，表明企业对新技术的投入越多，企业对市场的适应能力越强，未来竞争优势越明显，生存发展的空间越大，发展前景越好。

企业管理绩效定性评价指标包括战略管理、发展创新、经营决策、风险控制、基础管理、人力资源、行业影响、社会贡献等八个方面的指标，主要反映企业在一定经营期间所采取的各项管理措施及其管理成效。

（1）战略管理评价主要反映企业所制定战略规划的科学性，战略规划是否符合企业实际，员工对战略规划的认知程度，战略规划的保障措施及其执行力，以及战略规划的实施效果等方面的情况。

（2）发展创新评价主要反映企业在经营管理创新、工艺革新、技术改造、新产品开发、品牌培育、市场拓展、专利申请及核心技术研发等方面的措施及成效。

（3）经营决策评价主要反映企业在决策管理、决策程序、决策方法、决策执行、决策监督、责任追究等方面采取的措施及实施效果，重点反映企业是否存在重大经营决策失误。

（4）风险控制评价主要反映企业在财务风险、市场风险、技术风险、管理风险、信用风险和道德风险等方面的管理与控制措施及效果，包括风险控制标准、风险评估程序、风险防范与化解措施等。

（5）基础管理评价主要反映企业在制度建设、内部控制、重大事项管理、信息化建设、标准化管理等方面的情况，包括财务管理、对外投资、采购与销售、存货管理、质量管理、安全管理、法律事务等。

（6）人力资源评价主要反映企业人才结构、人才培养、人才引进、人才储备、人事调配、员工绩效管理、分配与激励、企业文化建设、员工工作热情等方面的情况。

（7）行业影响评价主要反映企业主营业务的市场占有率、对国民经济及区域经济的影响与带动力、主要产品的市场认可程度、是否具有核心竞争能力以及产业引导能力等方面的情况。

（8）社会贡献评价主要反映企业在资源节约、环境保护、吸纳就业、工资福利、安全生产、上缴税收、商业诚信、和谐社会建设等方面的贡献程度和社会责任的履行情况。

三、审计评价工作方案

在企业经济效益审计中，综合审计评价方案包括评价工作细则、评价程序和评价工作的组织方案。

这里重点介绍经济效益综合审计评价细则：

（1）编制综合评价指标的解释。指标解释需要明确各项评价指标的概念、计算口径、计算应注意的问题以及有关的资料来源。

（2）确定评价指标的标准值。原则上应由审计机关或内部审计机构根据国家或行业的规定确定评价指标的标准值，在确定所执行的标准值时，审计人员应该与被审单位充分协商。

（3）制定测算定量指标所用的工作底稿格式。

（4）制定定性指标的调查方案。

（5）明确规定指标合成的方法和各子系统、各指标的权重。

（6）编制计算机软件和建立数据库。

思考题

1. 企业经济效益综合评价的目的是什么？

2. 经济效益综合审计评价方案设计的指导原则？

3. 企业有哪些基本经济活动？它们有什么运行风险？如何控制或消除？

4. 掌握企业综合经济效益评价指标体系的各项指标。

5. 衡量企业的经营管理水平，可选择哪些指标？

6. 衡量企业的发展能力，可选择哪些指标？

7. 衡量企业的市场竞争能力，可选择哪些指标？

8. 经济效益审计中的综合审计评价通常有哪几种审计模式？每一种审计模式的方法原理和适用范围？

第九章　公共投资项目经济效益审计

第一节　公共投资项目经济效益审计概述

一、公共投资项目经济效益审计的内涵与作用

（一）公共投资项目的内涵

1. 公共投资项目的概念

公共投资项目概念包括广义和狭义两方面。广义上指的是由政府利用财政性资金或由政府组建的特定机构通过资本市场融资筹集的资金投资或参与投资兴建的工程，包括有形的和无形的项目，有形的项目比如安居建筑工程、水利工程等，无形的项目主要是提高人民素质的，比如九年义务教育工程、公民价值观建设工程等。狭义上指的是国家政府部门或国有企事业单位筹措一定量资金，经过决策和实施（设计、施工）一系列的建设程序，在一定约束条件下以建成国家固定资产为目标的一次性投资项目。

2. 公共投资项目的主要特征

了解公共投资项目的特点，有助于我们有针对性地开展对之的管理和效益审计工作。公共投资项目具有六大基本特征：

第一，多数公共投资项目具有非竞争性、公益性和非排他性特征。第二，具有强大的外部效应。第三，投入产出受一定约束条件的限制。第四，投资规模巨大，具备天然垄断性。第五，基础设施类公共投资项目的建设具有固定性、多样性、时空性的特点。第六，建设周期长、要经过一定的建设程序。

3. 公共投资项目的分类

根据不同的判断标准把公共投资项目划分为不同种类，有利于国家审计机关根据不同时期经济发展目标、结构调整的任务等宏观发展要求，更好地对之开展审计。公共投资项目可以依据不同标准划分为不同种类，详见表9-1：

表 9-1 公共投资项目分类表

划分标准	类别
项目投建目标	盈利性项目、政策性项目、非盈利性项目
产业投资活动性质	公益性项目、基础性项目、竞争性项目
管理需要	基本建设项目（新、扩、改、恢、迁）、技术改造项目
建设规模	大型项目、中型项目、小型项目
建设阶段	预备项目（探讨项目）、筹建项目（前期工作项目）、施工项目（新开工项目、续建项目）、建成投产项目、收尾项目、全部竣工项目

（二）公共投资项目的投资效益内涵

根据投资效益理论，从社会实际资本增加角度可以把公共投资项目的投资效益定义为"公共投资项目投资建设全过程中所耗费或占用的人力、财力、物力与所取得的有用成果之比"。具体而言，公共投资项目的投资效益主要包括经济效益、社会效益和环境效益。

公共投资项目的经济效益是指公共投资项目财务投入与产出的比较，即建设成果与消耗、占用之间的比例关系；社会效益是指投资对社会发展目标的贡献，如扩大就业、促进社会公平分配、提高人们的文化教育水平和卫生健康水平、改善人们的生活质量，从而提高劳动生产率，促进投资经济效益的提高；环境效益是指投资对自然环境和生态环境的贡献和影响，如是否能美化环境、处理"三废"、保护资源、改善生态环境，促进经济和社会的可持续发展；环境效益直接关系到经济效益和社会效益。对公共项目投资不仅要考虑经济效益，更要考虑社会效益并兼顾环境效益。如果公共投资项目社会效益不好，或者预计建成后会破坏生态平衡、造成环境污染，不论经济效益多好都必须修改项目设计、改造甚至取消这个项目。

（三）公共投资项目经济效益审计的内涵

公共投资项目经济效益审计是由独立的审计机构和审计人员依据党和国家在一定时期颁发的方针政策、法律法规和相关的技术经济指标，运用现代审计技术方法，客观而又系统地对公共投资项目所取得的投资成果、消耗的人财物进行分析，比较投入和产出；对公共投资项目投资后的经济、社会、环境效益进行全面、独立的考核、审查和评价并提出审计建议，以促进政府落实经济责任、改善公共管理并为有关方面决策提供信息的一种重质量的审计活动。其审计重点集中在组织的效率和效果内容方面，并需要借助一套标准化制度和规范来进行衡量、比较、审查偏差和错弊，与传统上局限于财务收支与合法合规审计的固定资产投资审计相比而言，更强调项目建设全过程跟踪审计和扩大测试，是集财务收支审计、工程建设审计、管理审计于一体的综合性审计。

二、公共投资项目经济效益审计主体、客体与具体审计内容的确定

（一）公共投资项目经济效益审计主体的确定

公共投资项目经济效益审计作为一种更全面、更深入、更高层次的审计监督，其审计主体由国家审计机关、内部审计机构和社会审计机构三部分共同构成。其中国家审计机关负责由国家投融资建设的重点、大型基础性和公益性公共投资项目；社会审计机构一般只是以接受国家审计机关或有权部门委托的方式实施审计，包括接受建设单位委托对以企业投资为主的竞争性公共项目实施审计和接受国家审计机关委托对因其能力或编制有限而无力审计的公共项目实施审计；内部审计机构主要负责本单位或本系统内投资建设的所有项目。这三大审计主体都必须保持审计独立性。

（二）公共投资项目经济效益审计客体的确定

公共投资项目经济效益审计客体包括审计对象、审计范围。

1. 审计对象

公共投资项目经济效益审计对象涵盖了公共投资项目建设过程中影响投资效益因素的所有技术经济活动。从实体上看，主要是国家或各地方的政府机关、公共投资项目的主管部门、项目建设单位、设计单位、施工单位、金融保险机构、监理单位、资源的供应单位和参与项目投资建设与管理的其他部门或单位[①]。

2. 审计范围

根据公共投资项目投资建设的特点，公共投资项目经济效益审计范围应包括四个层面：

第一，资金层面。即对公共投资项目投资建设整个技术经济活动的资金运动过程的财务收支及其状况、计划执行情况、财经法纪遵守情况进行审查监督并对由此产生的财务效益进行评价。

第二，权利层面。即对国家或地方政府领导及政府部门投资决策权、投资项目审批权、投资项目监管权、公共投资项目建设资金支配权及政府和有关部门领导的行政权进行审查监督。

第三，管理层面。即对投资建设单位内部控制制度、组织管理活动及所有反映投资建设技术经济活动的财务收支计划、核算和统计会计资料、计算机资料进

---

① 时现. 建设项目审计［M］. 北京：北京大学出版社，2002：19.

行审查并提出审计建议，评价和鉴证由此产生的经营管理效益。

第四，宏观层面。即对公共投资项目投资带来的整体效益，包括国民经济宏观效益、社会效益、环境效益进行审计并据此评价国民经济运行状况、公共投资对社会发展目标的贡献和影响、对自然资源与生态环境的贡献和影响。以上的分析可以用图9-1表示：

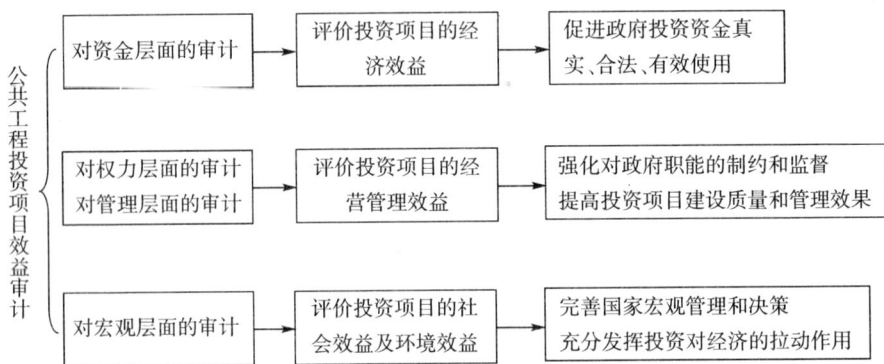

图9-1　公共投资项目经济效益审计范围

（三）公共投资项目经济效益审计的具体审计内容

公共投资项目投资效益审计不同于传统的事后审计，要采用全过程跟踪审计模式，因此它的范围和内容非常广泛，包括投资决策、建设方案、计划管理、资金管理、物资管理、施工管理、财务管理等，其核心内容是工程质量、造价和工期的审计。本章结合公共投资项目建设的程序来确定审计内容。

1. 开工前审计

主要内容包括公共投资项目投资决策审计、设计审计、资金筹集审计、招标投标审计和项目合同审计。

（1）投资决策审计，即对项目可行性研究的审计，这是保证投资效益的前提。可行性研究报告是决策部门审批项目的主要依据和前期工作的主要内容，因此投资决策审计重点是对可行性研究报告进行再评审，以便做到在决策阶段体现其项目建设的明智性、效益性，从源头制止"面子工程"。

（2）对项目设计的审计。工程设计是确定与控制工程造价的重点阶段，直接决定着项目的总投资额和建成后综合效益的发挥，据统计，在决策正确的情况下它对工程造价的影响程度高达75%。主要包括对：设计内容的审计、对设计方案的审计、对设计概算和施工图预算的审计。

（3）资金筹集审计，主要审计项目的投资渠道和筹资方式是否合法合规；是否做到了筹资成本最低、切实可行、不留缺口并满足工程建设的需要，是否存在因拨款不及时而影响项目建设进度及项目效益的发挥等问题；对实行资本金制的项目，审查资本金是否按规定进度和数额及时到位，地方政府或主管部门配套资金是否落实、到位，有无弄虚作假，挪用或抽逃资本金问题，是否有非法募集资金，提高筹资成本的违纪违法行为，从源头上消灭"钓鱼工程"、"胡子工程"。

（4）招标投标审计，重点审计招投标管理的合法性，评价工程项目在招投标过程中是否合规、合法，是否讲求效率，是否达到了进行招投标的目标。主要包括招投标项目的审计、标底编制的审计、招标程序、方式和评标办法的审计。

（5）项目合同审计，审计对象是对建设工程察勘察合同、设计合同、监理合同、施工合同以及主要设备和原材料的采购合同，主要审计内容合同订立程序的审计、合同内容的审计、合同履行情况的审计。

2．在建期审计

主要内容包括资金使用效益审计、项目内部控制制度审计、项目概算审计、工程物资采购审计、项目环保执行情况审计、监理履职情况审计。

（1）资金使用效益审计，首先，是对项目准备阶段资金运用情况进行审计，主要审查建设用地是否按批准的数量征用，土地使用是否符合审批的规划要求，征地拆迁费用及"三通一平"费用支出和管理是否合规；其次，是实施阶段资金使用效率进行审计，审查投资建设资金是否按规定用途使用，建设资金是否按规定专户管理、封闭运行、专款专用，是否存在被套取、截留、转移、挪用、挤占等"吃建设项目大户"问题，审查政府各职能部门对投资建设资金拨付、使用和管理等各个环节的监管是否有效。

（2）项目内部控制制度审计，主要对三个方面进行审计：①在项目实施初期审计各参与建设的单位是否建立了必要的内部控制制度。②在检查内控制度建立情况的同时审计内控制度的健全性，包括审计内控制度是否符合内部控制原则和在内容上有无重大缺陷，并针对其存在的缺陷提出修改完善的建议。③在工程实施全过程中，审计内控制度执行的有效性，对严格按照之执行的行为予以肯定；对之执行不力、甚至违反制度规定的行为予以揭露并督促被审单位及时改正。

（3）项目概算审计，即对概算在工程实施过程中的执行情况进行审计。①审计工程项目的建设规模（建筑面积、层高、层数等）、建设标准（结构形式、装饰标准等）是否符合批准的初步设计文件的要求。②审计预算投资是否控制在概算之内，并分析重大差异原因。③审计设计变更、调整的合理性，审查有无擅自扩大建设规模、提高建设标准的问题。④审计调整概算的合理性，一要审查调整概算的准确性，注意调整事项是否与国家规定的编制方法和市场行情相符；二要审查概算调整范围的合理性，查明是否存在利用概算调整的机会"搭便车"，多列项目和提高建设标准、扩大建设规模的现象。

（4）工程物资采购审计，第一要审计建设单位编制的工程物质供应计划；第二要审计建设单位与供应商签订的工程物资采购合同，看建设单位有关人员有无利用权力或进行虚假的招投标内定采购单位并从中捞取好处的现象；第三要审查建设单位购入工程物资（设备、材料）的核算是否真实、可靠、完整，采购成本计算是否正确。第四要审查施工单位有无偷工减料、高估冒算、虚报冒领工程价款等问题。

（5）监理履职情况审计，建设工程监理是指具有合格资质的工程监理单位，接受建设单位的委托承担管理工作并代表建设单位对承建单位的建设行为进行监控的重要活动，监理与建设、施工单位的管理，审计内容是：施工准备阶段监理审计、对监理单位签发的"开工令"的审计和施工阶段监理审计，包括工程投资控制审计和工程质量控制审计。

（6）项目环保执行情况审计，这对实现公共项目投资的环境效益十分重要。

第一，在项目实施阶段，主要应对环保项目计划执行情况进行审计，包括审计环境治理设施是否与主体工程同时施工、审计设计文件中描述的环境治理措施是否在项目建设过程中得到全面有效的落实、审计施工过程中是否存在偷工减料、以次充好的现象。第二，项目竣工后，要审计环境保护设施是否与主体工程同时进行了竣工验收；审查项目环保设施实际发挥的效果是否达到预期目标，检查经处理后的污染物的排放是否达标；审查项目建成后对生态环境造成的实际影响并提出审计建议。

3. 竣工后审计

包括对项目竣工验收阶段和后期工作的所有内容进行审计，主要包括竣工验收审计，工程量清单决算审计，收尾工程、结余资金和交付使用资产情况审计，项目总投资审计、项目投资效果审计

（1）竣工验收审计，重点审计"竣工工程概况表"、"竣工财务决算表"、"交付使用资产总表"、"交付使用资产明细表"的真实合法性和竣工决算说明书的真实性与准确性情况，查明竣工验收程序是否合规、验收报告是否真实、验收标准是否适用、竣工决算与总结算是否真实、准确，计算方法和表达方式是否恰当。

（2）工程量清单决算审计，由于公共投资项目经济效益审计采用了贯穿投资项目建设全过程的跟踪审计模式，所以，审计部门的主要内容就是进行最后一期分期审计并对各分期审计工程造价进行汇总，确定工程造价，作为实际投资额并以此作为工程价款结算的依据。

（3）收尾工程审计、结余资金审计和交付使用资产情况审计。

（4）项目总投资审计，由于采用了跟踪审计模式，大量的审计工作如对建设安装工程费用、设备投资、待摊费用、其他费用的审计工作在跟踪阶段就已完成，因此对公共项目总投资的审计工作是对剩余部分内容进行审计并对各分期审计结果进行汇总。

（5）项目投资效果审计，主要是审查、评价和分析建设工期对投资效益的影

响；分析工程造价；测算投资回收期、财物净现值、内部收益率等技术经济指标；分析贷款偿还能力；评价建设项目的经济效益、社会效益和环境效益，计算建设项目实现预期目标的程度，目的在于分析决策失误或偏离预期目标的原因，总结投资成功的经验，明确有关责任，寻求补救措施，为以后的公共投资项目投资建设积累经验。

结合公共投资项目建设的程序，我们可以将公共投资项目经济效益审计的内容用图9-2说明：

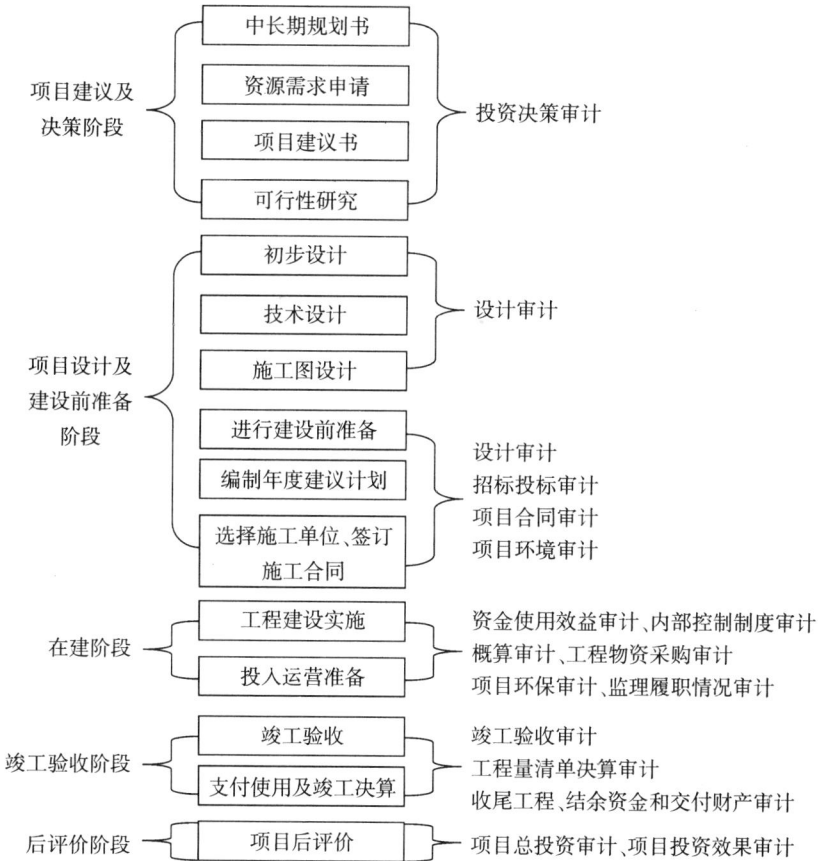

图9-2　公共投资项目经济效益审计内容与程序

三、公共投资项目经济效益审计的依据

（一）审计工作的技术依据

审计工作的技术依据即效益审计工作大纲，要在工作大纲中列出应当根据什么组织审计和规划审计工作。公共投资项目建设周期比较长，建设过程复杂，可

能会出现各种问题，因此审计机关和审计人员在开始工作之前，应当根据公共投资项目的进展情况来确定关注的重点，同时据此编制年度、季度或月度效益审计大纲，这应当作为确定效益审计具体、编制审计方案的最主要依据。

（二）实施审计工作过程中的判断依据

即应当根据什么来判断公共投资项目相关经济活动的真实性、合法性和投资的效率、效果，主要包括国家方针政策、法律法规、关于工程质量和经济技术指标的业务规范、各部门规章制度这四方面。

1. 国家方针政策

主要是党和国家在一定社会发展时期内制定的与国民经济发展有关的宏观调控政策、产业政策、一定时期的发展规划等。公共投资项目具有投资规模巨大、关系国计民生的特点，因此应当把国家方针政策作为公共投资项目经济效益审计，特别是其中投资决策审计的宏观性与指导性依据。

2. 法律、法规

这是公共投资项目经济效益审计过程中必须严格遵照执行的硬性依据，包括国家制定的法律《中华人民共和国审计法》、《中华人民共和国建筑法》《中华人民共和国招标法》、《中华人民共和国合同法》、《中华人民共和国防震减灾法》、《中华人民共和国价格法》、《中华人民共和国税法》、《中华人民共和国土地法》《中华人民共和国水土保持法》、《中华人民共和国水法》等；国务院颁布的法规《建筑工程质量管理条例》、《建筑工程勘察设计管理条例》；审计署和国家计委联合颁发的《关于开展重点项目审计通知》；建设部、水利部制定的颁发的相关法律法规，如《水利工程建设项目招标投标管理规定》、《水利基本建设项目竣工决算审计暂行办法》、《基本建设项目竣工财务决算编制规程》和其他行业制定颁布的相关财务规章制度等。

3. 关于工程质量和经济技术指标的业务规范

经济技术指标就是指造价审计中所要遵循的概算定额、概算指标、预算定额等各种消耗定额和投资效益审计时所要依据的有关计价、计量、质量标准的经济技术分析参数指标。包括：建设部和省公布的有关规定和工程业务规范，有《工程质量监督管理规定》、《工程建设标准强制性条文》、《建筑工程勘察和设计单位资质管理规定》、《建设监理试行规定》、《工程建设建立单位资质管理试行办法》，尤其是建设部在 2003 年印发的《建设工程工程量清单计价工程规范》，是工程计价的国家标准和国家审计机关审计工程造价的权威依据；工程所在地的地区统一定额、技术规范、工程图纸及其技术要求；国际标准化组织的 ISO9000 系列标准；菲迪克合同条件等。

4. 由国家主管部门、各级行政部门制定的和被审计单位自己制定的规章制度

前者包括各行业的会计制度、会计准则、财务制度、结算制度、成本管理制

度、资金信贷制度、建设单位会计制度、基本建设财务管理规定、国有建设单位会计制度补充规定、企业基建业务有关会计处理办法的通知等；后者包括被审计单位（建设单位、施工单位）自己制定的内部控制制度、资金管理制度、质量控制制度等，其中，内部控制制度非常重要，是规范公共投资项目有关经济活动和行为的重要保障，相关内部控制制度的健全、完善和有效执行直接关系到公共项目的顺利实施和预期投资综合效益的实现，因此与公共项目相关的内部控制制度既是公共投资项目经济效益审计的对象又是审计的依据和标准。

四、公共投资项目经济效益审计程序

由于公共投资项目具有不同于传统财务收支审计对象的特点，投资规模巨大、建设周期较长、潜在风险大，因此公共投资项目经济效益审计采取的是制度基础审计模式，比传统审计程序更重视内部控制制度的评价，并要及时就工程建设情况给出整改的审计建议。公共投资项目经济效益审计程序包括确定审计项目、制订审计计划、实施审计、起草审计报告、交换意见、审计结果公告、跟踪检查这七大环节。

公共投资项目经济效益审计实施的简要程序可用图 9-3 进行表示：

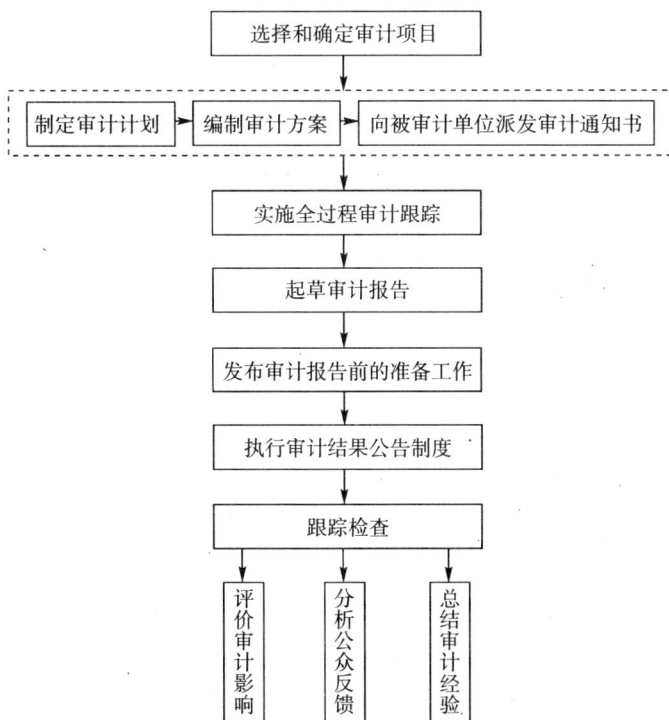

图 9-3　公共投资项目经济效益审计实施的简要程序

第二节　公共投资项目投资效益评价指标体系

一、公共投资项目投资效益评价标准的确定原则

选择和确定投资效益审计评价标准应遵循以下五大原则：

（一）全面性和完整性原则

目的是保证对被审计单位和建设项目投资效益做出全面完整的衡量和评价。

（二）责任性和可控性原则

目的是准确考评被审计单位必须履行的经济责任，以及通过主观努力可以改变结果和过程的情况。

（三）计划性和可比性原则

目的是力求审计评价标准与有关计划标准要适应，以及进行历史的纵向比较和与国内外及先进水平进行横向比较。

（四）科学性和严密性原则

即投资效益审计评价标准的内容必须科学合理，保证正确使用审计评价标准不会导致作出错误的结论。

（五）先进合理性原则

即审计评价标准的水平必然建立在相对先进合理的基础上才能起到促进作用。

二、对不同性质公共投资项目的审计评价及相应指标

（一）对盈利性公共投资项目的审计评价及相应效益评价指标

盈利性公共投资项目是能在投资建成后取得经济收入的工程，主要是由企业投资的竞争性项目，比如城市污水处理工程项目、电力等能源项目、交通项目、大中型工业项目、居民住宅等建筑类工程项目。对盈利性公共投资项目的审计评价主要集中在投资的财务效益和国民经济效益上，其中财务效益的评价又包括对建设速度、工程质量、工程建设成本和投产运营后的生产效益进行评价。具体的

审计评价内容和相应指标如下：

1. 对建设速度进行审计评价

建设速度是衡量投资项目投资效益的重要因素。从某种意义上讲，提高经济效益不仅是节约投资，还有时间的节约。加快项目建设进度，就能加速资金的周转，迅速形成生产能力，加快经济发展速度，创造效益。项目的建设速度审计可以从建设工期和达到设计年限两个指标入手。

（1）对建设期的评价。建设工期，是指投资项目或单项工程从正式开始建设到全部建成投产所经历的时间。实际建设工期可以与计划定额工期（可从行业经济技术标准中查到，单位工程可依据《建安工程工期定额草案》查到）和同类型投资项目的实际工期进行对比。其计算公式如下：

① 投资项目定额工期率 $= \dfrac{\text{各竣工投资项目实际日历工程}}{\text{各投资竣工项目定额日历工期}} \times 100\%$

② 单位工程定额工期率 $= \dfrac{\text{各竣工单位工程实际日历工期}}{\text{各投资单位工程定额日历工期}} \times 100\%$

通过对比，可以衡量投资项目或单位工程是否按期或提前建成投产；同类型项目是否缩短工期。延期建成投产的项目，对效益的发挥要进行定量分析，并可以调查影响投资项目延期投产的原因，以便于及时纠正或总结经验教训。

（2）对工程达到设计能力年限的评价。达到设计能力年限，是指建成投产项目或单位工程从投产之日起，到实际产量达到设计能力为止，所经历的全部时间。它集中反映了基本建设过程经济活动形成综合生产能力的时间因素和管理质量。达到设计能力年限的长短对投资效益的影响，是通过计算达到设计能力年限内的相对经济损失额来确定的。因为在达到设计能力之前，产品质量、劳动生产率、产品成本、盈利等都不能达到设计规定的水平。因此，可以把上述诸方面与设计规定水平的差额当作达到设计能力年限内的一种经济损失加以考虑。达到设计能力年限内的相对经济损失额，可按下式计算：

$$L = T\left[(C_1 - C_o)\, Q_1 + EF\left(1 - \frac{Q_1}{Q_0}\right) \right]$$

注：L 代表达到设计能力年限内的经济损失额；

T 代表达到设计能力年限；

E 代表建成投产的固定资产价值；

F 代表标准投资效果指数；

C_1 代表达到设计能力前的单位产品实际成本；

C_o 代表达到设计能力时的单位产品实际成本；

Q_1 代表达到设计能力前的实际平均年产量；

Q_o代表达到设计能力时的年产量。

由上式可以看出,在规定的达到设计能力年限内,尽快达到设计能力,就可以减少相对经济损失;反之,达到设计能力越晚,则造成的相对经济损失就越大。但是,建成投产项目达到设计能力必然要有一个过程,因而这种相对经济损失是不可避免的,在设计上也是允许的。因此,审计在达到设计年限内实际造成的相对经济损失额究竟是否合理,主要看它是否超越了设计所允许的相对经济损失额。

2. 对工程质量进行审计评价

工程质量是指投资项目使用价值满足社会需要的程度。项目质量好坏,是衡量投资效益的一个重要标志。按国家现行标准,建筑类公共投资项目质量等级可划分为优良工程、合格工程和不合格工程。

(1) 优良工程,指建筑工程和管道工程、电气、通风工程质量符合施工验收规范和设计要求。在合格的基础上,其他指标和次要部位实测点的偏差有90%以上符合规定。机械设备安装工程重要部位实测点的偏差小于允许偏差。

(2) 合格工程,指建筑工程和管道工程、电气、通风工程质量符合施工验收规范和设计要求。对其他指标和次要部位实测点的偏差,建筑工程有70%(含70%)以上,管道、电气、通风等工程有80%(含80%)以上符合规定,其余有微小出入,但不影响使用者。机械设备安装工程重要部位实测点的偏差不超过规定者。

(3) 不合格工程,指工程质量不符合设计要求,其偏差大于规范化允许的范围

进行工程质量审计评价时,可计算以下两项指标:

① 工程质量优良品率,是指审计期评为优良的单位工程个数(或面积)占审计期验收鉴定的单位工程个数(或面积)的比率。其计算公式如下:

$$工程优良品率 = \frac{审计期优良单位工程个数}{审计期验收单位工程个数} \times 100\%$$

② 工程合格品率,是指审计期评为合格的单位工程个数(或面积)占审计期竣工验收的单位工程个数(或面积)的比率。其计算公式如下:

$$工程合格率 = \frac{审计期合格单位工程个数}{审计期验收单位工程个数} \times 100\%$$

在工程质量的审查评价中,应注意:第一,工程质量审查应以单位工程为对象,优良合格品率必须符合施工验收规范;第二,审查不合格的工程和工程质量事故的原因及其责任归属,并促其采取措施返工或加固补修,否则不能交付使用;第三,机械设备是否经过联动负荷试车,能否生产出达到要求的产品和产量。

3. 对工程建设成本进行审计评价

建设成本是指以能够独立发挥生产能力或效益的单项工程或完整投资项目为核算对象，由建设单位支付的全部建设费用。它是工程项目劳动消耗和物质消耗的价值反映。投资项目成本水平在很大程度上反映了项目投资经济效益的水平。对建设成本的审计评价主要通过工程成本降低或超支率、单位生产能力投资所占比重两个指标进行。

（1）工程成本降低（超支）率，用来反映工程实际成本比预算成本节约（超支）的程度。计算公式为：

$$工程成本降低率（或超支率）＝\frac{工程成本降低（超支）额}{工程预算成本}×100\%$$

审查时，应将主管部门批准的工程项目概算总投资作为项目建设总成本的依据，将实际成本与预算成本进行比较。

（2）单位生产能力投资额，是指建成投产的投资项目或单位工程新增加每单位生产能力所花费的投资。它是实物计量单位的生产能力，其计算公式如下：

$$单位生产能力投资额＝\frac{交付使用项目实际建设成本}{交付使用项目新增生产能力}$$

4. 对项目建成投产运营后生产效益进行审计评价

项目建成投产后的效益，是指项目竣工投产后取得的生产效益。对项目建成投产、运营后的生产效益进行审计评价，除了可利用传统的新增固定产值率、投资回收期等指标，另外还应增设贷款偿还期指标，以便分析举债和集资企业的项目投资效益。

（1）新增固定资产产值率，是指投产后新增产值与新增固定资产价值的比例。它考核项目投资后，建设和生产两方面因素的效果。其计算公式如下：

$$新增固定资产产值率＝\frac{本期新增总产值}{本期新增加固定资产价值}×100\%$$

（2）投资回收期，是指项目自正式建成投产之日起到全部偿还投资为止所经历的时间。其计算公式如下：

$$I=\sum_{i=1}^{N}(S-C-T)$$

式中：I 代表项目投资总额；

　　　S 代表年销售收入；

　　　C 代表年经营总成本；

　　　T 代表年销售税金；

　　　N 代表投资回收期。

上述公式充分考虑各年收入的变化，比传统的计算公式要精确。其实，这种方法就是把项目各年的实际回收数相加，一直加到等于项目投资额时为止，这时所需的 N 即为项目投资回收期。审计时，应注意经营总成本中不含折旧，这种计算结果说明的是用各年净利润与折旧之和与归还投资总额所需时间的关系。

在利用投资回收期进行审计评价时，应当及时将计算的投资回收期结果与国家标准和行业部门规定的"标准投资回收期"或"定额投资回收期"进行真正比较。如果前者小于后者（即施工单位指标小于国家标准），则施工方案可行或可接受。反之，则要十分慎重地测评施工单位的各种技术风险。另外，投资回收期越短，说明投资的经济效益就越好。反之，说明投资没能及时发挥作用，造成损失与浪费，经济效益差。

（3）贷款偿还期，是指项目建成投产后，用规定的贷款偿还资金还清全部贷款本金和利息所需的时间。它是反映投资有偿使用单位项目投产后偿还贷款能力的一项重要指标。其计算公式如下：

$$I_o = \sum_{t=1}^{P_0} (F + D + F_0)$$

式中：I_0 代表投资贷款本金和利息；

F 代表年销售利润；

F_0 代表可用作抵偿贷款的其他年收益；

D 代表用作抵偿贷款的年基本折旧；

（$F + D + F_0$）代表 t 年的贷款抵偿资金；

P_0 代表贷款偿还期。

在评价分析时，应当注意投资回收期与贷款偿还期不同，首先，二者抵偿的对象不同。投资回收抵偿的是项目的全部投资，而贷款偿还期所抵偿的是项目的贷款；其次，二者用于抵偿的资金内容和数字不同，投资回收期的抵偿资金是项目的全部经营收益，贷款偿还期的抵偿资金则是经营收入中规定的部分。根据我国现行财务制度的规定，用于还款的资金来源包括应交利润、所得税、应交基建收入等。第三，二者反映的内容不同，投资回收期反映出工程项目投资的经济效益，贷款偿还期反映出项目的实际收入水平和贷款偿还能力[①]。

5. 对国民经济效益进行审计评价

在对项目的经济效益评价中，由于财务评价只是用现行价格计算投资项目的财务效益和建设成本，而由于各方面的原因，我国的现行价格失真情况较为严重，所以，更为关键的是还要进行国民经济效益评价，即利用费用——效益分析的基本原理，用调整过的价格，即一套影子价格来计算项目的效益和费用，从而

① 姚海炎，冯彬. 投资项目效益审计工作手册［M］. 北京：中国物价出版社，2002：247－249.

进一步考察公共投资项目对国民经济的净贡献。

首先，计算影子价格、影子汇率及项目未来的经济效益和费用；然后，再计算净效益（即每年的经济效益与费用之差）；最后对计算出的一系列技术经济指标进行分析和判断。基本指标是国民经济净现值（ENPV）和国民经济内部收益率（EIRR）。国民经济经济净现值大于或等于零，国民经济内部收益率大于或等于社会折现率（IS），表示国家为拟建的项目进行投资后，可以得到符合社会折现率的社会盈余；或者除了得到符合社会折现率的社会盈余之外，还可以得到以现值计算的超额社会盈余，这时可以判断该项目是值得实施的。

（二）对政策性和非盈利性公共投资项目的审计评价及相应效益评价指标

政策性和非盈利性公共投资项目是那些不以营利为目的，没有或有很少量的经济收入，但是因关系到国计民生而投资建设的基础性、公益性公共投资项目，包括社会公益事业项目、基础设施项目，比如水利项目，提高人民素质的文化、体育、教育工程，保障人民健康的基础设施工程都属于此范畴。对这类公共投资项目投资效益的审计评价，就不能仅仅以财务赢利或经济效益为评判标准，而是应当以宏观效益评价思想为核心，对工程项目的社会效益和环境效益进行宏观角度的评价。对无形的、宏观的非盈利性公共投资项目的审计评价，比如价值观建设工程等，必须也只能以其投资的社会效益评价为中心；还有边缘地区、少数民族地区及多民族居住区项目，由于社会风险较大，也应当以社会效益评价为中心。

1. 对非盈利性公共投资项目的社会效益进行审计评价

根据可持续发展理论，社会的可持续发展是指在社会公平的原则下，使不同地区、不同民族、不同国家的人们在不同代际之间能不断提高生活质量、建设水平及实现人的全面发展等。因此，对非盈利性公共投资项目的社会评价，要着眼于提高社会福利、以人为本促进社会全面协调发展的重点内容，涉及经济、文化、科技、教育、卫生、资源环境、民族情况等等社会各方面，也要根据"成本——效益"基本原理考虑项目社会效益的投入和产出。

（1）对公共投资项目的社会适应性进行审计评价

主要是对工程与政策的符合性和工程的可持续性进行评价。与政策的符合性可从与国家与地区政策方针、发展建设方向相符合程度来定性认定，工程的可持续性通过"工程效果的持续性"指标来确定。

工程效果包括有形和无形效果，有形效果主要是经济效果和其他社会效果，经济效果持续时间可用项目总收益周期来表示，其他社会效果诸如环境影响、资源耗费等可以通过相关的调查和预测来确定，无形效果诸如文化、生活习俗等方面的影响可以通过社会调查或投票的方式来确定。如果各类社会效果的持续性有较大的差距，则应分别计算，可更好地明确工程的持续效果。

（2）对公共投资项目造成的社会经济影响进行审计评价

在对社会效益的评价中，着重解决社会经济公平问题。为避免重复计算，消除国民经济效益评价与社会评价两个体系的矛盾，在社会效益的审计评价中应重点考虑就业效益、收入分配效益、居民经济生活三方面。

第一，基础性和公益性公共投资项目的一个特点就是其产生的某些效益明显地滞后于工程的建设和使用，这也是公共投资项目对社会发展具有先导作用的表现。在运用就业效益指标时，应当注意根据项目所在地的具体情况来确定其值大小的问题。目前，从国家层次上看，肯定是就业效益越多越好，可以解决劳动力大量富余的问题，但从当地的情况来看，如果劳动力并不富余，或该项目属于技术密集型类型，那么就业效益指标以较小为好。

第二，公共投资项目建设作为国民经济再分配的手段之一，收益要在国家、地区、企业、个人四者间进行合理的分配。根据社会可持续性发展的原则，应认识到公共投资项目当前建设与将来建设所创造的社会效益的差别，应在充分考虑财政情况下决定公共投资项目建设的恰当时期与规模。可分别用"工程给国家、地区、企业、个人带来的收益同工程的总收益的比例"指标来评价收益在四者间的分配情况，用"时间收益比率"指标来评价公共投资项目在建设时间上的效益分配情况。在运用收益分配效益指标时，要注意结合地区实际情况和项目建设目标来确定各分配比重的大小。如项目偏重于贫困地区的发展建设，则应加重地区收益分配比重的权数。

第三，对居民经济生活变化的评价，可以使用"居民人均收入增长率"、"社会恩格尔系数变化率"、"基尼系数变化率"、"通货膨胀变化率"这四个指标来评价。

2. 对非营利性公共投资项目的环境效益进行审计评价

一些规模较大的项目能为地区的生态环境带来极大的改变，既可能优化生态平衡、促进区域经济发展，也可能破坏原有环境。例如，巴西和委内瑞拉的贯穿内地的公路项目促进了新经济区、新能源的开发和连带的地区生态环境的变化；而苏丹的一个大型格泽拉（Gezeira）水利灌溉工程改变了喀土穆地区的气候[1]。因此，对非盈利性公共投资项目的环境效益进行审计评价十分重要，而且迫在眉睫。主要应从公共投资项目投资建成后对社会环境的影响、对自然资源的影响、对生态环境的影响这三个方面分别进行评价。可以由审计署联合计划、环保、气象、经济、工程等主管部门成立"公共项目环境效益评审专家委员会"，对公共投资项目建设的事前、事中、事后各阶段进行独立的环境效益评审。

---

① 万威武，陈伟忠. 可行性研究与项目评价 [M]. 西安：西安交通大学出版社，1998：164.

（1）审计评价公共投资项目对社会环境的影响

公共投资项目对社会环境的影响表现在以下几个方面：对人口的影响、对文化教育的影响、对科技进步的影响、对项目所在地社会结构的影响和对项目所在地居民生活习惯的影响、对社会安定的影响、对居民卫生保健情况的影响等。

① 评价对人口的影响，可以使用以下三个指标：人口密度、人口迁移率和人口素质指标。

$$人口密度 = \frac{公共工程受益人数}{公共工程有效范围}$$

$$人口迁移率 = \frac{迁移人数}{公共工程有效范围}$$

人口素质用"文盲率"及"大专以上文化程度人口占总人口的比重"分别表示。

② 评价对文化教育的影响，可用人均受教育年限、在校学生占总人数的比例和每万人中专业技术人员所占比重等指标。

③ 评价对科技进步的影响，可用科技成果转化率、科技进步贡献率两个指标。

④ 对社会安定、稳定的影响，对项目所在地社会结构的影响以及对项目所在地居民生活习惯的影响只能以定性为主的指标，可以通过社会调查取得。

（2）评价公共投资项目对生态环境的影响

可以采用成本效益分析法，将环境影响因子量化，明确项目对生态环境影响造成的费用损失和生态治理成本效益两个基本方面来评价。

第一，对生态环境污染破坏造成的费用损失进行评价，内容包括：①对自然环境的污染破坏的评价，如水质空气噪声等污染，基层指标主要有水面污染综合指数、大气污染综合指数、区域环境噪声平均值、人均废物排放量等。②对绿化地森林破坏的评价，主要指标有人均绿地变化率和人均森林植物覆盖变化率。③对水土流失影响的评价，主要指标有水土流失面积占地区面积的比例等。④对野生动植物影响的评价，主要指标有动植物物种数量变化率、濒危物种比例以及受保护动植物物种数量变化率等。

第二，对生态治理美化的成本效益进行评价，基层指标主要有环保投资增长率和环保投资效益等，也可以根据前述的各具体方面的指标来表示。在经过对各指标的定量评价确定环境影响因子的损益情况后，将费用与生态治理的成本效益进行比较，大体计算出净效益的现值，在选择项目实施方案时，比较各方案的净效益现值，以其中净效益现值最大者为最优方案，或者将其与国家及地区相应标准、可行性研究或环境评估的要求、目标环境保护措施的目标数据等进行比较分析。净效益的现值计算公式如下：

$$EP \approx EPA + EPB - EPC - EPL$$

式中：EP 代表环保措施净效益的现值；

EPA 代表环保措施直接经济效益的现值；

EPB 代表环保措施使环境改善效益的现值；

EPC 代表环保措施费用的现值；

EL 代表污染损失的现值。

第三，应当编制公共投资项目对生态环境破坏程度的分析表，对被审计单位的环境保护情况进行控制。生态环境影响分析表见表 9-2：

表 9-2　生态环境影响分析表

内容 类型	水体污染	大气污染	噪声污染	对森林植被的破坏	对物种的破坏
污染物名称、种类					
排放浓度、数量及破坏程度					
标准值					
目标值					
处理后排放值或影响值					

案例

深圳经济特区政府投资污水处理厂建设项目效益审计

一、案例背景

深圳人"敢为天下先"，1998 年深圳市率先成立投资审计局，7 年来共审计政府投资 800 多亿元，核减工程款 77 亿元，人均核减 1.33 亿元。自从 2002 年深圳审计局实施第一个规范的公共投资项目效益审计项目——对市卫生系统医疗设备采购及使用管理情况效益审计四年以来，共成功实施了 25 个单独立项的基础性和公益性公共投资工程效益审计项目，并将审计结果以审计公告的形式向社会公开，使得鹏城深圳连续刮了三年令全国人民瞩目的"审计风暴"，在履行审计监督职能、建设责任政府、促进公共资源的合理配置和有效使用方面发挥了巨大的作用。在此选择深圳市 2003 年成功实施的第一个政府投资项目效益审计案例，通过研究审计思路、基本做法、审计成果，进行案例评价，并与英国国家审计署开展公共投资项目经济效益审计的经验进行对比，分析评价深圳市开展公共投资项目经济效益审计的成功经验。

二、审计思路

深圳市在经济和社会各项事业高速发展的同时，高度重视环境保护，坚持可持续发展，先后投入大量财政资金用于城市污水处理基础设施的建设，并先后对城市污水处理体制进行了企业化改革。深圳经济特区政府投资污水处理厂的建设和运营具有投资额大、社会影响广、环境影响深、群众关心程度高、企业化改制中面临问题多等特点，在经济效益、社会效益和环境效益方面受到社会的广泛关注，在重要性、风险性、时间性、增值性、可行性这五个效益审计项目选择标准中得分最高，因此在 2003 年选择其作为第一个政府投资建设项目效益审计项目。

三、审计程序及关键措施

为了完成既定的审计目标，审计组在审计方法上进行了多方面的尝试。除了运用内部控制制度测评、抽样审计、分析性复核等风险导向审计技术方法之外，还引入了建设项目技术经济分析和建设项目后评价等方法对项目进行审计。在确定审计报告结论和建议之前，反复与被审计单位核对相关数据，对重要审计结论进行专家咨询，先后到 8 家相关职能部门和 9 家相关企业开展调研、咨询，并召开了两次专题审计论证会。

在审计风险评估时，由于考虑到本次审计是第一次进行效益审计，审计方法和范围与以往的审计有较大的不同，因此要高估审计风险。在审计中，主要采取充分与被审计单位交流，征求有关专家、单位意见的方式防范审计风险，使审计结果能客观公正地反映审计事项。

四、审计成果

深圳经济特区政府投资污水处理厂效益审计在社会上引起极大震动，好评如潮，被誉为市政府的"阳光工程"。从反馈信息来看，该审计报告对促进政府相关职能部门建立、健全法律法规、改善管理起到了极其重要的作用。2004 年，《深圳经济特区排水管理条例》、《深圳经济特区建设项目环境保护条例》、《深圳市公用事业特许经营条例》、《建设项目水资源开发利用论证管理办法》等一系列法律法规均被列入深圳市政府立法工作计划。同年，市水务局还制定了《深圳市污水处理费征收使用管理办法》，并且会同市审计局对污水处理成本进行审计，为收取和核拨污水处理费做准备。被审计单位也高度重视和配合审计工作，认为效益审计报告反映的内容真实客观，提出的审计建议中肯可行，对今后改善管理有积极的促进作用，并配合有关部门将项目节余的 2.04 亿元资金上缴市财政专户。鉴于效益审计取得的成绩，深圳市人大代表专门提交议案建议给审计人员记集体三等功。

五、案例评价

在审计过程中，审计人员紧紧抓住了效益审计的三要素——经济性、效率性和效益性，突出了审计重点；在审计管理中引入以审计目标管理为基础、以审计质量风险控制为核心的审计项目管理理念；在审计方法选择上注重内部控制制度测评、抽样审计、分析性复核等风险导向审计技术方法与建设项目技术经济分析和后评价等方法的结合。在审计评价过程中，遵循谨慎性原则，把握好评价的客观性、公正性，有效降低了审计风险。因此，审计报告得到了被审计单位和政府职能部门广泛认同，取得了良好的社会效益和经济效益，有利于深圳市全面落实科学发展观、构建节约型社会、促进特区经济和社会的可持续发展。

思考题

1. 开展公共投资项目经济效益审计有什么重要作用？

2. 什么是公共投资项目？其特征有哪些？包括哪些种类？

3. 公共投资项目经济效益审计主体和具体审计内容各是什么？

4. 公共投资项目经济效益审计的依据主要有哪些？

5. 公共投资项目经济效益审计程序是如何安排的？

6. 公共投资项目的投资效益内涵是什么？如何对盈利性公共投资项目进行投资效益评价？

第十章　经济效益审计报告

第一节　经济效益审计报告概述

一、经济效益审计报告的意义与作用

审计报告是审计工作最重要、最直接的成果形式，是审计工作的主要产品，是将审计结果传递给审计结果使用者的法定方式。经济效益审计报告是审计人员在经济效益审计工作结束时向有关部门和被审计单位提交的，对被审计单位的经济效益情况发表审计意见，作出审计评价和提出改进建议的一种书面文件。

经济效益审计报告主要有下列四个方面的重要作用：

首先，说明审计结果和审计结论。审计机构对被审计单位进行审计之后，应该形成审计结果或者审计意见和审计结论。审计报告就是表达审计工作结果的主要形式。

其次，说明审计的性质和范围。因为审计报告使用者不了解审计工作的局限性，以及审计责任与会计责任的区别，审计报告需要增加一些有关审计工作的性质和范围方面的内容。比如，审计的范围、期间；审计是依据审计准则进行的；审计是以测试为基础的，而不是检查所有的数据资料等等。

第三，作为对审计结果和建议进行后续跟踪检查的依据。审计报告提出了审计的结果和建议，审计组织可以据此对审计结果和建议的落实情况进行跟踪检查，便于发挥审计的作用。

第四，便于公众监督检查。向社会公开的审计报告，客观上将审计组织的审计工作置于公众监督之下。审计报告的读者可以根据审计报告评判审计工作的质量，同时以审计报告为媒介，了解并监督公共资源的使用和管理情况。

二、经济效益审计报告的编制原则

经济效益审计报告是审计工作的浓缩和精华，是评价审计人员业绩的重要依据。审计人员接受审计机关交给的任务或接受有关部门、单位的委托，对被审计

单位进行经济效益审计，当审计人员确信对被审计单位的经济效益状况已经有了深刻的认识，对被审计单位存在的主要问题及原因已经基本掌握，或者更进一步对如何解决存在的问题已经形成一系列建议时，审计人员应向派出的审计机关或委托单位用书面形式汇报经济效益审计的情况和结果。

经济效益审计报告是在对经济效益审计记录和审计工作底稿进行综合整理、归纳分析并听取有关各方面的意见后写成的，遵循及时性、准确性、客观性、明晰性等审计工作一般要求的前提下，还应遵循以下编制原则。

（一）立场鲜明，态度明朗

编写经济效益审计报告要从国家利益出发，以维护国家利益作为基本立场。各级审计人员在编写报告的过程中，不能只顾被审计单位的经济效益，还要考虑宏观的经济效益；不能只顾眼前的经济效益，还要考虑长远的经济效益；不能只顾经济效益，还要注重社会效益和环保效益。对于审计结论的表述，审计人员的态度应该是明朗的，不能含糊其辞、模棱两可，或者遮遮掩掩，这些都是不负责任的表现。

（二）实事求是，有说服力

对被审计单位的经济性、效率性、效益性等方面进行评价是经济效益审计报告非常重要的内容。在评价时，要坚持一切从实际出发，以所确定的审计依据为标准，实事求是地反映情况和结果，客观地评价其经济效益状况，不能随意夸大或缩小事实，或者孤立、片面地看问题，要实事求是，一分为二看问题。审计人员不能只看被审计单位存在的问题，不看他们取得的成绩，或者只看到成绩，不看存在的问题。

（三）内容完整，证据充分

经济效益审计报告是经济效益审计的最终成果，为了完整、准确地反映审计结果，审计人员在编制经济效益审计报告时必须保证审计报告的内容完整、资料翔实。审计报告内容的完整表现在两个方面：一是审计报告要素要齐全；二是报告的内容要完整，如实反映被审计单位的实际状况。对在经济效益审计中发现的并准备列入审计报告的存在问题，要有充分的、令人信服的证据，对证据当中涉及的数字要进行反复的查证和验算，以确保其可靠。审计报告中对问题的分析要科学、合理、切合实际。

（四）层次清晰，结构合理

经济效益审计报告的内容要归类和条理化，要根据审计事项的内在联系安排报告内容，同类性质的问题应集中在一段或一节表述，段落之间应相互联系、层次清晰。经济效益审计报告的结构也要合理安排，以便于报告使用者了解和掌握所需信息。针对所发现的问题，一般是先摆情况，后评价，再提意见和建议，而且对所发现问题的排列也要做到主次分明。

（五）简明扼要，措辞恰当

经济效益审计报告的语言要准确、精练，用词要严谨恰当，避免使用意义含糊或不确切的词句，尽可能少用专业术语和不规范的用语，只要能够恰当地表达审计人员的意见和建议即可。撰写经济效益审计报告时，对文字的运用应该简明扼要，使用较短的文字将问题表述清楚，不应该把文字拉长，不需要追求华丽的辞藻，否则会导致经济效益审计报告的冗长，不利于使用者阅读。

（六）突出重点，抓住关键

经济效益是一个比较复杂的问题，影响被审计单位经济效益的因素有很多，问题的原因也有主次之分，审计人员没有必要罗列所有的因素，面面俱到地加以表述。在对经济效益进行评价时，审计人员只要抓住重点、关键的问题进行分析、评价，找出主要原因即可，对于次要问题在撰写时可以略去。这样，经济效益审计报告就可以突出重点，使阅读报告的人易于明确问题所在。

（七）意见具体，建议可行

审计人员对被审计单位的经济效益状况提出审计意见时应该具体，切忌笼统和抽象。因为经济效益审计报告主要的目的是帮助被审计单位改善经营管理、提高经济效益，笼统和抽象的审计意见不利于被审计单位改进工作，无法达到经济效益审计报告的目的。同时，提出的改进建议应该是切实可行的，即必须明确、具体、合理、可操作。必要时候，审计人员可以提出几个方案，供被审计单位采纳。只有这样，才有可能把这种可能的经济效益转变为现实的经济效益，才有可能使被审计单位的经济效益状况得以改善。没有把握、不切实际的建议根本无法解决实际问题，也不能够达到经济效益审计报告的最终目的。这样的审计报告只能是一纸空文，发挥不了应有的作用。

三、经济效益审计报告的编制程序

经济效益审计工作基本完成以后，审计人员掌握了大量的审计证据，在此基础上审计人员开始撰写审计报告。撰写审计报告的过程大体可以分为以下几个步骤。

（一）汇总审计资料

在经济效益审计中，审计人员往往分为几个小组分头审计不同的方面，从而把各方面的情况进行汇总，并对有关问题进行重点说明。这样，审计人员对经济效益审计事项就有了一个全面的认识。

（二）整理审计资料

审计工作底稿是审计人员实施审计工作的原始记录，也是编写审计报告的直接依据，审计人员必须对于所掌握的资料进行整理。首先要对工作底稿中的记录进行整理，剔除不真实的资料；然后，要剔除次要资料，保留重要的资料。这样，通过对审计资料的整理，可以保证审计资料的质量。

（三）统一认识，确定效益状况

在整理资料的基础上，审计人员要统一认识。对于被审计单位的经济效益状况，审计人员的看法常不一致。因为影响经济效益的因素是很复杂的，而且这些因素发生作用的过程也是极为复杂的。因此，审计人员应经过认真地讨论，以取得基本一致的认识。

（四）确定中心议题及主要内容

通过对审计资料的整理和认识上的统一，审计人员要进一步确定经济效益审计报告的中心议题及其主要内容。

（五）分析问题，提出并讨论建议

经济效益审计报告的中心议题和主要内容确定以后，审计人员就要根据所获取的各种审计证据和资料，综合运用各种经济效益审计方法，分析、查找造成经济效益优劣的各种原因，包括主观的原因和客观的原因，并且要分析事物的本质，探讨改善经济效益状况的具体措施和方案。在讨论过程中，对提高经济效益状况的措施和方案，应进行必要的论证和测算，并听取有关业务部门的意见，以确保其切实可行。

（六）讨论编写报告提纲

在写经济效益审计报告以前，审计人员先编写一个报告提纲。为保证审计报告的质量，拟定的审计报告的提纲应由审计组成员集体讨论确定。审计报告提纲的主题要明确，结构层次要合理，应列示审计报告所要解决的主要问题，比如经济效益状况、存在问题、产生的原因及改进建议等，建立起审计报告的基本框架。

（七）撰写初稿

审计报告的提纲一经确定，审计人员即可草拟审计报告，审计报告初稿可以由一人执笔，也可以分工撰写。审计报告初稿拟定后，应先在审计小组内对报告初稿进行讨论、修改，然后由审计负责人核定，形成审计报告的征求意见稿。

（八）征求被审单位意见

经济效益审计报告在报送有关部门以前，应该征求被审计单位的意见。征求意见的内容包括：审计依据的选用是否恰当，审计人员作出的评价是否客观，提出的意见和建议是否合理可行等。审计人员的看法有时和被审单位不一致。对于被审单位不同的意见，如果审计人员认为是合理的，应该予以接受，并修改经济效益审计报告的初稿，使之更符合实际情况；如果审计人员认为意见是不合理的，则可不予修改和调整审计报告，但需要加以说明。征求意见同时还起到了向被审单位通报审计意见的作用。

（九）定稿和报送

审计人员在征求被审单位意见后，经酌情修改报告初稿，写出正式的经济效益审计报告。审计报告经过必要的审查后，应按规定报送有关的部门和单位，以及送交被审单位。

第二节　经济效益审计报告的基本内容和模式

一、经济效益审计报告的基本内容

经济效益审计报告的内容，取决于具体的经济效益审计的目的、内容和要求。审计人员撰写审计报告需要从实际情况出发，这样才能够使经济效益审计报告发挥其应有的作用。

尽管每一项经济效益审计报告的内容各不相同，但在经济效益审计报告中包含了一些共同的要素，这些共同的要素就构成了经济效益审计报告的基本内容。经济效益审计报告的基本内容包括以下几个方面：

（一）经济效益审计的工作概况

在这一部分，审计人员通常要说明经济效益审计事项的性质和范围、被审单位和被审事项的特点、经济效益审计事项的要求和执行的时间，以及在经济效益审计过程中审计人员所采用的审计程序和审计的内容等等。

（二）经济效益审计的评价标准

在经济效益审计报告中审计人员应对所采用的审计标准进行必要的说明。不同的评价标准将对被审事项的基本评价产生影响。经济效益审计至今尚未形成统一的评价标准，因此审计人员应说明采用了何种评价标准。如果企业对被审事项有评价标准，审计人员在审计中未予采纳，审计人员应说明不予采纳的理由。如果对被审事项没有现成的评价标准，或者审计人员认为现成的评价标准不合适，审计人员另行确定了评价标准，审计人员应说明不合适的理由和另行建立评价标准的根据，并对评价标准作必要的说明。如果对于评价标准没有特别需要说明的，审计人员则可在经济效益审计的工作概况中作一般说明，或者不予说明。

（三）对经济效益审计事项的基本评价

审计人员在这一部分中主要应说明被审计单位的生产经营特点和某一时期主要技术经济指标的完成情况，并把它与上年水平、与历史最高水平、与计划指标、与同行业先进水平进行对比分析；对被审单位的管理素质和管理职能的优劣进行比较；对被审单位的发展规划和项目计划所预计的经济效益进行验证等。在进行了上述有关内容的分析以后，审计人员可以对被审单位的经济效益作出基本评价，总括性地说明被审单位或被审项目经济效益的优劣。并在基本评价的基础上进一步对成绩、问题进行分析。

（四）主要成绩和经验

如果被审计单位在提高产品产量和质量、降低成本、增加利润等方面有成功的经验，采用了有效的措施，使被审单位的经济效益得到提高，审计人员应该充分肯定被审单位所取得的主要成绩，并且从中总结出提高经济效益的主要经验，以利于进一步推广。

（五）主要问题

审计人员在审计报告中除了充分肯定被审计单位所取得成绩以外，还应明确指出被审计单位在经济效益方面存在的主要问题，以及这些问题对经济效益的影响程度，并就产生这些问题的原因进行深入、详细的分析。特别是对于经济效益较差、存在问题严重的被审单位，更应指出问题所在，并且抓住问题的实质。

（六）改进意见和建议

经济效益审计的主要目的是帮助被审计单位提高经济效益，而针对被审计单位在经济效益方面存在问题所提出的改进意见和建议则是提高经济效益的有效途径，因此，经济效益的改进意见和建议可以说是经济效益审计的落脚点。由此可见，经济效益的改进意见和建议既是经济效益审计中十分重要的内容，也是审计报告中十分重要的内容。

审计人员针对被审单位和被审项目中存在的问题以及不足之处，提出意见和建议，包括如何提高经济效益的途径、解决问题的办法、可以采用的措施以及可供选择的方案等。

审计人员能否提出恰如其分的改进意见和建议，取决于审计人员对被审计单位存在主要问题把握的准确性。审计人员在提出改进意见和建议时，必须有充分的把握，因此审计人员要对自己所提的意见和建议进行反复的推敲。特别是对于不太熟悉的业务，可请专业技术人员共同研究，寻找出解决问题的恰当办法。在提出意见和建议时，也可听取被审计单位和有关部门的意见。为了使被审单位乐于接受改进意见和建议，审计人员应该说明采纳这些改进意见和建议能够得到多少效益，并列明这些数据。有时针对同一问题，审计人员可以提出若干个不同方案，分类说明这些方案的长处和不足，以供被审计单位选择采用。如果找不到恰当的解决办法，或对实施的效果把握不大，不应勉强提出意见和建议，以免使自己陷于被动。在提出的意见和建议较多时，应适当归类，使意见和建议条理清楚，便于采纳和实施。在归类时，可以根据问题归类，也可根据建议归类；在行文时，为了避免经济效益审计报告冗长，可以采用在主报告中扼要说明，另外单独在附件中进行详细说明。

总之，经济效益的改进意见和建议要明确、具体、合理、可行，只有做到以上四点，它对被审单位才具有参考价值和指导意义。

当然，上述几方面的内容，有时并不全部写入具体的经济效益审计报告，在审计实务中，经济效益审计报告的基本内容应根据具体审计项目的内容和要求灵活加以运用。

二、审计报告的基本模式

不同审计主体所从事的不同类型的经济效益审计，其审计报告的格式和内容可能存在不同程度的差别，但就主要特征而言则是相似的。下面我们就列举一个较为灵活的报告模式，可以适用于不同的各种情况。该模式包括以下组成部分：

（一）封面

作为一份经济效益审计报告，其封面通常应该包括以下内容：

（1）报告的标题。该标题应着重说明审计事项的性质和被审单位的名称。

（2）被审单位的名称和地址。

（3）审计日期或期间。

（4）审计机构或审计组的名称。

（二）导言

在经济效益审计报告中，导言部分所起的作用主要是介绍被审单位业务情况、在审计过程中发现问题的详细情况和审计建议、评价内容的摘要，以及披露审计报告编报的有关信息。包括：报告日期和发送日期；报告接受者名称地址；引言、前言或审计事项的背景；审计范围和目标；审计所发现问题的性质及简要评价；对报告使用者回复的期望；签发人签名；参与项目的审计人员名单；报告接受者名单；内容目录及索引。在编写时应注意：

1. 审计事项的背景

审计人员在导言中有必要解释阐述与审计结论有关的充分背景资料，以便读者对被审计事项有一个清晰的理解。这些背景资料包括：被审组织机构是何时创建的？该组织机构活动或规划的目标是什么？被审活动的性质和范围是什么？谁对被审组织机构活动或规划负责？开展这项审计的原因是什么？等等。这样有助于说明项目的重要性及解释审计的原因。如果背景资料较多，最好将它列为单独的一部分，并冠以小标题。应避免提及或评价不完善的管理，或表示不信任及其他可能伤害被审单位的措辞。

2. 审计所发现问题的性质及简要评价

这部分只需要用一两段话概括问题的性质，而不是问题的具体内容，在一种简短的报告中，它可视为审计要点或摘要，便于了解审计报告的主要内容。

（三）总结

一些审计报告的读者，特别是高级管理人员，通常对审计的具体细节缺乏兴趣，而更关注事项整体的性质。总结段则可以使读者在阅读有关细节前就能抓住报告的关键事项，以指导读者应从哪些方面更深入地了解细节。本段的重点是组织存在的风险，并说明具体的控制薄弱环节是如何增加风险的。常用的撰写方式有"压缩——淘汰"法和简式总结法。

（四）审计发现问题的细节说明

这一部分应该向读者提供足够的信息，以便他们了解事实，并对存在的问题提出可采取的建议。本段可以说是经济效益审计报告篇幅最长的部分，它的内容一般可以分为以下五部分：

1. 现状

现状是指审计发现问题发生的具体环境，包括经营程序的实际执行（或不执行），各项资产的实际存在条件和实际的数量记录。

2. 标准或期望

作为审计评价标准是被审单位应遵守的政策、法律法规、程序等。而期望是指被审单位内部或外部对单位业务或经济效益所制定或下达的计划、预算和任务指标。经济效益审计中的标准和期望，作为审计评价的标准，应由审计人员和被审单位管理人员共同协商而确定。

3. 影响

影响是指由于所发现问题的存在，将会给被审单位及其外部关系者带来的后果，这种信息可以帮助审计人员和报告的读者判断其审计所发现问题的重要性。

4. 原因

出现问题的原因是多方面的，但被审单位管理者的选择是最直接的原因。如果管理者确定的风险水平不适当，那么就会出现问题。因此，管理者有责任对存在的问题采取补救措施，而审计则起到积极的协助作用。

5. 建议

审计建议是审计人员对被审单位存在问题的一种忠告，但被审者在收到报告以前，并非对问题一无所知，因此这样的忠告并非要求被审单位必须执行。审计人员在提供建议时，通常应选择被审者比较容易接受的、与特殊控制目标相关的内容提出建议。

在提出审计建议应考虑到一些因素：

（1）审计建议能否解决问题，能否提高经济效益？

（2）被审人是否有执行该建议的能力，是否具备必需的专门人员和技术？

（3）所提建议是否适合被审单位的经营活动？

（4）建议所产生的成本效益是否合理？

（5）建议能解决长期问题还是短期问题，是否只是权宜之计？

（五）图表与附录

在经济效益审计报告中，如果有图表等内容，应将其与相关的文字叙述放在一起；若有关信息的长度有碍于报告其他部分的可读性，则可将它放在附录中。图表和附录应该有清楚的标识。如果这些信息需要深入的研究才能弄懂，则应提供一定的解释和说明。

第三节　内部审计效益报告规定

我国《内部审计具体准则第 25 号——经济性审计》《内部审计具体准则第 26 号——效果性审计》《内部审计具体准则第 27 号——效率性审计》分别规定了经济性、效果性、效率性审计报告的编制规定，其他审计机构可适当参考。

一、经济性审计报告

（一）经济性审计报告的形式

（1）对组织特定业务或项目进行专门的经济性审计，应当出具专项经济性审计报告。

（2）对组织特定业务或项目同时进行经济性、效果性和效率性审计，可以根据实际情况，将两项或三项审计内容相结合出具管理审计报告。

（3）对组织经营活动和内部控制进行审计时涉及经济性审查和评价，可以一并纳入常规审计报告。

（二）经济性审计报告的正文内容

（1）被审计单位经营活动的基本情况。

（2）开展经济性审计的立项依据。

（3）开展经济性审计的目的。

（4）经营活动经济性的评价标准及评价意见或结论。

（5）经济性审计中发现的主要问题，包括在资源的取得、使用和管理中的损失、浪费等事实，导致上述结果的原因及产生的影响。

（6）对进一步优化组织资源管理、节约资源使用所提出的建议。

内部审计机构和人员应当及时将经济性审计报告提交给组织适当管理层，并在必要时实施后续审计，持续追踪问题是否得到解决，以促进组织经营活动投入资源的节约。

二、效果性审计报告

（一）效果性审计报告的形式

（1）对组织特定项目或业务进行专门的效果性审计，应当出具专项效果性审计报告。

（2）对组织特定项目或业务同时进行经济性、效果性和效率性审计，可以根据实际情况，将两项或三项审计内容相结合出具管理审计报告。

（3）对组织经营活动和内部控制进行审计时涉及效果性审查和评价，可以一并纳入常规审计报告。

（二）效果性审计报告的正文内容

（1）被审计经营活动特定项目或业务的基本情况。

（2）开展效果性审计的立项依据。

（3）开展效果性审计的目的。

（4）经营活动效果性的评价标准及评价意见或结论。

（5）效果性审计中发现的主要问题，包括审计发现的事实、导致上述结果的原因及产生的影响。

（6）对特定项目或业务经营管理的改善和效果的提高所提出的建议。

内部审计机构和人员应当及时将效果性审计报告提交给组织适当管理层，并在必要时实施后续审计，持续追踪问题是否得到解决，以促进管理层持续改善和提高经营活动的效果。

三、效率性审计报告

（一）效率性审计报告的形式

（1）对组织特定业务或项目进行专门的效率性审计，应当出具专项效率性审计报告。

（2）对组织特定业务或项目同时进行经济性、效果性和效率性审计，可以根据实际情况，将两项或三项审计内容相结合出具管理审计报告。

（3）对组织经营活动和内部控制进行审计时涉及效率性审查和评价，可以一并纳入常规审计报告。

（二）效率性审计报告的正文内容

（1）组织经营活动与效率性审计有关的基本情况。

（2）开展效率性审计的立项依据。

（3）开展效率性审计的目的。

（4）经营活动效率性的评价标准及评价意见或结论。

（5）效率性审计中发现的经营活动无效率或低效率的问题，导致上述问题的原因及产生的影响。

（6）对优化业务流程、改进经营管理和提高效率所提出的建议。

内部审计机构和人员应当及时将效率性审计报告提交给组织适当管理层，并在必要时实施后续审计，持续追踪问题是否得到解决，以促进管理层改善业务流程和提高经营活动的效率。

案例

世胜服装有限责任公司经济效益审计报告

A 市审计局局领导：

世胜服装厂是本市一家国有大中型制衣企业，主要生产以外销为主的各类服装。该厂现有固定资产原值 1825 万元，营运资产 768 万元，职工人数 1420 人。由于该厂近年来实现利税逐年下降，我们根据局领导的要求于 2007 年 4 月 10 日至 4 月 27 日，对该厂进行了经济效益审计。现将审计结果报告如下：

一、该厂完成经济效益指标的一般情况

我们对该厂 2005 年和 2006 年的资产负债表、利润表和成本计算表进行了必要的审核，我们认为，这些报表所反映的内容是真实可信的，该厂 2005 年和 2006 年的主要经济指标如下：

2005 年，该厂实现销售收入为 5326 万元，其中外销收入为 4250 万元；销售成本为 3995 万元，销售成本率为 75%；产品销售利润 1331 万元，税前利润总额为 890 万元，税后利润总额为 596 万元；按 2005 年职工平均人数计算人均创利税 6670 元。

2006 年，该厂实现销售收入为 5125 万元，其中外销收入为 3680 万元；销售成本为 4100 万元，销售成本率为 80%；销售利润为 1025 万元，税前利润总额为 546 万元，税后利润总额为 366 万元；按 2006 年职工平均人数计算，人均创利税 4068 元。

2006 年同 2005 年相比，销售收入减少 201 万元，下降了 3.77%，其中外销收入减少 570 万，下降了 13.41%；销售成本增加 105 万元，销售成本率上升了 5%；销售利润减少 306 万元，下降了 23%，税前利润总额减少了 344 万元，税后利润总额减少了 230 万元，下降了 39%；人均创利税减少 2602 元，下降了 39%。

二、该厂对扭转目前状况所采取的措施

该厂为了扭转目前的状况，已经采取了各种措施，以阻止经济效益下降。主

要措施包括以下几个方面：

（1）调整生产结构。在针织、染洗和制衣三个车间生产能力不平衡的情况下，一方面进行了技术改造，另一方面积极发展对外协作单位，使生产能力基本趋向平衡。

（2）对于企业重点产品——120 支全棉立领衫生产线实行专线质量管理，由专人生产、专人检验，降低了次品率，节约成本 12 万元。

（3）择优选用原料，降低原料成本。仅 32 支棉由宝塔纱改为筒纱一项，一年就节约成本 42.4 万元。

（4）加强了废料回收。液碱单价由每吨 115 元提高到 160 元。由于加强废料回收工作，2006 年下半年就节约液碱 6 万公斤，基本弥补了液碱价格上涨因素对成本的影响。

以上各项措施直接得益约 95 万元，阻止了利润的更快速下降。

三、影响利润下降的客观原因

该厂 2006 年销售利润比上年减少 306 万元，税前利润总额比上年下降 344 万元，其中由于售价上升增加税前利润 75 万元，其他各种原因共使税前利润减少 419 万元。利润下降的主要原因在于以下几个方面：

（1）由于产品销售数量减少和品种结构变化导致税前利润减少 276 万元。由于外方对产品要求提高，工艺技术一时未能解决，使外方订货减少。新产品售价较高，尚未打开市场。设备利用率仅达到预计的 80%。

（2）由于产品工厂成本上升导致税前利润减少 85 万元，其中由于材料价格上涨影响 32 万元，工资变动影响 20 万元，制造费用超过定额影响为 18 万元，次品返修率上升影响 15 万元。

（3）由于销售费用增加使税前利润减少 20 万元。

（4）由于管理费用增加使税前利润减少 50 万元。

（5）其他销售利润增加 20 万元，由于营业外支出增加使税前利润减少 8 万元。

四、利润下降的主观原因

造成利润下降的原因，从管理上看，也存在一定的问题，主要表现在以下几个方面：

（1）制造费用、销售费用和管理费用支出控制不严。

（2）质量控制不严，造成消耗增加。

（3）辅料管理制度不健全，未建立使用定额。

（4）生产过程中在制品管理不当，造成补充投料。

（5）产品滞销，没有积极开辟新的市场。

五、提高该厂经济效益的建议

为了提高该厂的经济效益，我们提出以下建议：

（1）改善供、产、销各个环节的工作，加强生产、技术部门的力量。

（2）加强技术人员和技术工人的培训以达到满足产品外销的要求。

（3）在平衡生产能力的前提下，做好预测工作，在市场预测的基础上开发新产品。

（4）健全二级核算制度、健全内部控制制度和物资保管制度。

（5）加强财务管理和费用控制，缩减不必要的开支。

（6）进一步挖掘生产潜力，提高设备利用率。

我们认为，如果该厂能够克服现存的问题，该厂 2007 年应能达到以下目标：销售收入达到 5500 万元，销售成本控制在 4300 万元，使税前利润总额达到 700 万元．税后利润总额达到 470 万元左右。

A 市审计局审计师：李力　王方　吴小文

2007 年 4 月 30 日

思考题

1. 在经济效益审计结束时，为什么要写书面的审计报告？

2. 与财务审计相比，经济效益审计报告有哪些特点？

3. 经济效益审计报告一般包括那些内容？

4. 撰写经济效益审计报告时有哪些要求应遵循？

5. 撰写经济效益审计报告可以按哪些步骤进行？

6. 怎样写经济效益审计报告的建议？

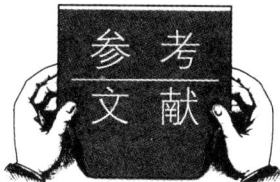

1. 陈颖源等编.张元奎校审.管理审计与规划审计［M］.北京：知识出版社，1984.

2. 戴维·S.科沃克瑞克（David S. Kowalczyk）著.经营审计［M］.项俊波等译.北京：中国商业出版社，1991.

3. R·E.布朗，T.加勒，C.威廉斯合著.政府绩效审计［M］.袁军，贾文勤，于程亮译.北京：中国财政经济出版社，1992.

4. 文硕.世界审计史［M］.北京：企业管理出版社，1996.

5. 王光远.管理审计理论［M］.北京：中国人民大学出版社，1996.

6. 李学柔，秦荣生.国际审计［M］.北京：中国时代经济出版社，2002.

7. 崔彤.经济效益审计学［M］.天津：天津人民出版社，2002.

8. 项俊波.国家审计法律制度研究［M］.北京：中国时代经济出版社，2002.

9. 陈思维等.经济效益审计［M］.北京：中国时代经济出版社，2002.

10. 曹慧明.采购比价审计［M］.大连：东北财经大学出版社，2002.

11. 张立民，刘英来.中国审计改革与发展［M］.北京：中国财政经济出版社，2003.

12. 审计署经济责任审计司.经济责任审计发展趋势研究［M］.北京：中国时代经济出版社，2003.

13. 陈振明.政府再造——西方"新公共管理运动"述评［M］.北京：中国人民大学出版社，2003.

14. 审计署外事司.国外效益审计简介［M］.北京：中国时代经济出版社，2003.

15. 罗美富.英国绩效审计［M］.北京：中国时代经济出版社，2004.

16. 李鹏.新公共管理及应用［M］.北京：社会科学文献出版社，2004.

17. 保罗·R.尼文.政府及非营利组织平衡计分卡［M］.北京：中国财政

经济出版社，2004.

18. 王光远. 受托管理责任与管理审计 [M]. 北京：中国时代经济出版社，2004.

19. 美国项目管理协会. 项目管理知识体系指南（第3版）[M]. 北京：电子工业出版社，2004.

20. 李季泽. 国家审计的法理 [M]. 北京：中国时代经济出版社，2004.

21. 邢俊芳等. 最新国外效益审计（上、下）[M]. 北京：中国时代经济出版社，2004.

22. 张友棠. 财务预警系统管理研究 [M]. 北京：中国人民大学出版社，2004.

23. 财政部财政科学研究所课题组. 绩效预算 [M]. 北京：经济管理出版社，2004.

24. 鲍国明. 国外绩效审计方法与案例 [M]. 北京：中国时代经济出版社，2004.

25. 审计署外事司. 国际政府审计标准 [M]. 北京：中国财政经济出版社，2004.

26. 杨肃昌. 中国国家审计：问题与改革 [M]. 北京：中国财政经济出版社，2004.

27. 唐.M.钱斯. 衍生金融工具与风险管理（第五版）[M]. 北京：中信出版社，2004.

28. 财政部会计准则委员会. 政府绩效评价与政府会计 [M]. 大连：大连出版社，2005.

29. （美）COSO制定发布. 企业风险管理：整合框架 [M]. 方红星，王宏译. 北京：东北财经大学出版社，2005.

30. 中国内部审计协会编译. 内部审计实务标准 [S]. 北京：中国时代经济出版社，2005.

31. 卓继民. 现代企业风险管理审计 [M]. 北京：中国财政经济出版社，2005.

32. 王泽霞. 管理舞弊导向审计研究 [M]. 北京：电子工业出版社，2005.

33. 蒋劲松. 责任政府新论 [M]. 北京：社会科学文献出版社，2005.

34. 劳伦斯·索耶. 索耶内部审计 [M]. 第五版. 北京：中国财政经济出版社，2005.

35. 王方华等. 营销审计 [M]. 上海：上海交通大学出版社，2005.

36. 罗美富，李季泽，章柯. 英国绩效审计 [M]. 北京：中国时代经济出版社，2005.

37. 刘力云. 效益审计程序与方法研究［M］. 北京：中国时代经济出版社，2005.

38. 赖火云. 走进深圳政府绩效审计［M］. 北京：中国时代经济出版社，2005.

39. 陈志刚. 深圳绩效审计案例选编［M］. 北京：中国时代经济出版社，2005.

40. 彭华彰. 政府绩效审计论［M］. 北京：中国时代出版社，2005.

41. 李金华. 审计理论研究［M］. 北京：中国时代经济出版社，2005.

42. 刘长翠. 企业环境审计研究［M］. 北京：中国人民大学出版社，2005.

43. 邢俊芳. 效益审计中国模式探索［M］. 北京：中国财政经济出版社，2005.

44. 卓继民. 现代企业风险管理审计［M］. 北京：中国财政经济出版社，2005.

45. （台）陈锦烽，苏淑美. 内部审计新纪元——风险管理、控制及治理［M］. 大连：大连出版社，2005.

46. 李三喜，李春胜，徐荣才. 经济效益审计精要与案例分析［M］. 北京：中国市场出版社，2006.

47. 高岩芳，周舟. 企业经济效益审计［M］. 北京：人民邮电出版社，2006.

48. 蔡春，刘学华等. 绩效审计论［M］. 北京：中国时代经济出版社，2006.

49. 陈宋生. 政府绩效审计研究［M］. 北京：经济管理出版社，2006.

50. 审计署审计科研所. 中国审计研究报告，［M］. 北京：中国时代经济出版社，2006.

51. （美）贝利，（美）格拉姆林，（美）拉姆蒂. 内部审计思想. 北京：经济出版社，2006.

52. 李三喜. 建设项目审计精要与案例分析［M］. 北京：中国市场出版社，2006.

53. 中国（双法）项目管理研究委员会. 中国项目管理知识体系［M］. 北京：电子工业出版社，2006.

54. 蔡春等. 现代审计功能拓展论［M］. 北京：中国时代经济出版社，2006.

55. 王晓烁. 国家机关权责平衡问题研究［M］. 北京：中国商务出版社，2006.

56. 周亚越. 行政问责制研究［M］. 北京：中国检察出版社，2006.

57. ［美］罗伯特·莫勒尔著.布林克现代内部审计学（第六版）［M］.李海风等译.北京：中国时代经济出版社，2006.

58. 中国审计案例丛书.深圳绩效审计案例选编［M］.北京：中国时代经济出版社，2006.

59. 石爱中.固定资产投资审计案例［M］.北京：中国时代经济出版社，2006.

60. 普华永道会计师事务所主编.衍生金融产品审计［M］.杨松朝译审.北京：经济科学出版社，2007.

61. 课题组.公共支出绩效审计研究［M］.北京：中国时代经济出版社，2007.

62. 审计纪检监察工作法规制度汇编［M］.北京：中国时代经济出版社，2007.

63. 吴秋生.政府审计职责研究［M］.北京：中国财政经济出版社，2007.

64. 戴维·罗伊斯.公共项目评估导论（第三版）［M］.北京：中国人民大学出版社，2007.

65. 陈思维，王会金，王晓霞.经济效益审计（第二版）［M］.北京：中国时代经济出版社，2007.

66. 曾寿喜，刘国常等.国家审计的改革与发展［M］.北京：中国时代经济出版社，2007.

67. 李永臣.环境审计理论与实务研究［M］.北京：化学工业出版社，2007.

68. 王晓霞.企业风险审计（第二版）［M］.北京：中国时代经济出版社，2007.

69. 赵保卿.绩效审计理论与实务［M］.上海：复旦大学出版社，2007.

70. 中国内部审计协会.经营管理技术（第四版）［M］.北京：西苑出版社，2008.

71. 中国内部审计协会.实施内部审计业务（第四版）［M］.北京：西苑出版社，2008.

72. 中国内部审计协会.内部审计在治理、风险和控制中的作用（第四版）［M］.北京：西苑出版社，2008.

73. 中国内部审计协会.《经营分析和信息技术》第四版［M］.北京：西苑出版社，2008.

74. 彭娟.营销审计——理论与方法研究［M］.上海：上海人民出版社，2008.

75. 内部控制课题组.企业内部控制基本规范解读与案例分析［M］.上海：

立信会计出版社，2008.

76. 白万纲. 集团大纵深战略［M］. 北京：科学出版社，2008.

77. 董延安. 公共经济权利审计控制效果研究［M］. 北京：中国财政经济出版社，2008.

78. 项文卫. 国家审计若干问题研究［M］. 北京：中国时代经济出版社，2008.

79. 高雅青，李三喜总编. 基本建设项目审计案例分析（第三版）［M］. 北京：中国时代经济出版社，2008.

80. 中国注册会计师协会. 公司战略与风险管理［M］. 北京：经济科学出版社，2009.

81. 中国注册会计师协会. 财务管理［M］. 北京：经济科学出版社，2009.

82. 路君平. 项目评估与管理［M］. 北京：中国人民大学出版社，2009.

83. 韩明升. 结合型绩效审计实务［M］. 青岛：青岛出版社，2009.

84. 国防科技工业局军工项目审核中心编著. 军工建设项目审计与案例分析［M］. 北京：中国时代经济出版社，2009.